新优质
唤醒教师的专业自觉

浦东新区新优质学校教师优秀教育教学案例集

李百艳 ◎ 主编

图书在版编目(CIP)数据

新优质　唤醒教师的专业自觉：浦东新区新优质学校教师优秀教育教学案例集 / 李百艳主编 .— 上海：上海社会科学院出版社，2023
ISBN 978-7-5520-3796-8

Ⅰ.①新… Ⅱ.①李… Ⅲ.①教案(教育)—汇编—中小学 Ⅳ.①G632.41

中国国家版本馆 CIP 数据核字(2023)第 070362 号

新优质　唤醒教师的专业自觉
——浦东新区新优质学校教师优秀教育教学案例集

主　　编：李百艳
责任编辑：路　晓
封面设计：杜静静
出版发行：上海社会科学院出版社
　　　　　上海顺昌路 622 号　邮编 200025
　　　　　电话总机 021-63315947　销售热线 021-53063735
　　　　　http://www.sassp.cn　E-mail:sassp@sassp.cn
排　　版：南京展望文化发展有限公司
印　　刷：浙江天地海印刷有限公司
开　　本：787 毫米×1092 毫米　1/16
印　　张：16.75
字　　数：276 千
版　　次：2023 年 6 月第 1 版　2023 年 6 月第 1 次印刷

ISBN 978-7-5520-3796-8/G・1256　　　　　定价：85.00 元

版权所有　翻印必究

"浦东新优质学校"系列教育丛书编审委员会

主任 高国忠

编委（按姓氏笔画排列）

丁黎忠　卜文雄　毛力熊　方志明　双慧红　朱　伟
朱　慧　刘玉华　汤　韬　李百艳　李　军　李春兰
吴　瑶　忻　卫　张　伟　陆源丰　陈菊英　陈　斌
陈　强　赵春芳　赵国雯　徐宏亮　曹佳颖　廖静瑜

本书编委会

主编 李百艳

编委（按姓氏笔画排列）

王丽琴　戈玉洁　严　红　李百艳　李　军　杨海燕
张　娜　郑新华　俞莉丹　殷　凤

前 言

新优质学校是新时代公办学校的价值标杆。自2011年以来，上海市就积极推进新优质学校的研究与实践，走过了地毯式调研、能力建构、经验提炼、集群发展和成长营推进等阶段，涌现了一批学校典型，成就了一批校长，使数十万师生受益，其理念与成果已经广为人知，为建设更加公平、更有质量的上海基础教育做出了应有的贡献。

浦东新区是上海市率先探索新优质学校建设的区之一，经过十多年的区校共同努力，取得了不少骄人的成绩。呈现在我们面前的书稿，就是他们的部分成果。细细读来，令人感佩。

一是对新优质学校理解到位。他们认为新优质学校的核心是追求教育的本原，关注人的发展。创建新优质学校的出发点是追求教育过程丰富性、师生关系和谐性、学习活动多样性，以促进人的和谐发展。又认为新优质学校创建的最终目标是形成学校内在的发展机制。而建立学校内在的发展机制，就需要协调学校各方面的教育因素，充分发掘各方面的教育潜力，培育教师高度的教育责任感、使命感和积极性，使学校的办学理念成为全体教师自觉的实践行为，学校各项教育活动能按照既定的目标自动且高效地运行。确实，新优质学校的核心理念就是回归育人本原，追求学生的全面发展、素养提升和精神品格成长，而这一切的实现就在于学校要提升学生的学习生活质量，优化学校的内在发展机制。可见浦东新区的理解是到位的，在创建过程中也抓住了关键。

二是立足区情主动探索。浦东新区是上海市最大的区，其面积与人口均约占上海市的五分之一，地域大，学校多，既有市中心城区学校，也有远郊乡村学校，如何推进新优质学校建设确实是一个挑战。浦东新区先后开展四批新优质学校的创建工作，目前共有区级新优质学校66所。在区教育局的领导下，浦东新区采取由浦东教育发展研究院教育科研指导部作为项目管理主体、初中与小学教育指导中心协作的集群发展策略，有目的、有计划、有组织地实施，构建平台、形成载体、开展交流，搞得有声有色，项目校取得了明显进步。这种发挥三级网络联通、多元主体协同优势的做法，是浦东新区独有的，也只有这样，浦东新区的新优质学校建设，才能责任到人、到项目、到单位，形成层层轧实的工作格局。

三是着眼前沿引领改革。仔细分析书稿中的典型成果，发现他们有满足学生发展需要的课程建构，有立足学生差异、促进学生学习方式变革的教学改革，有优化家校共育、评价导向的管理探索……所有成果都与上海乃至全国教育改革同频共振，许多项目具有鲜明的改革引领价值，如北蔡中学的中学音乐生活化教学、浦东新区实验小学的基于实证的学生过程性评价、上海市实验学校东校的初中历史单元教学等，是当前亟须研究的课题。同时，每个项目又都有明显的设计感，遵循课题研究的思路，采用行动研究或实证研究的策略与方法，既有实践的丰富性，又有研究的规范性，提升了研究成果的可信度，体现了浦东人干事创业的精气神。

随着国际局势的风云变幻和国内双循环新格局的形成，为党育人、为国育才的任务愈益急迫。为了培养担当民族伟大复兴使命的时代新人，党中央、国务院和相关教育部门近年来先后出台了多项改革政策，从顶层架构了教育发展的"四梁八柱"，明确回答了"培养什么人，怎么培养人，为谁培养人"的问题，提出培养德智体美劳全面发展的社会主义事业建设者与接班人，确立了立德树人的根本任务。通过"双新"课程教学改革明确了培养"有理想、有本领、有担当"的育人目标，树立了素养导向。以新时代评价改革总体方案，树立了贯彻落实党的教育方针，落实全面发展、素养培育的指挥棒……所有这一切，预示着基础教育大变革的到来，在此背景下，作为引领公办学校办学方向的新优质学校要进一步明确方向，不断改革，持续迈向新优质。

一是要积极回应教育改革要求。教育改革要求是学校发展面临的挑战，也是学校发展难得的机遇，是学校发展的重要动力源。在建立高质量教育体系成为主题，"双减"政策、"双新"课改先后出台的背景下，如何建立新的质量观，建立保障学生全面发展、素养发展的育人体系，着力提升国家课程校本化实施质量、形成素养培育的课堂教学、探索有利于学生全面发展和素养提升的评价体系等，都是当前需要解决的大课题，作为新优质学校要率先探索突破。

二是要坚守新优质学校的办学信念。新优质学校也会用到一般学校用到的理论与技术，但是它与其他学校的根本区别在于办学理想与信念。新优质学校坚持回归教育本原，促进学生全面发展、素养培育及精神品格成长；坚持提升学生学习生活质量，办学生喜欢的学校，丰富学生的学习生活经历，促进学生主动发展；强调学校主动发展，坚持在常态条件下，学校主动探索，走内涵发展之路；强调为人民办学，坚持有教无类、因材施教，办好老百姓家门口的每一所学校。这是新优质学校成长的内在密码，必须始终坚持。

三是要坚持在常态条件下解决常见的问题。新优质学校坚持"不挑选生源、不聚集资源、不争抢排名"的"三不"理念和"不靠生源、靠师资，不靠政策、靠创新，不靠负担、靠科学"的"三不三靠"思路。这体现了新优质学校寻求一种有别于传统重点学校发展的新路径，那就是不靠优势物力、财力、师资和生源来办学，而是在按国家标准配置教育资源的前提下，在常态办学条件下，学校通过解决发展中的常态问题，不断走向新优质。这就是尹后庆先生讲的"坚持在最常见的学校解决最常见的问题"。学校如能解决好最常见学校的最常见问题，不仅具有中国意义，而且具有世界意义。

四是要积极促进新优质学校高质量发展。高质量发展既是一种结果，更是一种策略。作为结果应该根据学生身心发展规律，把学生培养成为德智体美劳全面发展的社会主义建设者与接班人，使每一个学生都获得符合其潜能的发展，使每一个学生都有人生出彩的机会。作为一个阶段的发展策略，应该坚持把最常见的学校办成老百姓满意的学校，使学校教育为促进社会公平正义和共同富裕起到基础性和先导性作用。

上海市正在筹划新一轮新优质学校发展规划，将在新时代教育改革的大势中寻找一条高质量发展之路。浦东新区是社会主义现代化建设引领区和上海区域教育综合改革创新示范区，期待浦东新区进一步发挥其独特的先行先试、敢为天下先的精神，在新优质学校建设上涌现出更多的典型，贡献出更多的智慧。

上海市教育科学研究院《上海教育科研》主编
上海市新优质学校研究所所长

目录

前言   1

第一辑   指向素养培育的新教学   1

指向语文学科核心素养的小学习作课堂实践
　　——以统编教材四年级上习作教学为例
　　　　　　　　　　　　　上海市浦东新区华高小学　袁晓文   3

立足数学思想　培育核心素养
　　——《绝对值》一课的教学微探　　上海市上南中学南校　蒋旭黎   12

指向综合思维培养的高中生地理杂志阅读研究
　　——基于SOLO分类理论的研究　　上海市沪新中学　刘莉萍   19

初中语文古诗词教学中的传统节日文化渗透
　　　　　　　　　　　　　　　　上海市华林中学　颜洁颖   28

播撒"画"种，收获"话"朵
　　——"双新"背景下小学低年级语文"以画促写"写话能力培养
　　　　　　　　　　　　　上海市浦东新区梅园小学　张思逸   36

瞻前　顾后
　　——浅谈小学高年段民间故事单元教学设计
　　　　　　　　　　　　　上海市浦东新区杨思小学　张　慧   45

第二辑   基于学情分析的新课堂   53

运用导学单分析学情、改进概念教学的实践研究
　　——以《固体的溶解度》第一课时为例
　　　　　　　　　　　　　　上海市南汇第三中学　丁丹丹   55

基于学习经历的导学问题设计探究　上海市周浦实验学校　刘思维   64

发现试错中的精彩
　　——引导小学高年级学生在语文课堂中主动发言的实践研究
　　　　　　　　　　　　　　上海市浦东新区凌桥小学　姚树梅　72
在线教学助力初三毕业班学习　华东师范大学张江实验中学　季珣雯　80
低年级语文教学中巧用插图进行分层教学的实践研究
　　　　　　　　　　　　　　上海市浦东新区实验小学　王秀凤　86
基于学习路径比较的教学设计
　　——以小学数学《解决问题——灯市》为例
　　　　　　　　　　　　上海市浦东新区世博家园实验小学　阙思懿　96

第三辑　巧用思维工具的新设计　　　　　　　　　　　　105

运用复合流程图提高初中生地理综合思维能力的实践探究
　　——以"河流"专题复习为例　　上海市南汇第三中学　王甜甜　107
一般观念引领的章起始课教学探析
　　——以"实数的概念"为例　　　　上海市沪新中学　王文文　118
优化数学教学情境　提升课堂活力
　　——小学数学课堂教学情境创设的研究
　　　　　　　　　　　　　　上海市浦东新区王港小学　杨浩欢　124
质疑教学法在小学语文精读教学中的运用
　　——以统编版《语文》四年级上册第二单元的精读课文为例
　　　　　　　　　　　　　　上海市浦东新区实验小学　张思婷　134
将游戏引入农村小学低年级英语课堂教学的案例研究
　　　　　　　　　　　　上海市浦东新区石笋实验小学　顾佳莉　141
指向学习方式优化的初中美术课堂结构化设计
　　　　　　　　　　　　　　　　上海市实验学校东校　白云云　148

第四辑　优化项目化学习的新探索　　　　　　　　　　　157

沉浸数学项目活动　发展学生核心素养
　　——以"王小东求职记"为例　　上海市实验学校东校　朱云华　159

基于教材的初中英语项目化学习支架的实践研究

——以 7BU8 *A more enjoyable school life* 单元项目为例

上海立信会计金融学院附属学校　俞　凤　170

PBL教学法在初中地理线上教学中的应用　上海市浦兴中学　张　超　178

红色音乐文化育人路径的思考

——以小学音乐五年级《深深的祝福》第一单元为例

上海市浦东新区张江镇中心小学　陈　双　186

过程之"究"，"探"其渊薮

——新课标背景下"综合与实践"作业初探

上海市施湾中学　胡　圆　194

第五辑　追求多元融通的新实践　203

初中语文线上教学的实践探索与反思

——以名著导读《鲁滨逊漂流记》为例　上海市东沟中学　沈莉霞　205

以多元阅读促进小学生体育课自主学习能力的提高

上海市浦东新区杨思小学　王弘业　214

大概念视域下的初中语文单元整体教学设计关键要素

上海市浦东新区教育学院附属实验中学　赵妍妍　220

儿童哲学视域下绘本阅读课程建设的实践研究

上海市三灶学校　富士英　227

设计多感官阅读实践活动　优化小学英语故事教学

——以 4BM4U1 *The Piper of Hamelin* 为例

上海市浦东新区金陆小学　张逸菁　236

渗透生命特质的小学活力课堂建设的实践研究

上海市浦东新区沪新小学　吕唐华　245

第一辑

指向素养培育的新教学

指向语文学科核心素养的小学习作课堂实践
——以统编教材四年级上习作教学为例

上海市浦东新区华高小学　袁晓文

【摘要】 如何提高学生的写作能力、培养写作素养是落实语文学科核心素养的重要议题。以培养学生语文核心素养为目标，笔者从习作课堂实践出发，结合统编教材四年级上习作教学，分析小学语文习作课堂培养学生语文核心素养存在的问题并且探索解决方法，将发展学生的语文学科核心素养落实到具体的语文习作教学中。

【关键词】 小学语文　核心素养　习作教学策略

义务教育课程改革强化了课程的育人导向，明确了小学基础课程应着力培养核心素养，具体表现在学生通过学习后所形成的正确价值观、必备品格与关键能力。基于"核心"，面向学生的未来发展，从语言建构与运用、思维发展与提升、审美鉴赏与创造、文化传承与理解等方面确立了语文最基本的四大核心素养。[①] 特别是在小学语文的习作课堂中，这四大核心素养有机地融合进了作文教学中，成了培养学生语文核心素养的重要阵地。笔者认为，是否能合理建构学生自己的表达模式，能否与他人、与社会进行有效的对话等习作目标赋予了小学语文习作教学新的使命。而四年级是小学生学习能力发展的关键期，中年级习作教学是否有效，将直接影响到学生语文核心素养的培养。本文以统编教材四年级上习作教学为例，分析小学语文习作课堂培养学生语文核心素养存在的问题并且探索解决方法，为提高学生的语文核心素养提供更多参考。

一、小学语文习作核心素养的思考与构建

要培养小学语文四大核心素养，从实际教学活动中来看，我们还需要在听、

---

① 何小燕.核心素养视角下高中语文教学改革探索[J].课外语文,2018(30):111.

说、读、写等不同形态的语文教学活动中进行进一步的探究,特别是在小学的习作课堂内进行综合运用与实践。基于核心素养的习作教学对于学生综合素养的发展有非常重要的影响,那么小学习作核心素养的教学模型应该怎样构建呢?笔者参考了有关文献,综合小学语文习作核心素养培养的规律与特征,构建了语言、思维、审美与文化四大核心素养,其中语言核心素养包含积累、建构与运用语言,思维核心素养包含内在构思、外在表达与语言质量,审美核心素养包含正确价值观、情感态度与兴趣习惯,文化核心素养包含热爱、传承传统文化,吸收、交流外来文化①。

  2016 年,教育部基础教育司郑富芝指出:"再先进的教育理念、教育思想,如果最终落实不到教学一线,指导不了实践,结果很可能就是失败。"②小学习作核心素养要真正在学生身上形成,关键在于转化落实。因此,小学习作核心素养教学模型的构建基点就是从课程层面到课堂层面的转化,要求每一名小学语文教师去完成核心素养要素和核心素养养成体系的落实转化,以"素养"的角度重新审视习作课堂。在积累习作知识和锻炼写作技能的基础上,经过自己对于习作核心素养的科学认识,优化习作课堂的教学内容和教学策略。

二、语文核心素养视域下的习作课堂实践

  如何运用书面语言与人进行有效沟通,其实就是写作能力的一种体现。每个学生都是一个独立的个体。学生有自己的思想,不是一个只会听从指令的机器人。学生是在不断进步与发展的,习作教学方法也应如此。要培养学生能语句通顺地表达所思所想,不断提升语文综合素养。

  (一)关注阅读——读写结合

  1. 推荐优秀书籍

  学生的书面表达能力是小学写作要建构的核心素养之一,但是学生在表达自己的情感时,找不到准确的语言,作文的真实性、逻辑性往往不强。写作的基础是阅读。教师在日常教学时,可以向学生推荐一些优秀书籍,为习作提供语言材料的积累,并帮助学生在习作中尝试运用。以四年级《语文》上册第四单元神

---

① 郭家海.小学习作核心素养教学模型的构建[J].语文教学通讯,2016(Z3):33-35.
② 郭家海.谨防"核心素养"概念化[J].新课程研究(上旬刊),2016(06):4-5.

话故事为例，在教授本单元前，笔者推荐学生阅读《中国古代神话》一书，并发放阅读任务清单，为本单元的习作练习《我和_____过一天》（此横线上需填写一位神话人物）做铺垫。

学生通过阅读并完成阅读任务清单后，不仅感受到了神话故事中大胆与丰富的想象，还充分了解了神话故事的渊源，神话人物的形象、特点等，这些为本单元习作中语言的建构和运用打下了扎实的基础。在习作过程中，学生通过创造自己的神话小故事，潜移默化地传承了中国优秀的传统文化，激发了学生的创新性思维，有效地发展了语文核心素养。

2. 读书分享会

小学习作核心素养的难点在于内在构思与外在表达。内在构思要关注写作目的，学习针对不同的对象进行写作；学习运用联想、想象等思维方式写作；学习按照审题、构思立意、罗列提纲、具体写作、修改加工、交流评价的流程进行写作。[①] 为了使外在表达能符合习作要求，读书分享会确实能一定程度上提升习作的质量。以完成习作《我和_____过一天》为例，笔者通过推荐优秀书籍《中国古代神话》，布置了阅读任务清单后，适时召开简单的读书分享会。围绕任务清单中两个问题展开交流："你发现远古时期人类的生活和现在相比，有多大的不同？""根据你对神话故事的了解，请你说说你最喜欢哪个神话人物，为其设计一张人物封面图，并说说推荐理由。"（见表1）

表1 《中国古代神话》阅读任务单

通过阅读此书，你发现远古时期人类的生活和现在相比，有多大的不同呢？	通过本单元的学习，结合对此书的阅读体悟，根据你对神话故事的了解，请你说说你最喜欢哪个神话人物，为其设计一张人物封面图，并说说推荐理由。
<table><tr><td>主　题</td><td></td></tr><tr><td>远古人类</td><td></td></tr><tr><td>现代人类</td><td></td></tr><tr><td>我的发现</td><td></td></tr></table>	<table><tr><td colspan="2">我最喜欢的神话人物——（　　　　）</td></tr><tr><td>封面设计：</td><td>推荐理由：</td></tr></table>

---

① 郭家海.基于核心素养的AFL作文评价模型建构[J].教育测量与评价，2017(01)：12-13.

通过阅读与写作的整合教学,特别是立足于中华传统文化的根基,发展学生对中华文明优秀成果的吸取能力,以及对优秀传统文化的传承能力,并将其灵活地运用到自己的习作中去,涵养家国情怀,铸牢中华民族共同体意识,提高学生的文化核心素养。活动结束之后,教师因势利导布置本单元习作《我和_____过一天》,相信学生一定有东西可写,并且知道怎样写。

3. 微观日记

习作课堂下的语文核心素养的培养,是基于学生对真实世界了解之后的外在表达。语言的发展与思维的发展是相互促进、相辅相成的。语文核心素养的重要组成部分之一是思维的发展与提升。因此,通过组织学生进行语文综合实践活动,对事物进行持续性观察、细致地观察,在做中写,在写中悟,这种写微观日记的方式是学生最乐于尝试的。四年级学生处于小学的中年级学段,这个学段的学生还不会有意识地观察生活,他们平时观察到的现象都是无意的、杂乱无章的。针对这一现状,笔者要求学生在观察身边的事物时,有意识地把所见所闻用微观日记的形式记录下来,以此来建立习作素材的"金钥匙"。记录的形式不是一成不变的:可以是拍照、写话,可以是画一画再写话,也可以只是单纯的文字记录与心得分享。值得注意的是,在记录微观日记时,学生要写下自己的感受,而不是简单描述自己看到的现象。

以四年级上册第二单元习作《小小"动物园"》为例,习作前,笔者要求学生仔细观察一下家人,并记录下家人与动物的相似点(如图1所示)。通过写写、画画,学生会关注家人的外貌、性格、特点等,并且与动物的某些特点产生有效的勾连,同时通过细致的观察有效地培养学生运用形象思维去提高自己的描写与表达能力。又如四年级上册第三单元习作《写观察日记》,写作前期通过单元课文学习,学生了解了叶圣陶先生之所以能发现爬山虎的秘密,是源于他对爬山虎进行了细致有效的观察。昆虫学家法布尔能了解蟋蟀筑巢的全过程,也离不开细致、持续性的有效观察。

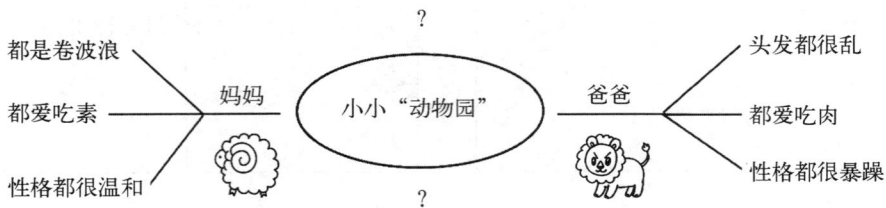

图1 学生记录家人与动物的相似点

通过学习图文结合与做表格两种观察法,笔者组织学生填写"小绿豆发芽"观察记录,在一周内对绿豆的破皮、发嫩芽、嫩芽生长进行了详细的记录,形成了自己的微观日记。有趣、生动的微观日记发展了学生多角度观察、思考的能力。教师让学生在此活动中有了美好的观察体验与实践,不断激发他们的学习积极性,固化他们的学习热情,学生的语言能力、思维品质由此得到提升,这正是语文核心素养培养之所在。

(二)颠覆传统——先作后讲

基于知识、技能、态度等方面,核心素养强调按学段详细阐述学生需要掌握的核心内容,且对学生应当达到的最低水平提出了明确要求,从而生成清晰、可操作性强的课程目标。为了能有机生成可操作性的习作目标,教师有时需要调整平时惯有的习作模式,将"指导—习作—讲评—修改"改成"习作—讲评—指导—修改"的模式。这样就颠覆了传统的习作教学模式,也就是先作后讲。具体操作程序是:学生先自行完成习作,再进课堂中讲评与指导,随后修改自己的习作。这样的模式不但比传统模式的效率更高,而且促使学生先进行内在构思,尝试运用不同的叙述手法来叙述事件,再进行外在表达,发展思维能力,这是语文学科核心素养所追求的目标之一。

如:在布置教学习作《我和_____过一天》时,笔者让学生根据要求先完成习作。有了前期的阅读铺路、读书分享,习作完成得比较顺利。全班共有39名学生,笔者进行了简单的统计(如图2所示)。从统计图上可以发现,学生们选择与孙悟空度过一天的有38%,占比最高。可见《西游记》的知晓率在学生群体中占了相当大的比例,学生对于孙悟空的诸多故事耳熟能详,写作的难度大大降低了。但是,大部分学生没有写出孙悟空的主要特点和特殊本领,这是此次习作练习中的主要不足。统计全班第一次习作后发现,没有写出人物特点的习作有24篇,占比为61.5%。根据这一实际情况,笔者"对症下药",指导学生要想写出典型的人物形象,必须先思考人物的典型特点。以

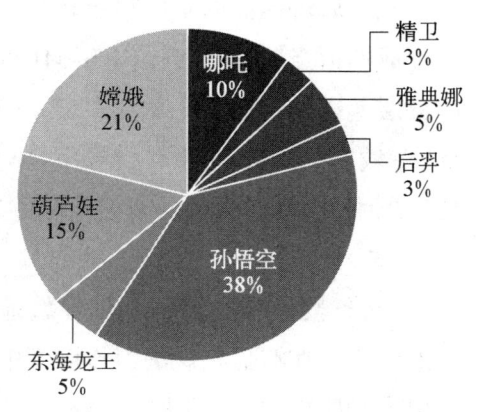

图2 教学习作《我和_____过一天》任务人物统计

孙悟空为例,孙悟空的典型特点就是拥有一身令人叹为观止的本领:操控金箍棒、驾驭筋斗云,会七十二变,要将他的特殊本领放入具体的事例中,笔下的孙悟空才能真正活灵活现。通过课堂讲评与指导,学生很快能发现习作中的主要问题。笔者完成"诊断"后,放手让学生自己去"配药",让其修改第一次的习作(见表2)。在第二次的习作中,描述孙悟空如何用金箍棒击败野兽以及如何用筋斗云带他飞翔这两个场面时,学生运用了比喻的修辞手法及对话描写等表达方式,使打斗场面更趋生动,人物形象也更加饱满。

表2 学生两次习作练习对比

习作练习(节选)	修　改
这时,我看见草丛边有一根树枝,我捡起树枝就朝野兽的身上打去。孙悟空见状,掏出金箍棒也来帮我打,通过我们齐心协力,终于消灭了它们。走出山洞后,孙悟空拉着我乘上筋斗云,不一会儿就飞到了天宫。	这时,我看见草丛边有一根树枝,我捡起树枝就朝野兽的身上打去。孙悟空不慌不忙说了句:"快躲俺身后来,让它们看看俺老孙的厉害!"说着,他便从耳朵里掏出了一根像细针般的小棒子,朝它轻轻一吹。只见细针转眼变成了一根比大树还粗的金箍棒。孙悟空手持千斤重的棒子却如挥根羽毛般轻盈,耍得上下翻飞,不费吹灰之力就打得野兽们落荒而逃。走出山洞后,孙悟空拉着我乘上筋斗云,短短十几秒的时间,就飞出去了两百多公里,天宫就近在咫尺了。真不愧是齐天大圣呀!

先作后讲提倡的是以写定教,从学生现实的需求来指导学生写作,将本次习作生成的恰当、清晰、可操作的习作目标继续分解和细化,得到横向连贯渗透、纵向分层递进的目标群。学生的第一次习作练习往往在某些方面达不到预期目标,在教师的重点讲评和指导下,学生通过二次、三次修改,对语言进行再"建构"、思维进行再"构思"、审美进行再"提高"。

(三)唤醒激情——以玩代讲

《义务教育课程方案》[①]倡导教师引导学生参与学科探究活动,注重真实情境的创设。在略显枯燥的习作课堂中,用生动的游戏体验代替抽象的概念,增强吸引力和感染力,让学生在"做中学""用中学""创中学",以此发展学生的创造力

---

① 中华人民共和国教育部.义务教育课程方案(2022年版)[M].北京:北京师范大学出版社,2022:14.

和思维能力,这正是培养核心素养的有效途径之一。游戏方案一般分三个大步骤(如图3所示)。

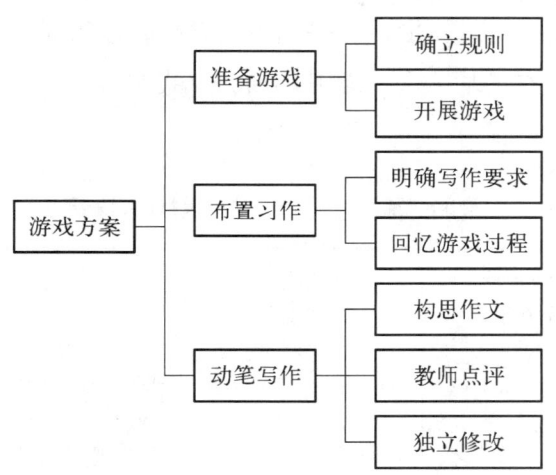

图3　游戏作文基本模型

例如:在《小小"动物园"》的习作课堂中,笔者引入游戏。首先确立游戏规则,让学生到黑板上画一画家人的动物形象,让同学猜一猜画的是谁。通过游戏,学生了解到《小小"动物园"》不是一般的"写人习作",想把家人的形象"画"得有趣,要运用夸张的手法、幽默的语言来凸显家人的典型特点,在游戏中学创作能够给课堂增加不少情趣。

游戏是过程,习作才是目的。游戏之后,笔者出示习作要求,让学生先回忆一下游戏过程,充分发挥学生直觉思维、想象思维和形象思维的优势,让学生通过细致的观察进行具体的表述,以此促进学生的思维能力和语言建构能力。

三、以素养为导向的多元性评价

小学写作核心素养如何可操作、可评估?首先要考虑构建多元的评价机制。要重视结果性评价与过程性评价相结合,加大过程性评价的开发力度。《义务教育课程方案》对教学提出了新的要求,为了适应新的标准,评价观念、方式方法应以强化素养导向为基本准则做出及时变革。同样地,作为习作教学的最后一步,习作评价方式也应以"素养"为导向做出相应的调整。

(一)改进结果性评价,重视过程性评价

在传统的习作评价方式中,教师通常运用评价量表来对习作进行结果性评价。事实上,评价的作用不仅仅局限在对习作的测评,评价本身就是一种对学习的促进。结果性评价忽视了对学生思想、体验和审美能力上的考查,教师应加大过程性评价的开发力度,强化核心素养导向,注重对正确价值观、必备品格和关键能力的考查。基于这一准则,生成了《我和_____过一天》新的评价量表(见表3)。

表3 《我和_____过一天》评价量表

项目	《中国古代神话》阅读任务单	神话人物封面设计	习作:《我和_____过一天》
评价内容	书写端正 👍👍👍	书写端正 👍👍👍	书写端正,誊写清楚 👍👍👍
	语言规范 👍👍👍	绘画生动 👍👍👍	表达规范,语句通顺流畅 👍👍👍
	主题明确 👍👍👍	排版美观 👍👍👍	故事结构清晰,详略得当 👍👍👍
	内容对比强烈 👍👍👍	突出神话人物的特点 👍👍👍	联想丰富,凸显神话人物的典型特点 👍👍👍
	发现问题且乐于探究问题 👍👍👍	推荐理由充分 👍👍👍	描述生动,突出神话人物的特殊本领 👍👍👍
总评			

(二)以素养评价为导向,倡导多元的评价机制

《义务教育课程方案》指出,要注重提高学生自我评价、自我反思的能力。[1]习作教学不仅要培养学生的写作能力,学生的自我建构过程也应得到重视。学生在自我建构过程中表现出来的能力是综合能力的体现,因此对习作的评价不应以教师的"一言堂"为标准,而应转化为多维度的,以四大核心素养为评价准绳的评价机制。评价的主体也应该是多元的,不应只有教师参与,而应该发挥学生、同学及家长作为评价群体的作用。根据《小小"动物园"》习作要求,笔者设计了一份以素养为导向的习作评价量表(见表4)。

---

[1] 中华人民共和国教育部.义务教育课程方案(2022年版)[M].北京:北京师范大学出版社,2022:14.

表 4 《小小"动物园"》习作评价量表

评价标准		评价群体		
核心素养	具体要求	自评	互评	家人评
语言核心素养：语言的构建与运用能力	语句表达通顺，详略得当，无错别字	☆☆☆	☆☆☆	☆☆☆
思维核心素养：语言质量	语言幽默风趣，充满童真	☆☆☆	☆☆☆	☆☆☆
审美核心素养：正确价值观	字里行间给予家人宽容与理解，体会成长中的欢乐与幸福	☆☆☆	☆☆☆	☆☆☆
语言核心素养：语言的构建与运用能力	通过对家人的外貌、动作、语言、心理等细节描写，凸显家人特点	☆☆☆	☆☆☆	☆☆☆
思维核心素养：内在构思、外在表达				
思维核心素养：多角度观察能力、内在构思、外在表达	家人的特点与动物的某些特点产生有效勾连，写出相似之处，比喻形象生动	☆☆☆	☆☆☆	☆☆☆
文化核心素养：文化传承与理解	传承中华民族爱家爱国的优秀文化，涵养家国情怀	☆☆☆	☆☆☆	☆☆☆

从某种程度上来说，习作教学已经超越"知识技能"的培养，转而发展为指向"核心素养"的习作教学。从关注学生终身发展和社会发展的需要出发，基于核心素养的习作教学是面向未来人才培养的。小学正处于写作的起始阶段，中年级学段的学生刚开始尝试用语言来表达自己的真实情感。从培养语文核心素养的角度看，教师在习作课堂上，基于核心素养的要求，应明确习作内容选什么、选多少，注重与学生经验、社会生活的关联，加强习作内容与单元间的内在联系，突出课程内容结构化，注重让学生经历活动过程，强化情感价值体验，为学生发展写作能力、培养核心素养奠定坚实基础。

立足数学思想　培育核心素养

——《绝对值》一课的教学微探

上海市上南中学南校　蒋旭黎

引言：《义务教育数学课程标准(2022年版)》的发布使得数学教学难以绕过"学生数学核心素养的培育"这一重要问题。毕竟，我们的数学课堂不能仅停留于那些容易被遗忘的数学概念、公式与定理的教学，更应着眼于学生的数学核心素养的培育，而数学核心素养则是数学基本思想的具体表现。

一、数学思想内涵的界定

数学课程标准修订组组长史宁中教授在"数学基本思想、核心素养的内涵及教学"的访谈中明确了数学课程标准中所考虑的"数学基本思想"是最上层的东西，即抽象、推理和模型。而我们通常在数学中所教的知识和技能是最基础的东西，就是指一些数学具体的方法，转化思想也好、数形结合思想也好，这些思想都很重要，但不能算作我们所提的数学基本思想，而应叫"基本思想方法"[1]。

笔者认为，数学基本思想与数学基本思想方法可以视为上下位关系，数学基本思想对于具体的思想方法来说可以起到高位引领的作用。我们不可能通过一节课就学会数学基本思想，但是我们可以在每一堂课中渗透数学基本思想方法，这是本文中所提到的"数学思想"的立足之处。

二、数学思想与核心素养的联系

发展学生的数学核心素养是《义务教育数学课程标准(2022年版)》的导向和目标[2]。史宁中教授指出，数学核心素养就是数学基本思想的具体表现，而且最终落实到数学活动经验上了。史教授认为，核心素养是经验的积累，教师教数

---

[1] 廖辉辉,史宁中,朱丹红.数学基本思想、核心素养的内涵及教学[J].福建教育,2016(z6)：94-95.

[2] 中华人民共和国教育部.义务教育数学课程标准(2022年版)[M].北京：北京师范大学出版社,2022.

学的时候，要让学生感悟出来，通过自己的思考变成自己的东西，变成一种习惯，素养就养成了①。于是笔者把对"数学基本思想""数学基本思想方法""数学核心素养"三者的理解通过图 1 展现出来，学习数学基本思想方法的导向和目标是最终能够学会数学基本思想，而数学基本思想是通过数学核心素养体现的。基于此，在教学中引导学生运用数学思想方法解决和处理数学问题，对于提升学生的数学学科核心素养意义重大。让学生在学习的过程中，感悟知识所蕴含的数学基本思想方法，积累数学思维和实践的经验，从而养成数学核心素养。因此，笔者尝试在日常课堂教学中，以数学思想为抓手，探索培育学生数学核心素养的落实途径。

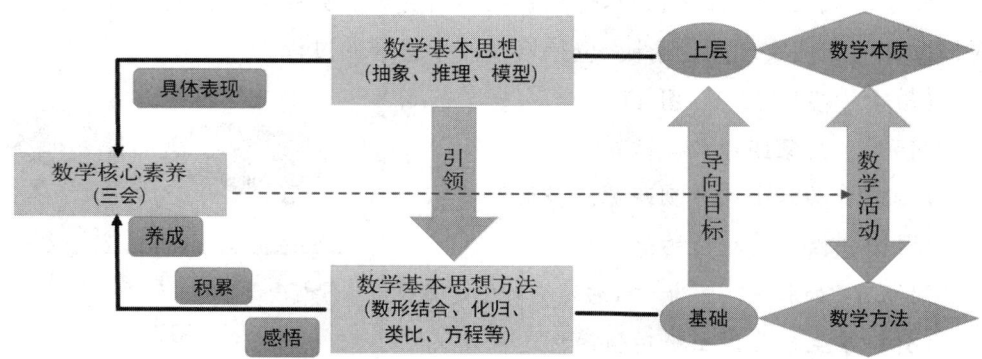

图 1 数学思想、数学思想方法与核心素养的联系

三、立足数学思想培育核心素养的探索

数学思想方法由于其内隐化的特征，潜藏在外显的数学知识之中②。六年级《绝对值》的教学内容中就蕴含了"抽象、推理及模型"这三大数学基本思想。如何让六年级的学生学习从具体到一般抽象？学习用数学思维进行严谨的推理？学习用数学的语言表达绝对值的应用？这就需要我们在教学前对数学知识进行分析，提炼知识背后的基本思想方法——数形结合、分类、符号化、化归和方程思想等。教师在教学中抓住知识的精髓，突出基本思想方法，使得学生能初步感悟绝对值中所蕴含的数学基本思想方法，积累用数学的眼光抽象、一般性地看问题；用数

---

① 廖辉辉,史宁中,朱丹红.数学基本思想、核心素养的内涵及教学[J].福建教育,2016(z6)：95.
② 唐歆.核心素养视角下数学思想方法的教学——以"二次函数与一元二次方程、一元二次不等式"为例[J].中学科技,2022(13)：32.

学的思维思考推理；用数学的语言表达应用的经验，从而发展数学核心素养。

（一）数形结合，明确含义

课堂上，教师如果对绝对值的意义只是一带而过，简单地说"绝对值不等于负数，它永远大于等于0"，那么易使学生不能很好地理解绝对值的含义。从绝对值的几何意义入手是学好绝对值的突破口。因此，教师可以利用学生刚刚所学的"数轴"这一直观形象来揭示"绝对值"这个概念的内涵。数轴，是有理数中数形结合思想方法孕育的载体。在学习数轴时，学生接触到数与形的对应，通过数轴引导他们明确绝对值的含义，可以进一步体会数轴这个工具的妙处，领悟隐含于概念形成之中的数学思想，挖掘到数形结合对解决数学问题的优势所在，同时借助几何图像实现问题解决，也是培养数学思维的过程。

【教学片段】（图2—图4）

问题1：大象距原点多远？

问题2：两只小狗分别距原点多远？

（引出并板书绝对值的概念）

问题3：如果一个数为-5，它的绝对值是多少？

（引导学生自己说出绝对值的描述性定义）

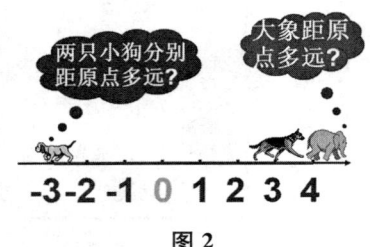

图2

问题4：表示两只小狗的点3与-3与原点之间有几个单位长度？

问题5：3与-3有什么关系？

问题6：3到原点的距离与-3到原点的距离有什么关系？

（引导学生归纳出绝对值的性质）

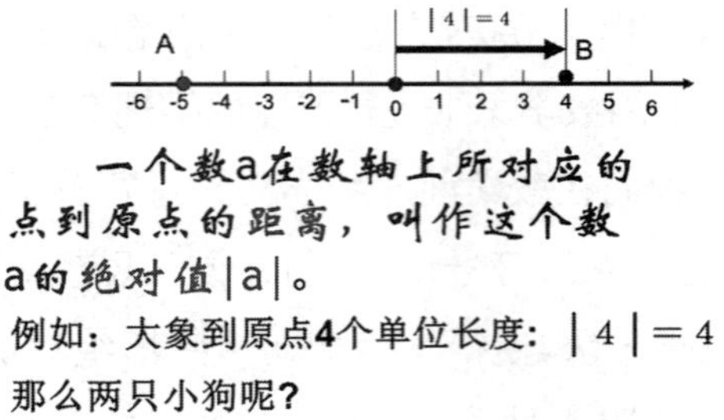

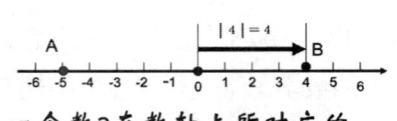

一个数a在数轴上所对应的点到原点的距离，叫作这个数a的绝对值|a|。

例如：大象到原点4个单位长度：|4|=4

那么两只小狗呢？

图3

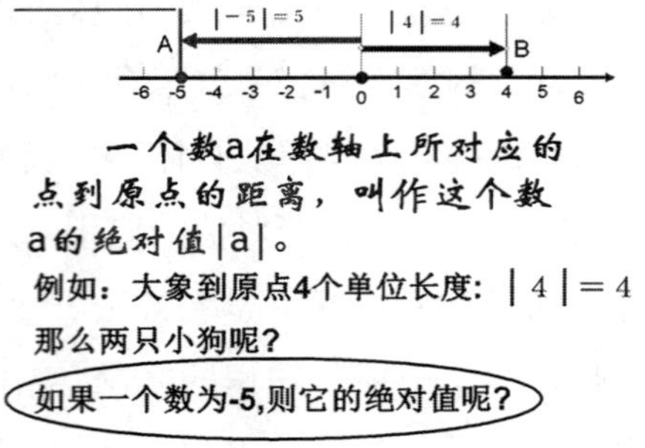

一个数a在数轴上所对应的点到原点的距离，叫作这个数a的绝对值|a|。

例如：大象到原点4个单位长度：|4|=4

那么两只小狗呢？

如果一个数为-5，则它的绝对值呢？

图4

通过之前学习的数轴引入绝对值的概念，构建并加深对距离、数轴等涉及"形"的认知。利用数形结合加深对绝对值定义的理解，可降低学生对绝对值定义理解的困难。教学中精心设计问题情境,克服初步学习绝对值定义的"入门"障碍,从而有效突破难点、化解难点。明确绝对值的几何意义,建立数与形的联系,强化数形结合的观点,有助于学生更透彻、更全面地把握绝对值的本质。这对加深概念理解、开拓解决问题的思路有着非常重要的作用。学生既学到了绝对值的概念,又渗透了数形结合的数学思想方法,这对后续课程中进一步解决有关绝对值的方程和不等式问题,无疑是有益的。

(二)感悟符号,学习抽象

随着学习的深入,学生遇到的数学符号越来越多,绝对值的性质和数量关系就是用抽象的概念和符号来表达的。这些抽象的符号在为数学运算和数学表达带来便捷的同时,也给学生理解数和数量关系增加了一定的难度。六年级学生刚接触代数式,其中的一个重要标志就是字母代替数。比如,学生对于一个有理数的绝对值容易理解,而对于一个字母或含字母的式子的绝对值,部分学生就会出现混淆、理解不清的情况了。有学生认为:$|a|=a$,$|-a|=a$,出现这种错误的认知是受到数字的影响,默认 a 就是正数,$-a$ 就是负数,却没能意识到这里的字母 a 可以是正数、负数、"0"等任意有理数,$-a$ 也可以正数,可以是任意有理数,甚至像 $1-a$,$2+3a$ 等这样一些含有字母的式子都可以表示任意有理数。

在用符号表示绝对值的代数意义时,从具体数字到用字母表示数的过程中,当 a 是正数时,$|a|=a$;当 $a=0$ 时,$|a|=0$,学生对这样的表达没有异议。但当 a 是负数时,$|a|=-a$,学生的认知就会产生困难和歧义。

【教学片段】

教师板书:

$$|a|=\begin{cases} a, & a>0 \\ 0, & a=0 \\ -a, & a<0 \end{cases}$$

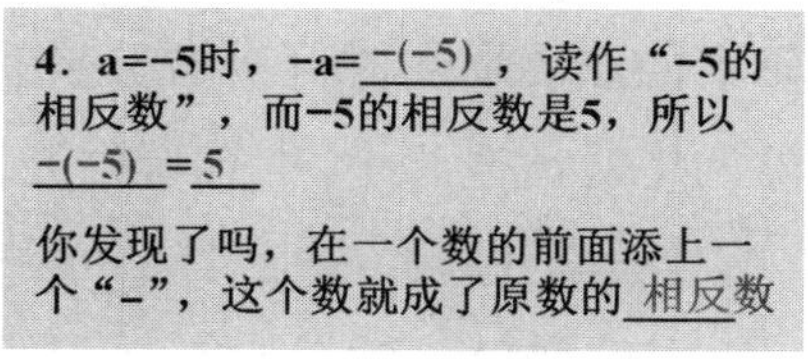

生:老师,绝对值不是表示数轴上的点到原点的距离吗?距离难道还有负的吗?

师:含"$-$"号的就一定是负数吗?

师:若 $a=-5$,那么 $-a$ 是多少呢?(ppt 展示如图 5)

师:$-(+5)$ 又是多少呢?

> 4. $a=-5$ 时,$-a=-(-5)$,读作"-5 的相反数",而 -5 的相反数是 5,所以 $-(-5)=5$
>
> 你发现了吗,在一个数的前面添上一个"$-$",这个数就成了原数的 相反数

图 5

符号化思想首先在相反数的表示中体现出来,"只有符号不同的两个数称之为互为相反数"。相反数从数的角度看只有符号不同,学生很容易理解用"-a"来表示 a 的相反数,教师在教学时应通过具体的练习,让学生体会符号化带来的简洁方便,同时要让学生感受到符号比具体的数更抽象,考虑问题时要仔细周全,学生若能接受这一观点,就很容易化简"-(-5)""-(+5)"之类的问题了。符号意识是形成抽象和推理的经验基础。学生对于符号表达运算规律和推理结论具有一般性的理解会存在困难,就如课堂上他们会把-a 直接默认为负数。课堂上通过具体的数字说明,当 a 是负数时,-a 表示正数并强调-a 的正负由 a 决定,不能见到"-"号就认为是负数。这样可以及时纠正学生对负数概念的错误认识,同时与学习过的相反数的概念联系起来(如图4),进一步认识-(-a)=a 这一式子中双重符号化的特征就会相对容易了。

符号结合具体情境加以辨别,这样能够让学生通过简单熟悉的数和符号深入理解数和符号的本质,经历由算术到代数的过渡,有效培养学生的符号意识和数感,为学生发展数学核心素养提供基础。让学生经历符号发生和发展的过程,比简单地告知学生某某符号表示怎样的意义更具说服力,给学生留下的印象也更为深刻。用字母表示绝对值的一般形式的过程也是学生形成抽象能力的过程,学习一个字母不仅可以代表某一个数,而且也可以表示数量、关系和一般规律,从而感悟从理性具体到理性一般的过程。

(三)引导类比,分类讨论

分类讨论是一种依据数学对象本质属性的相同点和差异点,将数学对象区分为不同的思想方法,是数学发现的重要手段。[1] 重视知识的分类对教学具有十分重要的意义,有助于学生总结归纳数学知识,使所学知识条理化。在有理数章节中,从最开始负数出现的教学过程到数轴的概念中也有分类思想的渗透,数轴上的点表示的数可以被分成三部分:正数、负数和零。由此而引申出的本节课的绝对值概念中,也有着分类思想的应用。

【教学片段】

师:若$|X-2|=1$,那么 X 是多少?

生:3。

---

[1] 董磊.初中数学主要思想方法的内涵及层次结构[J].中学数学教学参考,2018(09):69.

（对于这一类题，学生往往会出现不进行分类讨论而漏解的情况。）

师：大家想一想，绝对值是 4 的数是几？有几个？

生：±4，有 2 个。

师：那么在这里，谁的绝对值是 1？绝对值是 1 的数有几个？想一想 X－2 可以是几呢？

学生在学习数的绝对值时要分成三种情况考虑：正数的绝对值等于它的本身，负数的绝对值等于它的相反数，零的绝对值是零。在此基础上，学生对分类有了初步的认识，但本题要求学生从具体的数抽象到一般化的式来解决绝对值计算的数学方法与策略，这对学生认知的形成有一定的难度要求。所以在教学中引导学生类比数的绝对值，将 X－2 的值进行分类讨论来解决，渗透类比、分类的思想。

（四）运用化归，学习推理

在含字母的有理数大小比较问题中蕴含着绝对值应用的推理。在课后练习中笔者发现，学生对于绝对值中字母符号的抽象能力和推理能力表现还存在比较大的差异（如表 1 所示）。

表 1　学生对绝对值大小比较问题表现

题　　目	判断下列绝对值大小比较是否正确？不正确的请说明理由。
水平 0： 任意取一个具体的数字代替字母	若 $a<b$，则 $\|a\|<\|b\|$ $-2<-1$　$\|-2\|>\|-1\|$ 若 $\|a\|>\|b\|$，则 $a>b$
水平 1： 认为 a、b 代表的是负数，未能将其分类讨论	若 $a<b$，则 $\|a\|<\|b\|$ 越小的数绝对值越大
水平 2： 能对 a、b 分情况讨论但不完整	若 $a<b$，则 $\|a\|<\|b\|$ $a<b$ 则 $\|a\|<\|b\|$
水平 3： 能较清晰准确地将 a、b 分类	若 $a<b$，则 $\|a\|<\|b\|$ 若 $a<b<0$，则 $\|a\|>\|b\|$

学生差异化的表现原因在于,对抽象一般化的符号认知不足无法进行严谨的逻辑推理,导致认知水平上的差距。教学中引导学生运用化归思想,把未知的问题转化为已知的问题求解,转化为画数轴分析(数形结合),讨论 a、b 可能的取值(分类讨论)等数学思想方法,来帮助学生调用原有认知结构,从而实现内化中的再构建。化归是一种思维策略,即我们常说的换个角度想问题,运用所学的知识把复杂的问题转化为较简单的问题,把隐含的条件转化为明显的条件,把生疏的问题转化为较熟知的问题解决。化归是数学思想方法的核心,其他的思想方法都是转化的手段或表现策略,应以它为主线贯穿于整个教学过程中,揭示知识之间内在的联系[①]。

可以看到数学思想方法贯穿于整个《绝对值》的教学内容中,以内隐的方式融于知识体系。笔者认为,我们在日常的数学教学中,除了要重视"夯实数学基础知识和基本技能",还要兼顾"学习数学基本思想"的教学核心目标,而数学基本思想的学习需要通过数学思想方法来渗透,它们反映了数学概念、原理及规律的联系和本质,是形成数学核心素养、表现数学基本思想的桥梁,是灵活运用数学知识、技能和方法的关键,是积累数学活动经验的必经之路,更是立德树人教育理念下培养学生数学素养、提高学生解决问题能力的需要。

---

① 张晟钰.中学数学思想方法的分类及其教学[J].科技资讯,2020,18(35):82-84.

指向综合思维培养的高中生地理杂志阅读研究
——基于 SOLO 分类理论的研究

上海市沪新中学 刘莉萍

《普通高中地理课程标准(2017年版)》发布以后,对学生核心素养的培育提出了新的要求,核心素养的培育如何落实,本研究做了以下尝试:一是通过指导学生进行课外阅读并命制题目来探寻综合思维素养培养的新途径。地理素养的培育不局限于课堂之中,它离不开学生课外的积累。本研究为了减少无关变量的干扰,指定学生阅读的地理杂志是《中国国家地理》。二是基于 SOLO 分类理论对学生的命题作业进行评价,以实现教学评一致性的可能;不同于以往简单的定量评价,SOLO 分类理论更强调过程性评价,能够更好地对学生做出正向反馈。三是依托 SOLO 分类理论对本校学生的综合思维素养进行测评。通过对前后两次区级考试学生综合思维素养三个维度的提升情况的测评,来判断本次地理杂志阅读计划对提升学生综合思维的有效性。

一、核心概念界定

1. 综合思维:指人们运用综合的观点认识地理环境的思维方式和能力。人类生存的地理环境是一个综合体,在不同时空组合条件下,地理要素相互作用,综合决定着地理环境的形成和发展。"综合思维"素养有助于人们从整体的角度,全面、系统、动态地分析和认识地理环境,以及它与人类活动的关系。

2. SOLO 分类理论:个人在实际回答某个具体问题时表现出来的思维结构被称为"可观察的学习成果结构"(structure of the observed learning outcome, SOLO)。SOLO 分类理论认为,可以依据学生对某一具体问题的回答判定学生的思维结构处于哪一层次。SOLO 分类理论可以用于描述学生在特定的时间解答特定问题的表现。

3. 地理杂志阅读：在高中地理教学中，地理素养的培养不仅需要地理课堂上的培养，同时离不开学生课外的积累。对于中学生来说，地理课外阅读书籍的选择要求兼具知识性和趣味性，有正确的价值导向，篇幅不要太长，笔者认为最佳选择是主流地理杂志。与地理相关的杂志很多，如《中国国家地理》《博物》《环球人文地理杂志》《中华遗产》等。本研究为了减少无关变量的干扰，指定学生阅读的地理杂志是《中国国家地理》。

二、指向综合思维素养培养的高中生地理杂志阅读计划及其实施

（一）地理杂志的选择

本次地理杂志阅读计划中，笔者选择让学生读的是2017—2021年的《中国国家地理》杂志，原因有三：首先，在课后与学生沟通中了解到，相对于其他地理杂志，学生对《中国国家地理》更加熟悉；其次，《中国国家地理》内容涵盖自然地理、人文地理和经济地理，兼具科学性和趣味性，可读性强；最后，笔者有订阅《中国国家地理》杂志的习惯，近几年来收藏的杂志可供学生挑选和阅读。

（二）地理杂志阅读计划的制定

1. 选择。学生大致浏览近五年的《中国国家地理》杂志后，挑选一本自己最感兴趣的回家阅读。

2. 阅读。花一个月左右的时间，精细阅读所选杂志，对该杂志的主要内容有充分了解。

3. 命题。选取一篇文章的内容，命制一道地理学科的综合分析题。

4. 分享。教师随机抽取10个学生在班级展示、讲解自己的命题作业，其他同学和教师对命题作业进行点评和打分，对得分最高的同学进行奖励。学生讲解过程中需要介绍自己选择某个内容来命题的原因、题目命制的依据，以及解答该题目的思路。

（三）学生阅读成果评价标准研制

本次地理杂志阅读计划的目标主要指向提高学生的综合思维，成果之一是学生的命题作业集。笔者主要基于SOLO分类理论对学生的命题作业进行评价，详见表1。

表 1　地理杂志阅读计划

SOLO层次	抽象扩展结构	关联结构	多点结构	单点结构	前结构
能力	最高	高	中	低	最低
	问题线索+相关素材+相互关系+假设	问题线索+相关素材+相互关系	问题线索+多个孤立的相关素材	问题线索+单个相关素材	问题线索和解答混淆
思维操作	演绎与归纳；能对未经历的情境进行概括	归纳；能在设定的情境或已经历范围内利用相关知识进行概括	只根据几个有限的、孤立的事件进行"概括"	只能联系单一事件进行"概括"	拒绝，同义反复，转换，跳跃到个别细节上
学生命题作业呈现的特点	文字材料选取适当，图表信息明确，命制的题目与图文资料关联度高，能结合时事热点，答案合理。				
	以上5点皆符合	以上5点符合3点以上	以上5点符合2点以上	以上5点符合1点	只是应付式地完成作业，5点皆不符合
作业等第	A⁺	A	B	C	D

（四）部分学生命题作业展示和分析

本次指向综合思维培养的中学生地理杂志阅读活动共收到学生命题作业 59 份，其中 A⁺ 等第作业 5 份、A 等第作业 15 份、B 等第作业 35 份、C 等第作业 4 份、D 等第作业 0 份。限于篇幅，这里仅对 A⁺ 和 A 两个等第的作业进行分析。

A⁺ 等第作业展示和分析

中国国家地理——湖南专辑

张家界是湖南省辖地级市，位于湖南西北部，澧水中上游，奇峰林立，它的岩石是构成地壳表面主要的岩石，在夕阳的照射下红色的岩壁与其交相辉映。张家界因旅游建市，是中国最重要的旅游城市之一，属武陵山区腹地。著名景点有"天门洞""南天门"……

材料一：湖南南部，永州之野，以丘陵为主，有不同区系的蛇类在此共存，五岭及周边山脉为许多蛇类提供了多样化的栖息地选择。

材料二：湖南省位于长江中游，因地处洞庭湖以南而得名。湖南水多，大小河流遍布全境，像是纵横的血脉与神经网络，北部还有一个浩浩汤汤的八百里洞庭。

材料三：对于湖南而言，雪峰山的意义非同寻常。它不仅是划分湖南人口密度对比的一条"胡焕庸线"，也是湖南自然与人文分野的一座重要山界。

1. 张家界的地貌类型、岩石是什么以及地貌形成原因。（4分）
2. 在夏季洞庭湖地区易发生怎样的灾害，简述其成因及措施。（6分）
3. 从气候、地形、水资源的角度简述湖南地区生物多样性丰富的原因。（6分）
4. 写出"胡焕庸线"的地理名称以及为什么张家界可以发展旅游业。（4分）

该生的作业图文并茂，文字材料经过了加工处理，并不是完全照搬杂志上的原文，且学生选取的三张照片也提供了答题信息，材料处理较好。命制了四道小题，第一题考查地貌类型及成因，第二题考查洪涝灾害及解决措施，第三题考查生物多样性丰富的原因，且限定了回答问题的角度，第四查考查产业，四道题分别有四个考查方向，涵盖了人文地理和自然地理，这些也是我们日常学习的重点。该生编辑的答案完整，还附带了每道题目的分数分配。笔者评定的等级是 A^+。

A 等第作业展示和分析

材料一：卡塔尔是亚洲西南部的一个阿拉伯国家，地处阿拉伯半岛东部。卡塔尔地势平坦，大部分地区为荒漠。

材料二：卡塔尔是全世界最富有的国家之一，卡塔尔的发展指数非常高，国民极其富裕。卡塔尔地下水源匮乏，境内无常年性河流，缺水特别严重。年降水量不足150毫米，淡水使用海水淡化水，淡化水资源丰富，饮用水一般使用桶装纯净水或瓶装矿泉水。卡塔尔宣布在其北部发现了世界上最大的一块天然气田，该国天然气储量达到25.78万亿立方米，位居世界第3位。

1. 卡塔尔是地下水源贫乏的国家，甚至水比汽油都贵，试分析其缺水的主要原因。
2. 试分析卡塔尔开展石油天然气开采的有利因素。
3. 20世纪90年代中期，卡塔尔人口约为54万，而现在的人口近80万，十年间增加的人口约为90年代人口的一半。分析造成卡塔尔人口短期内大幅度增长的主要原因。
4. 卡塔尔获得2022年世界杯举办权。试分析其举办世界杯的有利因素。

请你提出减少卡塔尔沙漠扬沙对世界杯干扰的可行性办法。

该生选择中东国家卡塔尔进行命题，在上台讲解的时候该生给出了自己的理由：卡塔尔是2022年足球世界杯的举办国，与中国某公司签署了石油天然气长期购买协议，近年来我国与卡塔尔的贸易往来越来越频繁，该生对时事热点较为关注，并能与学习联系起来，值得鼓励。值得一提的是，我们命题作业分享课过后，2020学年奉贤区高二地理二模考有一道综合分析题考了卡塔尔，班级学生异常激动，也受到了极大鼓舞。该生的命题作业美中不足的是，没有对文字材料和答案进行整理归纳，格式也不规范。笔者给他评定的等第是A。

三、高中生地理综合思维素养测评框架初拟

地理综合思维素养包括时空综合、要素综合和地方综合三个维度。笔者主要依托SOLO分类理论对学生的综合思维素养的这三个维度进行测评。

约翰·B.彼格斯和凯文·F.科利斯教授在《学习质量评价·SOLO分类理论》一书中介绍了地理教学中使用的典型例子：根据书面描述解释区域特征的变化，解释地图并得出结论，解释自然现象，根据区域图得出结论。

针对这四种典型例子，笔者对上海市浦东新区高二地理等级考一模卷进行分析，从中找到了属于这四个类别的综合分析题，并对学生的回答进行研究，标示学生的回答在综合思维三个维度所属的理解水平，测评结果作为前测。

2021年3月份，启动为期一个月的指向综合思维素养培养的高中生地理杂志阅读计划。地理杂志阅读活动结束后，2021年4月初，学生参加了上海市浦东新区高二地理等级考二模考。笔者从二模考试卷中找到了属于这四个类别的综合分析题，并对学生的回答进行研究，标示学生的回答在综合思维三个维度所属的理解水平，测评结果作为后测。

通过对前后两次区级考试学生综合思维素养三个维度的提升情况进行研究，我们可以判断本次地理杂志阅读计划对提升学生综合思维的有效性。

四、高中生地理综合思维素养测评及结果分析

（一）时空综合维度测评

1. 2020学年浦东一模卷题目举例

第25题：据图归纳南亚地区洪涝灾害的时间分布特征，并简析其原因。

2. 2020学年浦东二模卷题目举例

第27题：归纳1961—2010年浙江省年平均冰冻日数的变化特征，并推测其成因。

3. 两次考试学生答题结果对比

具体情况如表2所示。

表2　两次考试学生答题结果对比　　　　　　单位：个

SOLO层次	学生回答呈现的特点	达到该层次的学生人数 一模	达到该层次的学生人数 二模
前结构	同义反复，与问题无关的回答	0	2
单点结构	只能归纳出时间/空间分布特征，无法正确分析原因	29	27
多点结构	既能归纳出时间/空间分布特征，还能找到"为什么某事物在这个时间发生在这个地方，为什么某事物朝着这个方向发展变化"的部分原因	38	32
关联结构	既能归纳出时间/空间分布特征，还能找到"为什么某事物在这个时间发生在这个地方，为什么某事物朝着这个方向发展变化"的大部分原因	4	10
抽象拓展结构	既能归纳出时间/空间分布特征，还能找到"为什么某事物在这个时间发生在这个地方，为什么某事物朝着这个方向发展变化"的大部分原因，更能推测出未来的发展变化趋势	0	0

备注：没有达到抽象拓展结构层次的学生是因为考试与实验调查存在区别，在考试过程中，题目不要求学生预测未来发展变化趋势，学生仅根据题目要求作答。

（二）要素综合维度测评

1. 2020学年浦东一模卷题目举例

第29题：简析湿地面积变化可能给当地带来的影响。

2. 2020学年浦东二模卷题目举例

第29题：从自然地理环境要素之间相互联系的角度，说明江南水乡自然地理环境的整体性特征。

3. 两次考试学生答题结果对比

具体情况如表3所示。

表3　两次考试学生答题结果对比　　　　　　　　单位：个

SOLO层次	学生回答呈现的特点	达到该层次的学生人数 一模	达到该层次的学生人数 二模
前结构	同义反复，与问题无关的回答	12	20
单点结构	只能答出单个要素	20	28
多点结构	能回答出两个及以上要素的相互关联	39	19
关联结构	能回答出所有自然地理要素/社会经济要素的相互关联	0	3
抽象拓展结构	不仅能回答出所有自然地理要素/社会经济要素的相互关联，且能推测未来的发展变化趋势	0	0

备注：没有达到抽象拓展结构层次的学生是因为考试与实验调查存在区别，在考试过程中，题目不要求学生预测未来发展变化趋势，学生仅根据题目要求作答。

（三）地方综合维度测评

1. 2020学年浦东一模卷题目举例

第22题：近年来，我国天津农垦区集团租用保加利亚耕地，建立了中保农业合作示范园。据资料推测农业园区建设中可能遇到的困难，并说出判断依据。

2. 2020学年浦东二模卷题目举例

第23题：分析我国在纳米比亚投资建设湖山铀矿过程中可能遇到的困难。

3. 两次考试学生答题结果对比

表4　两次考试学生答题结果对比　　　　　　　　单位：个

SOLO层次	学生回答呈现的特点	达到该层次的学生人数 一模	达到该层次的学生人数 二模
前结构	同义反复，与问题无关的回答	7	16
单点结构	只能回答出某地地理环境要素的一个方面	23	18

续 表

SOLO 层次	学生回答呈现的特点	达到该层次的学生人数	
		一模	二模
多点结构	只能回答出某地地理环境要素的多个方面,回答有理有据	17	20
关联结构	能够对某地地理环境要素和时空变化特点综合分析	24	17
抽象拓展结构	能够对某地地理环境要素和时空变化特点综合分析,并对未来发展趋势进行推测	0	0

五、研究结论与反思

(一) 主要结论

1. 学生在时空综合维度的提升最明显。

2. 时空综合、要素综合、地方综合三个维度,均为处在多点结构的学生最多。

3. 地理杂志阅读在提升学生综合素养方面,对前结构、单点结构层次的学生效果不明显,但对多点结构、关联结构层次的学生有一定效果。

4. 我校学生的要素综合和地方综合素养相对薄弱。

(二) 主要不足

1. 样本数量较少。本次地理杂志阅读计划只在我校高二地理等级考班级进行。

2. 实践时间较短。本次地理杂志阅读计划前后只进行了一个半月,效果检测的准确性可能因此受到影响。

3. 未能充分调度学生的主动性。本次地理杂志阅读是学生利用课后时间进行的,部分学生学习动机不强,没有按照要求认真执行,命题作业的完成存在应付现象。

(三) 未来展望

通过这次研究,笔者发现,地理杂志阅读对学生综合思维素养的提升效果没有预期的明显,一度十分沮丧,甚至怀疑自己的研究是否有意义。但是冷静思考后发现,这次研究还是有一定收获的。

为了更好地进行课题研究,笔者认真学习了 SOLO 分类理论,对该理论有了一定认识,充实了自己的教育教学理论知识。SOLO 分类理论对于地理教学评价十分有帮助,以后笔者会尽量与自己的教学相结合,继续探寻提升学生综合思维素养的更有效途径。

初中语文古诗词教学中的传统节日文化渗透

上海市华林中学 颜洁颖

【摘要】 本文从古诗词教学和学生日常学习古诗词、传统文化积累等方面的问题入手,简要阐述了在古诗词教学中渗透传统节日文化的必要性和可能性。笔者结合自己的工作实际,在六年级尝试古诗词教学中渗透传统节日文化的实践研究。笔者先梳理古诗词教学与传统节日文化的结合点,从结合点切入教学,进而让教材中的传统节日文化内容更好地渗透于教学中;笔者从课堂教学和课后学习两个方面探索了传统节日文化渗透的策略,并结合新中考政策总结了对古诗词教学中传统文化渗透的思考。

【关键词】 古诗词教学 传统节日 文化渗透

在初中语文古诗词教学实践中,笔者发现"传统节日文化"是学习"古诗词"且进一步学习和掌握中国传统文化的很好抓手。我们知道,生活在农耕时代的人们对"传统节日"的重视程度远高于现代人。中国历代文人墨客常常喜欢在传统节日期间舞文弄墨、吟诗填词,他们的作品不仅充分体现了自身的才华,也蕴含着传统文化的一些要素。通过"古诗词"和"传统节日"之间的联系开展教学,在两者的"互动"中,汲取古诗文与节日文化的精髓,进而学习传统文化。

为培养学生学习古诗词、积累传统文化的良好习惯,笔者尝试在低年级古诗词教学中进行传统节日文化渗透的研究,本文以六年级教学为例。

一、初中古诗词教学中传统节日文化渗透的必要性和可能性

我们的传统节日文化遭受着异域文化的冲击。在课堂教学和日常观察中,笔者发现不少同学对于中国的传统节日文化并不了解,也没有太大的兴趣。一些大众熟悉的传统节日,同学们往往只能说出日期,对于这些节日背后的习俗以及这些节日的文化意蕴,却显得十分陌生。因此,他们对于那些与传统节日乃至文化传统

有着千丝万缕联系的古诗词,更是了解甚少,从而直接影响了对古诗词学习的兴趣。

《义务教育语文课程标准》(2022年版)指出,语文课程应积淀丰厚的文化底蕴,继承和弘扬中华优秀传统文化。在语文教学中让学生接受传统节日文化的熏陶,从中汲取丰富的精神营养,是目前语文教学中的一项重要任务,也是加强语文学科教学人文渗透的有效途径。

二、初中低年级古诗词教学中传统节日文化的渗透

为了验证上述设想,为"渗透"积累经验,笔者以六年级统编版教材为例,进行了实验和探索。

（一）梳理教学内容,把握结合点

并不是所有古诗词教学中都适合渗透传统节日文化。要想将传统节日文化自然、有效地渗透于古诗词教学中,教师需要把握好古诗词教学中与传统节日有关联的结合点,即传统节日文化可以渗透于古诗词教学中的切入点。统编版《语文》教材注重文化的传承,六年级下册第一单元选文以"民俗文化"为题材,笔者以第一单元第4课《古代诗歌三首》为例,梳理了古诗词教学与传统节日文化的结合点,见表1。

表1　六年级下册第一单元第4课古诗词教学与传统节日文化的结合点

古诗词篇目	与传统节日文化的结合点	传统节日文化内容
《迢迢牵牛星》	1. 七夕节习俗、起源等	1. 传统节日民俗礼仪文化
	2. 牛郎织女神话传说	2. 传统节日文学文化
	3. 乐府古诗	3. 传统节日文学文化
《寒食》	1. 寒食节习俗、起源等	1. 传统节日民俗礼仪文化
	2. 介子推的忠孝精神	2. 传统节日伦理道德文化、传统节日历史文化
	3. 唐代的政治背景	3. 传统节日政治文化
《十五夜望月》	1. 中秋节习俗、起源等	1. 传统节日民俗礼仪文化
	2. "月亮"这一意象被寄予的情感	2. 传统节日文学文化

(二) 课堂教学策略

1. 古诗词卡通动画，激发学习兴趣

笔者通过对班级学生一个学期的观察，认识到班级大部分学生古诗词基础较为薄弱，古诗词的意象与情感对于他们来说十分抽象。而传统的教师讲授的方式，使学生的兴趣不高，课堂上的听课效率并不理想。

六年级第二学期，笔者在班级开展的"走进传统节日"主题古诗词教学，利用了微信公众号"小灯塔"的"100节唐诗国学"辅助教学。"100节唐诗国学"将100首经典唐诗制作成了适合学生学习的卡通动画短片，以简洁通俗的语言讲解，学生兴趣浓厚，短片中的知识点极易为学生所掌握。在学习课文《十五夜望月》《寒食》时，笔者播放了两首古诗的短片，帮助学生复习巩固课堂所学，在此基础上再进入对传统节日知识的讲授；在学习课外拓展古诗《望月怀远》时，课堂上先播放古诗短片，学生在短短的时间里了解作者写作背景和古诗大意，并作简单记录，课堂效率明显提高。我们留出了更多时间供小组讨论诗歌情感及所蕴含的节日文化。

2. 丰富古诗文呈现方式，帮助学生理解节日文化内涵

教师在教学中恰当地选用图、文、声、像等多媒体资源，可以帮助学生学习古诗词并体会古诗词所蕴含的文化内涵。例如，在教授《十五夜望月》时，为了让学生感受作者在寂静的月圆之夜思念亲人的感情，教师可选择一幅月夜图，再配以清幽的音乐，为学生营造一种清冷幽美的氛围。再如，在教授韩翃的《寒食》时，通过视频让学生了解他们不熟悉的"寒食节"，再配以文字介绍，会事半功倍。这样能让学生在短时间内了解寒食节的起源、习俗等。如一位学生在介绍寒食节的习俗之一"蹴鞠"时，下面的同学们光听文字介绍难以想象出其具体情况，但是配上一段蹴鞠表演的视频就大不一样了。有的学生看完视频后，总结出蹴鞠好似足球与毽子的合体。

巧用多媒体资源，学生不仅可以生动形象地理解诗词的表层画面感，还能够更加深刻地领悟作者的情感，进而体会到其字字句句背后所蕴藏的感情、所深藏的传统节日文化底蕴，发挥传统节日文化的教育作用。[1]

---

[1] 栗冬冬.初中语文教学中的传统节日文化教育研究——以初中古诗教学为例[J].科技风，2016(8).

3. 课前三分钟演讲，古诗词齐积累

在新课教授前，教师将课堂气氛和学生学习的积极性调动起来，有助于整堂课的目标达成。在课前三分钟演讲中，学生需要发表自己的见解，在全班同学面前有所表现，会有一种"获得感"，而下面倾听的同学，借此取长补短，还可提出疑问。

六年级第二学期，为推进"走进传统节日"主题教学，笔者在班级开展了"我喜爱的古诗词"课前演讲，由学生对自己喜爱的古诗词进行分享。学生们通过书籍、网络进行资料搜索和整理，准备演讲内容。课堂开始的三分钟里，演讲者带着大家一起诵读古诗，讲解古诗大意，阐述自己喜欢的理由等，其余同学认真听并提出疑问，由演讲者解答。学生们的演讲虽然还十分稚嫩，但这样的人人参与的形式却让课堂一开始就变得轻松活跃，也让学生们对这堂课之后的学习充满期待。

4. 课上拓展阅读，古诗词齐学习

教材的内容虽然涉及面已非常广泛，但因篇幅限制，还是有许多没有涉及的内容，而中国传统节日文化之博大精深，需要学生拓展阅读更多经典，进一步挖掘传统节日文化的精髓。

在进行"走进传统节日"主题教学的过程中，笔者尝试了带着学生一起进行古诗词拓展阅读，学习相关传统节日文化知识。例如，在学习了韩翃的《寒食》后，笔者与学生一起阅读了孟云卿的《寒食》，在学习体悟这首诗的背景、内容和情感之后，大家对寒食节吃冷食、踏青等风俗，寒食节兴起时百姓生活较为落后的生活背景等方面有了更深入的了解，对于介子推忠孝精神的精髓也有了更深刻的体会。又如，在学习了王建的《十五夜望月》之后，课上吟诵了张九龄的《望月怀远》，对传统节日中蕴含的传统文学文化这一内容进行了更为深入的探究，通过品味《望月怀远》这首诗歌的意象，学生们体会了中华民族在"月亮"这一物象中寄予的无限情思。

5. 小组合作学习，传统节日文化齐探究

在小组合作学习的课堂上，人人都可参与进来，成为课堂的主人。使用小组合作学习古诗词，能够有效地调动学生的学习积极性，帮助学生更好地掌握古诗词。同学们在积极的互动中，轻松地完成了教学任务。①

---

① 李春梅.小组合作学习在初中古诗词教学中的应用研究[D].河南大学,2018.

在"走进传统节日"主题教学中,笔者的课堂上出现最多的教学形式便是小组合作学习。课前教师下发预习单,学生以小组为单位自行分工,完成教师分配的任务。各小组任务分配见表2。

表2 "走进传统节日——寒食节"拓展阅读课任务分配

小 组	任 务 安 排
第1组	介绍寒食节的节日特色
第2组	介绍寒食节的由来
第3组	介绍寒食节的习俗(插柳和踏青)
第4组	介绍寒食节的习俗(秋千和蹴鞠)
第5组	介绍与寒食节有关的古诗词

课上的合作探究是小组合作学习的主要环节。两节拓展阅读课里,各小组围绕《寒食》《望月怀远》两首古诗进行讨论,如:你喜欢这首诗的哪个意象?它表现了怎样的情感?你认为与月亮有关的诗歌时常被用来表达怎样的情感?在小组讨论过程中,原本没有思路的学生在他人分享后思路逐渐被打开,当遇到彼此观点不同时,又促使他们对诗歌做进一步思考,如第2小组的刘同学在讨论问题"你喜欢这首诗中的哪个词语(可以是某个意象、景物)或句子?"时,率先在组内表达自己的观点,说自己喜欢"情人怨遥夜,竟夕起相思"这一句,因为这句使自己"仿佛看到了诗人望着一轮明月惆怅忧伤的神情"。当同组其他同伴表达出不同意见时,她思考了片刻,仍然坚持自己的观点,并与同伴继续探讨。这样的讨论和思考的过程,让她对这首诗、对中秋节里人们所寄予的情思有了更深刻的领悟。

小组合作学习的过程,也是对传统民俗礼仪文化、传统伦理道德文化、传统历史文化等方面的了解与学习的过程。可以说,小组合作学习不仅为古诗词教学课堂注入了活力,更让学生在合作探究中愿意主动去探索古诗词的魅力。

(三)课后学习形式

1. 古诗词阅读打卡

多媒体手段在当前古诗词教学中的应用是很普遍的,形式也是多种多样的,除了常用的课件、视频,我们还可以挖掘身边适合学生学习且学生易于使用的多媒体工具辅助教学。

当前的家校软件具有"打卡"功能,成为学生家庭学习以及辅助教学的好帮手。每天的阅读打卡,有利于学生良好习惯的养成。寒假期间笔者布置了一项特别的作业,要求学生进行连续21天的古诗词阅读打卡。放假前,笔者给学生下发了古诗词推荐篇目,要求21天内,学生每天选择其中一首阅读,并填写打卡记录表、上传照片。在打卡记录表中,笔者设计了如下问题:(1)你认为这首古诗词主要写了什么?表达了什么情感?(2)这首古诗词哪里写得最好?为什么?(3)寻找古诗词中的节日文化并记录。

学生通过反复诵读,将自己的心得体会记录下来。大家有的查找资料,帮助自己理解古诗词,而后进行记录;有的通过字面揣摩,写下自己阅读后的真实感受;同时打卡活动让学生们初步自主探索古诗词中蕴含的传统节日文化,为日后教学中的文化渗透奠定基础。这21天的打卡增加了学生古诗词的阅读量,让学生对古诗词的意象和情感有了初步感知,为开展渗透传统节日文化的古诗词主题教学做好了铺垫。

2. 创新作业形式

在古诗词教学中,传统的作业形式以记诵巩固为主,这样的作业通常会忽略古诗词的意境、情感和蕴含的文化内涵,也使学生对作业没有太大兴趣,为了完成作业而完成作业。教学中,教师不妨根据学生的兴趣、特长,设计一些别具一格的创意作业,不仅让传统节日文化渗透其中,也让学生们乐在其中、学在其中。

① 制作传统节日小报,体悟传统节日文化

在开展"走进传统节日"主题教学之前,笔者布置了一项作业,要求每位学生选择自己熟悉并喜欢的传统节日,制作一份图文并茂的小报来介绍这一节日。同学们开始做起这项作业来,可谓饶有兴致,但也暴露了不少问题:全班26人,有24位同学制作了"春节"小报,因为他们大都对其他节日不很了解;有几位同学在"春节"小报中将韩翃的《寒食》抄了上面,说明他们连寒食节在什么时间也没有搞清楚……这一次的新型作业,让学生有了兴趣,也让教师对学生的认知情况摸了底。

② 以画配诗,调动多个感官

在学生制作小报的过程中,笔者发现初中低年级的学生对绘画的兴趣浓厚,将绘画与学习古诗词结合起来,不失为一个好方法。在学习六年级下册第四单元的三首古诗时,笔者布置的第一项回家作业就是将自己理解的古诗内容画出来,第二天在课上分享交流。学生第二天交上来的作业虽有个体差异,但都能根据诗歌内容比较准确地描绘诗歌内容。很多学生的语言表达能力明显落后,先以作画的形式来巩固课上所学内容,再对画作进行交流,相当于帮助他们简化了问题,也避免让他们丧失对古诗词学习的兴趣和信心。

创新作业形式不仅丰富了此次"走进传统节日"主题教学内容,让传统节日文化通过多种途径渗透于学生古诗词的学习中,也让学生对学习传统节日文化知识保持着较高的积极性。

在这次主题教学活动后,笔者对部分学生进行了访谈。学生表示,古诗词对于他们来说,不再像从前如陌生人一般。小刘同学说:"以前自己读古诗文有点像读天书,但现在发现古诗词也没那么难懂,特别是寒假里每天都要打卡,好像一天不读,就少了点什么。"小周同学谈道:"以前觉得古诗词是很生硬的东西,现在通过课上观看小灯塔学堂以及大家的讨论,发现古人的情感也是很丰富的,特别是在特定的一些节日中所表现出来的情感比我们现代人更为丰富。"访谈中,大部分学生表示,他们通过对古诗词的学习,对中国的传统节日文化有了更多了解,而这些是他们日常生活中所接触不到的。

三、对古诗词教学中传统节日文化渗透的思考

（一）创新古诗词教学形式,促进传统节日文化的有效渗透

语文课堂与传统节日文化结合紧密,古诗词教学更是离不开传统节日文化知识的渗透。其实语文教师在课堂上对传统节日文化知识的传授并不少,但学生真正吸收到的却并不多,原因可能在于过于单一的教学形式,让学生无法参与其中,学生只是习惯于被动地听讲。因此,教师在古诗词教学中要利用积极有效的教学方法,在课堂教学、作业形式等方面大胆创新,让学生主动参与到学习的过程中,从而对传统节日文化的学习产生一定的兴趣并形成良好的习惯,[1]促进传统节日文化在古诗词教学中的有效渗透。

（二）持续开展活动,推动传统节日文化的传播

本学期开展的课前演讲、拓展阅读,学生十分喜爱,参与热情高涨,在传统节

---

[1] 李玉琴.浅谈初中语文教学中传统节日文化的有效渗透[J].学周刊,2018(21).

日文化知识方面的收获也十分可观。但好的活动绝不能昙花一现,只有持续有效地开展,才能真正帮助学生养成良好的学习习惯,培养他们对传统节日文化知识的兴趣和主动学习传统节日文化知识的意识。正如笔者在班级中开展了"走进传统节日"主题活动,学生在长期坚持学习并参与活动的情况下,逐渐提升了对古诗词学习的兴趣。因此,语文教师应根据教学目标和学生的实际状况,做好长远的规划,有效推进传统节日文化在教学中的渗透。

(三)培养学生跨学科意识,推进传统节日文化的传承

从上海市公布的中考改革方案中,我们可以深切地感受到改革的着力点就是把综合素质评价纳入了初中教育教学,重视学生的全面培养和综合素质。[1]而语文古诗词教学中蕴含的传统节日文化,与历史、道法、地理等学科联系紧密,还时常关联物理、生物等学科,因此在古诗词教学中,教师也应引导学生发散思维,从不同角度关注古诗词,同时鼓励学生要广泛阅读,对于涉及的方方面面的知识要有探索精神、求知欲望,进而提高对传统节日文化的传承意识。正如在此次开展"走进传统节日"主题活动的过程中,学生通过检索、收集资料,对介子推的典故、牛郎织女的传说进行了自主学习并与同伴交流,对原本不了解的节日习俗和中国古代历史的认识均有一定程度的提升。

(四)努力提升自身素养,清除古诗词教学障碍

古诗词中的文化底蕴深厚,所涉及的知识也广袤无穷,这对于教师的要求也就更高了。我们的教材当中有许多值得挖掘的内容,需要教师主动分析梳理教材,找准古诗词与传统节日文化的结合点。

在开展"走进传统节日"主题教学过程中,课堂上小组讨论会让学生产生很多新的疑问,这些疑问等着教师为他们解答。这时,教师便深切感受到知识的无穷以及作为学生的领路人,不断学习是必须走的路。

在语文学科教学过程中,教师应该有相当系统的知识储备量,对于新的知识能够展开积极的拓展与探索,并且具备扎实的文字功底和语文素养,才能更好地为学生传播知识,才能给学生答疑解惑,也才能更好地在初中语文教学中渗透传统节日文化。[2]

---

[1] 郑方贤.上海中考突出全面育人[N].中国教育报,2019-4-23(5).
[2] 李玉琴.浅谈初中语文教学中传统节日文化的有效渗透[J].学周刊,2018(21).

播撒"画"种，收获"话"朵
——"双新"背景下小学低年级语文"以画促写"写话能力培养

上海市浦东新区梅园小学　张思逸

【摘要】 在"双新"背景下，义务教育阶段对学科核心素养培养工作有了更高的重视。本文立足小学低年级语文教学展开探究，从语文学科素养出发，在低年级语文教学中运用以画促说、以画促写的方式，搭建学习支架，以保护学生兴趣、激活学生思维、激发学生想象，最终达到促进语言训练、提升写话能力的目的。

【关键词】 双新背景　低年级语文　以画促写　写话能力

《义务教育语文课程标准（2022年版）》的课程目标中新增了四个核心素养：文化自信、语言运用、思维能力和审美创造。学段要求中，每学段的"阅读"改为"阅读与鉴赏"，"写作"和"口语交际"合并为"表达与交流"，"综合性学习"改为"梳理与探究"，具体内容也有所整合和增加。这无疑对小学语文的学习和教师专业素养的提升提出了新的要求。

《义务教育语文课程标准（2022年版）》第一学段（1—2年级）的"表达与交流"中指出，要让学生对写话有兴趣，留心周围的事物，写自己想说的话，写想象中的事物，在写话中乐于运用阅读和生活中学到的词语。

在与中高年级学生的接触中，我发现学生普遍觉得写话是语文学习中比较难的一个部分，特别是刚刚接触习作的三年级学生。这让我深刻意识到一、二年级词句段的语言训练和铺垫的重要性。在与低年级学生的接触中，我也发现他们对图文并茂的内容和绘画等特别感兴趣，而且他们在这个阶段最富于想象力。于是，为了能够从低年级开始培养学生的写话能力，我便尝试以画促写，搭建学习支架，利用更多的图片资源，让学生将自己脑海中的画面以绘画的形式表现出来，进而根据自己的创作进行说话、写话的练习。

一、以画促说

一年级的学生刚刚踏入小学课堂,对校园生活充满好奇和期待。为了鼓励学生们多学习多交流多表达,我采用"以画促说"的方式保护其想象力、创造力,培养其写话的兴趣。

(一)绘本共读,激活思维

结合学校亲子阅读计划,每月我会和学生们一起选定本月共读的绘本故事,并且鼓励家长们陪伴学生一起阅读。在每周五的语文课上,会预留固定的5分钟时间进行绘本故事内容的分享,有看图猜故事等活动。学生们看着绘本中的图片大胆想象和猜测,会产生各式各样的疑问,在一个个疑问中进行畅想。这样可以激发他们进行深度阅读。

如在和学生们分享绘本故事《猴子捞月》时,他们边看图边聆听,时不时会冒出这样那样的问题。小 A 同学在课堂上发问:"井里的月亮和天上的月亮一样大吗?"小 B 同学也忍不住提问:"猴子们捞得到月亮吗?它们不会摔下去吗?"……每当有同学提问时,总有其他同学迫不及待地分享自己的想法,帮助解答。如小 C 同学回答:"井里的月亮是天上月亮的倒影,猴子们当然捞不着啦!"小 D 同学回答:"猴子们的尾巴绕在树枝上,可结实啦!"……在这样的交流和思考中,同学们不仅丰富了想象力,也能慢慢感受到故事中猴子们团结协作的友好精神。

每次的这个环节,大家都是兴趣十足,争先恐后地要进行分享和交流。久之学生们积累的绘本故事越来越多,耳濡目染之下,为日后写话积累了不少素材。

(二)情境创设,激发想象

低年级的学生对于有趣、新奇的事物很感兴趣,在平时语文课堂教学中,常常会被课文中精美的插图、教师板书的简笔画或是课件中的图片等所吸引。我也惊喜地发现,相比较于文字的提示,大家更喜欢图片的提示,他们能够根据图片编出一段故事,充满想象力,且语句连贯。图画的作用是激发兴趣,学生结合图画讲故事是观察事物、语言组织、思维转动、口语表达等综合能力结合的过程,这样的训练若能坚持下来,他们的进步会很大。于是,我也常常会在课堂中创设情境,如动物王国开大会、奇妙的海洋世界……同学们也愿意走上讲台,向大家展示自己的创作,讲述自己脑海中的想象故事。

如在学习《动物王国开大会》一课时,我提前让同学们选择自己喜欢的动物并制作动物头套,在正式上课时大家表现得特别期待和兴奋,课前还迫不及待地要和伙伴们分享自己的动物头套。课上,在学习完课文内容之后,我让学生分小组进行角色扮演(如图1所示),并上台展示。这篇课文中出现了较多疑问句和祈使句,学生扮演感兴趣的角色,在分清角色的基础上,可以体会角色的心理,读出祈使句带有号召、命令的语气和疑问句思考、疑问的语气。大家还能跳出课文文本,加上自己的理解,复述并创造故事,十分有趣。

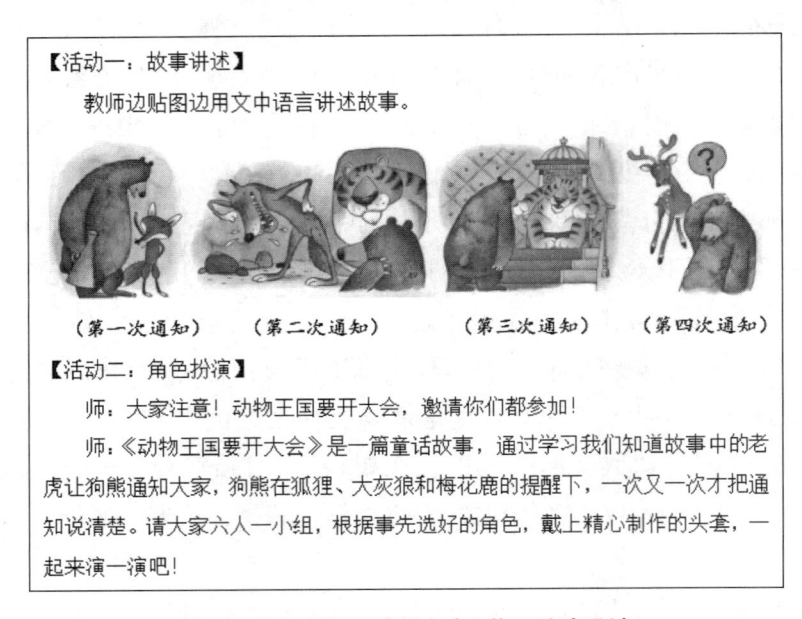

【活动一:故事讲述】
教师边贴图边用文中语言讲述故事。

(第一次通知)　(第二次通知)　(第三次通知)　(第四次通知)

【活动二:角色扮演】
师:大家注意!动物王国要开大会,邀请你们都参加!
师:《动物王国要开大会》是一篇童话故事,通过学习我们知道故事中的老虎让狗熊通知大家,狗熊在狐狸、大灰狼和梅花鹿的提醒下,一次又一次才把通知说清楚。请大家六人一小组,根据事先选好的角色,戴上精心制作的头套,一起来演一演吧!

图1　《17 动物王国开大会》学习活动设计

学生们相互启发、相互欣赏,在想象的海洋中畅游,怎能不愉快呢?在此过程中,大家觉得既有挑战性又趣味十足,参与积极性自然高涨。

(三)文本学习,"幅"想连"篇"

现在的统编版《语文》教材根据每篇课文的不同特点,配有不同风格的插图。这些色彩明丽的插图就可作为写话教学的结合点,教学中引导学生通过对文字的理解和想象,为课文添画或续编故事再续画。学生在表达自己的阅读感受的同时,也深化了对文本的理解,培养了再创造能力。

如一年级上册的第六单元,本单元围绕"想象"这个主题,编排了《影子》《比尾巴》《青蛙写诗》《雨点儿》四篇课文。课文以儿童视角,对自然界、生活中的一些现象进行了生动的描摹,充满情趣,可激发学生对自然、对生活的热爱。大家也特别喜欢这样的课文,在完成朗读训练的基础上,我让同学们选择自己感兴趣的一篇课文,仿照课文说一说,并和家长一起为自己的创作配一幅图画。学生们饶有兴致地进行创作,在和伙伴们展示的过程中还特别有成就感。

二、以画促写

经过一年级的熏陶和培养,学生在天马行空的想象中不断积累,特别是口语表达有了明显的提升。进入二年级后,从"以画促说"逐步转化为"以画促写"。第二学期正值上海新冠疫情的严峻时期,自2022年3月起转为线上教学。为了让学生能有延续性的培养,我便尝试在线上教学中渗透"以画促写"的方法,促进其写话能力的提升。接下去,我就以统编版《语文》二年级下册第四单元中《彩色的梦》一课为例,谈一谈我的做法和经验。

(一)教材与学情分析

《彩色的梦》是统编版《语文》二年级下册第四单元的第一篇课文。本单元是童心单元,语文要素是运用学到的词语把想象的内容写下来,强调了词语从积累到运用的过程,也强调了学生从"想"到"感受"再到"写"的过程。本篇课文的课后练习第二题,要求学生"试着仿照第二、三小节,把想画的内容用几句话写下来"就是围绕这个要素展开的。

《彩色的梦》是一篇非常优美的诗歌,充满想象力,学生非常喜欢这首诗歌。基于喜欢,他们对本课的学习产生了浓厚的兴趣,也能跟着空中课堂的学习,将诗歌的第二、三小节背诵下来,并尝试仿写。

(二)教学过程一:展开想象,进行作画

仿照课文进行写话,要求学生先要理解课文的内容,明白课文的写法,在此基础上再进行想象,并且仿照课文的写法将自己所想象的画面写下来。为了加深大家对诗歌第二、三小节的理解,空中课堂视频后的讨论与思考时间,我再次出示"空中课堂"中展示的美好梦境图画《一个在海洋深处的梦》《一个在大草原上的梦》,组织班级学生加以想象,尝试将自己美好的梦用画笔画下来,并在讨论中晒一晒。

师:相信小朋友都陶醉在了这彩色的梦中,有几位小伙伴已经把自己彩色的梦画了下来,让我们一起欣赏,看看他们都画了些什么,听一听他们是怎么说的?

出示学生的画1：在神秘的大海深处，五颜六色的鱼儿吐着泡泡和水母一起做起了游戏。螃蟹和海星悠闲地躺在海底，又可爱又调皮。

出示学生的画2：在无边无际的大草原上，小草们肩并肩，看猎豹跑步的身影，清澈的水面上，闪耀着钻石般的光芒，又闪又亮。

点评：小伙伴们个个都像小画家，又像小诗人，想象力真丰富。

师：请小朋友也来做一做小画家，用彩笔把自己的梦画下来，画完之后再和大家一起分享属于你的故事吧！

【设计意图】儿童诗有着丰富的想象力，小朋友喜欢画画，在教师的启发下，通过自己作画能够展开想象，不仅对课文内容理解更深了，还能联系自己美好的梦境，激发对课文学习的兴趣。同时让学生将自己画的图画说出来，可以借助诗歌中的语言，也可以展开自己的想象，是学生词句积累的呈现，也是一次口语表达的训练。

学生动笔将自己彩色的梦画到纸上（如图2所示），即将自己的想象画出来，并在讨论组内交流分享各自彩色的梦，学生画起来很快，并且兴趣浓厚。

图2 学生画作《一个在山间的梦》

（三）教学过程二：练习说话，进行仿写

学生在讨论组内进行交流分享，既能看着图画，用生动的语言向大家描述自己的梦，练习了口语表达；又能倾听其他同学梦中的景物，受到启发，进而在接下去的仿写练习时能拓展思维，将自己所要描绘的画面加以完善。

师：瞧，小朋友的笔尖滑到了我们熟悉的校园。你能看着画面，借助填空，

仿照第二小节说一说吗？（出示校园景物）

讨论组中师生合作完成：脚尖滑到了校园，

一棵棵小树，绿了；

一朵朵梅花，红了；

一大片草地，青了；

青——得——发——亮！

点评：大家活学活用，学得真快！

师：小朋友们，如果你是小作者，你的笔尖还会滑过哪些地方？（相机出示图片：田野、公园、花园、果园、菜园……）

师：接下去，请小朋友们拿出学习任务单（如图3所示），仿照第二小节，把你想画的内容用几句话写下来。

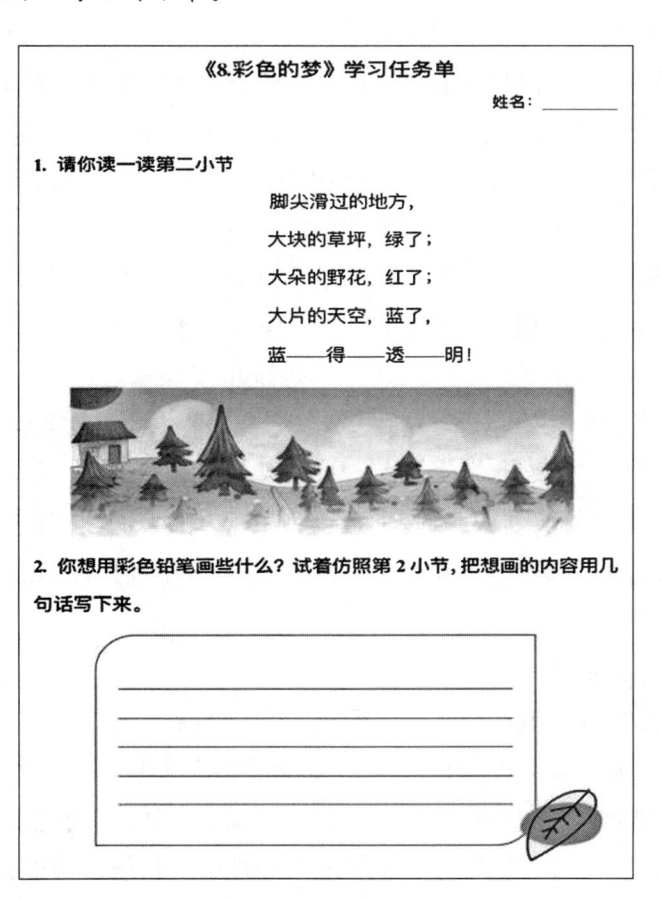

图3 《彩色的梦》学习任务单

【设计意图】仿照第二、三小节写一写,是本课的教学重点,也是难点。通过出示校园的图片,选取学生熟悉的景物,作为学习支架让他们仿照课文第二小节说一说。学生线上交流后,延伸到田野、公园、花园等地方,小朋友展开各自的想象,挑选自己感兴趣的场景来描写,并仿照课文第二小节写下来。在写下来的过程中,小朋友对课文内容有了进一步的学习和吸收,通过读写结合的形式,实现本单元的语文要素,即让学生从"想"到"感受"再到"写"。

有了之前的图画作为学习支架,学生有景物可以描写,诗歌中的第二、三小节句子不长,第二小节注重了句式,学生在之前学习文本的基础上,能够主动运用合适的量词和相匹配的色彩词;第三小节注重了内容,感受大自然童话般的美丽景色。个别学生打破了课文的束缚,用自己的语言大胆地写出了自己的美好梦境和快乐童年。

(四)教学过程三:点评指导,作品展示

虽然是线上教学,但是我们也通过直播的方式进行学生作品的点评和指导,主要针对学生作品的优秀之处和欠缺之处进行点评和讲解,为学生提供相互点评、相互学习的机会,教师也能更直接地发现学生学习掌握的情况。授之以鱼不如授之以渔,这种安排更能激发学生的创作热情。

根据统计发现,这样的学习效果还是不错的。学生基本上能完成仿写练习,但由于个人学习情况、积累水平等的差异,作品的水平不一。约80%的学生根据给定的画面来写,中规中矩。20%的学生跳出了课堂,联系生活进行创作,其中10%的学生进行了改编,举一反三,运用上不同的词语来描绘,但格式统一,很有新意。

为了使学生宝贵的创作能够留下来,并让更多的人看到,课后我也及时地将学生的作品发布在创设的"小虎中队写作坊"公众号上加以展示。

三、以画为引,绽放光彩

有了图画的帮助,低年级学生在课堂学习时不感到枯燥,甚至对于一些文字较多的课文,也能保持兴趣和积极性。"以画促写"是学生与图画沟通、对话、交流的过程,是调动自己知识经验创作图画故事,并从中获取信息、丰富自己体验的过程。通过这样的活动,学生的动手能力和理解分析能力都能得以锻炼,同时他们的想象力、思维能力、审美创造的核心素养都能得以培养和提升。

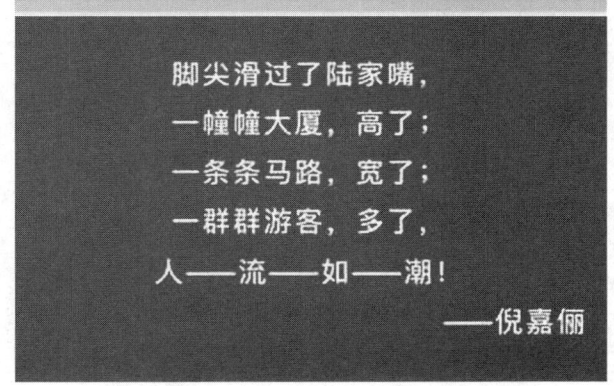

图 4　学生创作《一个在繁华城市的梦》

（一）收获一：敢说

叶澜教授说："观察的过程是思维提升再沉淀的过程。"学生在观察有趣图片的过程中，心里其实已经有了按捺不住表达的激情，低年级的学生总是忍不住要和他人分享，他们看到什么、想到什么就会说什么、写什么。"绘本故事分享会"能满足他们表达的欲望，同时提升他们的语言表达能力，在这样的过程中也能逐步培养他们的审美能力，促进他们形成自信、开朗的性格。

（二）收获二：仿写

低年级的学生模仿能力比较强，统编版教材中有很多是仿写的好资源。我们通过挖掘,能不断扩大学生的阅读面。学生通过文本的比较、语言的学习借鉴,触发产生灵感,从积累到消化再到模仿,促进知识技能的提升。在长期仿写练习的过程中他们的思维能力、审美创造等核心素养得到实实在在的训练和提升。

（三）收获三：创写

基于平时的训练,学生对于看图说话、看图写话、仿写等能做到心里有谱。他们能够在观察中想象、品味图画之美,逐步培养审美能力,加上自己的理解和想象,能够激活其创意的表达。跳出课本或是固有思维的限制,能够锻炼他们的高阶思维。为了鼓励学生的创作,除了在朋友圈、班级墙报中进行晒图展示之外,我也特意为学生创设了"小虎中队写作坊"的微信公众号,记录他们创作之路上的点滴成长,学生之间能相互学习,家长们也能为其点赞鼓励。

瞻前　顾后
——浅谈小学高年段民间故事单元教学设计

上海市浦东新区杨思小学　张　慧

【摘要】 统编版小学《语文》教材中的阅读单元，将整本书的阅读纳入教材，使课内和课外阅读相衔接，将课外阅读课程化。以五年级（上册）"快乐读书吧"——《从前有座山》为例展开课程设计。在设计学习环节时，遵循学习规律，抓住单元联系，创设学习过程。通过激发兴趣、提供保障、回顾前知、梳理方法等课堂指导，让学生在反复实践运用中读懂文章。通过"扶—练—导—创"的学习模式，学生初步掌握创造性复述的方法。多元分享让学生体会到阅读的快乐。着力让学生掌握阅读长文的技能，提升学生语文阅读的核心素养。

【关键词】 长文阅读　创造性复述

《义务教育语文课程标准（2022年版）》中对第三学段"阅读与鉴赏"提出了以下两个要求：学生默读一般读物每分钟不少于300字；阅读整本书，课外阅读总量不少于100万字。统编版小学高年段《语文》教材的阅读单元中，依据本单元课文内容，安排了"快乐读书吧"栏目，将整本书的阅读纳入单元教学，使课内和课外阅读相衔接，将课外阅读课程化。但就本年段学生及教师进行实地观察、调研，发现"快乐读书吧"中的整本书阅读教学存在一些问题：阅读教学目标不明确，流于形式化或简单化；学生阅读书籍配备不齐全；学生"读书意识"不强，书籍阅读半途而废等。教师针对这些问题，深入解读教材，以五年级（上册）"快乐读书吧"——《从前有座山》为例来展开阅读单元课程设计。关注教材中单元之间密切联系的特点，指导学生巩固阅读长文的方法；整合单元教学内容，引导学生感知创造性阅读乐趣；设计恰当的阅读活动，激发学生阅读整本书的兴趣。有效促进学生语文阅读核心素养的形成。

瞻前——为阅读长文铺垫

众所周知,民间故事的篇幅较长。要求学生在短时间内阅读长文,并能了解故事内容,对小学高年段学生来说,既是一种挑战,又是一种必备的阅读能力。所以教师在设计学习环节时,一定要遵循学生学习的一般规律,抓住单元课文之间和单元之间密切联系的特点。本册教材在民间故事单元前安排了一个阅读策略单元。在这一单元中提出了"学习提高阅读速度的方法"这一语文核心素养,并进行了阅读方法指导。这是为本单元学习做铺垫。教师应当指导学生运用合适的快速默读方法,用较快的速度阅读民间故事,了解故事的主要内容。

一、置前设计,做好阅读准备

将阅读单元中的部分内容进行课时的调整,以发挥其独特的作用。这是本次民间故事单元中比较独特的环节设计。教师将"快乐读书吧"教学内容和阅读书籍的购置提前到单元阅读开始前,这是为整个阅读单元的顺利进行做好必要的准备。

(一)阅读先行,激发学习兴趣

教师利用多种方式,激发学生的阅读兴趣。一是动画片激趣。教师播放了《田螺姑娘》的动画版视频,再让学生看相应的民间故事。视频的观看、文本的欣赏、不同形式的阅读对比,激发起学生自主阅读其他民间故事的兴趣。二是课外活动激趣。民间故事是在人们口耳相传中形成的。因此,开启阅读单元学习前,让学生搜集周围人讲的民间故事,并做成记录卡。当学生讲完自己搜集的故事后,教师引导学生到书籍中寻找更多的民间故事。激发学生阅读民间故事兴趣的同时,也激起学生良好的求知欲,形成热爱阅读的良好品质(见表1)。

表1 民间故事阅读记录卡

故事名称		主人公	
故事主要内容			
故事结局			

要求:让家中长辈为你叙述,或自己翻阅书籍查找一个民间故事,阅读后制作记录卡。

（二）提供保障，让学生有书读

教师带领学生到学校图书馆查找民间故事书籍。教师鼓励大家到社区或更高级别的图书馆里去寻找。大家就会发现民间故事的数量非常庞大，同一个故事有着很多不同的版本。学生还发动家长为自己添置图书，现在学生手中基本能做到有两至三本与民间故事相关的图书。

二、回顾前知，学会举一反三

在先行的"快乐读书吧"教学环节中，教师安排学生阅读《田螺姑娘》（完整版）这篇民间故事。此文内容为 2 100 字左右，符合长文要求。所以在阅读前，教师带领学生回顾第二单元中学习过的快速默读的方法，如"集中注意力，不要回读""连词成句地读""借助关键词句，了解段落主要内容""带着问题，理解课文内容"等方法；同时还要求学生在每次阅读长篇故事时都进行计时，并记录下来。学生在计时器的陪伴下，开始了故事的阅读，直至最后一位学生完成阅读。

为了检验学生的阅读效果，教师组织学生开展阅读闯关活动。第一关，交流读这则民间故事的用时。教师请两组学生代表交流了自己的阅读用时。学生阅读用时基本在 4 分钟左右，每位学生都能达到一分钟阅读字数不少于 300 字。第二关，按事情发展的顺序概括故事内容。教师带领学生回忆四年级第一学期曾经学过的叙事"六要素"：时间、地点、人物，以及事情的起因、经过、结果。用已学的技能，学生很快就把故事的主要内容讲了出来，并在小组内交流。第三关，交流自己最感兴趣的语句，说说理由。因在四年级第二学期中，我们已学过抓住关键语句，初步体会课文表达的思想感情。学生最多的表达是对民间故事中不可思议的情节的感叹。第四关，讲述故事中所表达的人们的愿望。由语句的感受到篇章的理解，学生各抒己见，虽语言表达不同，但都能感受到民间故事中蕴含着古代劳动人民对美好生活的期盼，对真善美的歌颂。

在接下来的阅读单元中，教师不仅均以这样的教学方法来指导学生阅读长篇民间故事，而且还对课外阅读施以同样的学习指导。通过这一训练，学生真正做到了"学会"二字（见表 2）。

表 2　闯关活动记录表

闯关项目	闯 关 内 容	评 价
第一关	读完这个故事用时（　　）。	自评：☆☆☆☆ 师评：☆☆☆☆
第二关	按事情的发展顺序概括故事内容。	自评：☆☆☆☆ 师评：☆☆☆☆
第三关	摘抄故事中你最感兴趣的语句，并说说理由。	自评：☆☆☆☆ 师评：☆☆☆☆
第四关	说说故事里表达了人们的什么愿望。	自评：☆☆☆☆ 他评：☆☆☆☆

评价说明：优秀（☆☆☆☆）；良好（☆☆☆）；合格（☆☆）；须努力（☆）。

三、梳理脉络，了解故事梗概

把握课文主要内容，是完成复述的基础。教师在学生初读民间故事时，指导学生学会使用画人物关系图、绘制故事情节推进图、列小标题、书写思维导图的方法等，帮助学生理清故事脉络，概括故事的主要内容。

如在学习《猎人海力布》时，学生初读课文后找出故事中出现的人物，并画出人物相互之间的关系。结合板书，学生就能较快地罗列出这个民间故事由两个小故事"海力布救小白蛇得到宝石"和"海力布救乡亲变作宝石"组成。教师引导学生再读课文，讨论哪些关键信息是不能遗漏的？学生马上就能罗列出，海力布有热心助人的品质不能遗漏，宝石的秘密不能遗漏。学生按顺序梳理出故事发展脉络，并列出小标题。学生借助这些小标题，很轻松地概括了课文主要内容。

教师也可以将这些方法组合使用，如用人物关系图快速读懂整个故事，用结合时间词语列小标题的方法完整地复述主人公的成长经历，也可以用思维导图详细复述小故事的过程。总之，教师课上指导学生反复实践运用这些帮助读懂文章的方法，并要求学生课后阅读课文时，选择运用其中一种方法去概括故事的主要内容。

顾后——为创造复述助力

本单元的语文要素是"了解课文内容，创造性地复述故事"。这是在中年级

"详细复述""简要复述"的基础上提出的进一步要求。它要求学生复述印象深刻的故事情节,积累多样的情感体验,学习联想与想象,尝试富有创意的表达。

一、学讲故事,掌握复述方法

要求学生"能以故事中人物的口吻讲故事;能丰富情节,把简略的地方讲具体"。这是本单元的重难点。这两个学习要点,在两篇课文课后的习题中,皆有相应的练习点。以练习为抓手,施以"扶—练—导—创"这四个教学环节,帮助学生初步掌握创造性复述的方法,感受阅读新体验。

(一)扶,激发复述兴趣

扶,就是由教师启发学生去思考学习内容,起到引导和激励的作用。本单元两篇精讲课文后有两处创造性复述的指导和训练题。教师以它们为抓手,引导学生初步进行复述体验。

情境一:

师:"海力布最后变成了石头,他为什么没有守住秘密?"

生:"老师,因为乡亲们一直追问海力布为什么要大家马上搬家?"

师:"那乡亲们都会追问些什么?海力布又会怎么回答呢?大家来说说吧!"

情境二:

师:"牛郎和老牛相依为命,他们之间平时会交流些什么呢?"

生:"老师,我觉得牛郎会把自己看到的、听到的事告诉老牛。"

师:"哦,那牛郎会说些什么?"

………

教师看似不经意的一个提问,却在学生中激起了思想的涟漪。一个个奇妙的想法应运而生。

(二)练,寻找复述触点

练,就是给予学生充分的表达。在第一次想象说话时,教师不急于为学生设定想象的框架,而是让学生天马行空地进行创编。在语言积累到一定量时,才会产生质的变化。而教师就是要做一个耐心的倾听者。

情境一:

生:"乡亲们问海力布为什么要马上搬家?海力布就告诉了他们实情。"

生:"我觉得不对,乡亲们肯定问了好几次,海力布迫于无奈说出了实情。"

师:"那他们之间会说些什么呢?"

生:"海力布着急地说:'乡亲们,大家快点整理行囊,早早地搬离村子吧!'"

生:"有个老乡说:'海力布,这是为什么呀?'"

生:"海力布急得眼泪都要掉下来了,他说:'不要问那么多,相信我,我是从来不说谎话的。'"

生:"乡亲们望着焦急的海力布,喃喃自语道:'海力布是个善良的人,我相信他。'可大家就是迟迟不肯行动。"

生:海力布见大家都犹豫不决,他下定决心说出了实情。

情境二:

生:"牛郎对老牛说:'老牛,今天我去集市上卖柴火,李大妈多给了两文钱。'"

生:"牛郎对老牛说:'老牛,我听到隔壁村的张大伯说他家的母猪生小猪了,明天我去买点猪肉,咱们美餐一顿。'"

生:"老师,我觉得他想象得不对,牛郎过着穷苦的日子,哪能想买肉就买肉,问别人讨点肉还差不多。"

(班级里的学生哈哈大笑。)

生:"牛郎对老牛说:'明天带你到山上去,找块新鲜的草地让你吃个饱。'"

师:"那老牛听了会有什么反应?"

生:"会哞哞叫。""会眯着眼睛,好像在笑。""会尾巴甩啊甩。"

……

(三)导,归纳复述要点

导,是在学生充分交流的基础上,教师帮助学生总结归纳出一般学习规律或一定的学习方法。在上述情境中,学生在天马行空的想象中出现了一定的问题。学生间进行了交流指正。教师在学生交流过程中,加以简单的引导,学生发现了想象的新鲜触点。在学生不断的思维碰撞中,潜意识中逐步摸索出创造性复述的小窍门。教师帮助学生归纳出复述的方法:其一,联系人物心情变化想象;其二,联系人物生活实际想象;其三,联系上下文内容想象;其四,联系当时的情境想象。因势利导的教育往往达到事半功倍的效果。

(四)创,感受复述魅力

创,即是让学生在初步掌握复述方法后,寻找故事中的空白点,进行创造性的复述。《牛郎织女(一)》一文中,围绕"仙女们商量瞒着王母娘娘去人间看看",

学生展开想象,进行创造性的复述。学生们反复阅读有关段落后,想象仙女们有的大胆提议下凡,有的启发大家寻找游玩的地方,有的则胆小怕事害怕王母娘娘发现,还有的劝说胆小的仙女,想象内容非常丰富。这些学生上台进行表演,配上一定的动作和表情,引来了台下阵阵掌声。学生进行复述评价,说他们能根据故事中仙女们的悲惨经历进行想象,做到了联系上下文内容;他们关注到了人物的心理的变化,从起初的胆小到被劝说后的动摇,非常合理;他们还联系到了当时的情境,做动作时轻手轻脚,说话时轻声低语,就怕被王母娘娘发现。

在教师的引导下,在充分的交流、讨论和展示中,学生逐渐学会了合理想象,初步掌握了创造性复述的方法。同时,教师不断地鼓励学生表达自己的意见,学会正确评价他人的观点,感受到阅读并不是一件枯燥而乏味的事。

二、多元分享,感受阅读乐趣

新课程标准中反复强调"整本书阅读",教师应在单元设计中,将阅读书籍的活动贯穿于这个单元学习的过程中。让"整本书阅读"这一要求扎扎实实地落实于学生平时的学习中,让阅读整本书成为学生良好的阅读习惯。

(一)分享阅读记录

学生每次阅读故事后都会进行一次闯关游戏。大家在分享记录时,会发现民间故事有着大家都知道、故事容易记忆、主人公命运相似的特点。学生发现这些有趣的地方,教师为大家揭示民间故事特点:一是民间故事多是口耳相传的,二是故事情节模式化,三是表达人们美好的愿望。通过闯关活动,学生知道了民间故事的特点,掌握了学习此类文体的方法。原来,阅读分享可以让学生发现学习的规律。

(二)分享阅读过程

教师引导学生开展阅读小组活动。教材推荐阅读书目中,分别有中国、非洲和欧洲的民间故事三本书。教师则建议阅读同一个地区书籍的学生组成阅读小组。在组内交流阅读记录。如有不同的意见也可以提出。还有一种交流形式就是不同阅读书籍的小组间进行交流。这样可以激发学生阅读其他书籍的兴趣,了解其他地区故事的特点。原来,阅读分享可以激发学生自主的学习意识。

(三)分享阅读成果

讲述故事这一内容贯穿于整个单元阅读过程中。教师为学生搭建了许多讲故事的平台。通过讲故事系列活动，回顾简要复述的方法，学习本单元创造性复述的新知，巩固口语交际学习心得。鼓励学生学习运用，增加实践活动。由于活动平台多元化，活动时间充裕。学生已掌握在尊重原著故事的基础上发挥想象力和创造力，进行适当创作，把故事讲得生动、有吸引力。原来，分享阅读成果可以感受阅读带来的快乐。

　　阅读单元指导环节的设计，不仅要紧紧围绕本单元的教学目标，还要与单元教学内容相适应；不仅要兼顾前后单元的教学要求，还要重视知识技能的巩固和学习效果检验。学生的学习经历不应是单一化的，而是相互融合的。通过本单元的学习，本班近九成的学生已完成了"快乐读书吧"中推荐的三本书的阅读。阅读的过程历时六周，此过程贯穿了整个课内和课外阅读。这六周里共计开设了6场阅读交流会和2场民间故事会，学生绘制了《牛郎织女》连环画，拍摄了民间故事亲子小剧场等。一张张读书记录卡、一篇篇新编民间故事，让教师和家长明显地感受到学生参与阅读的热情提升，更乐于在他人面前表达自己的想法。但还有部分未完成阅读任务的学生，或阅读速度有待提高，或阅读活动参与度不高，或家长并未全册购买图书。在今后的教学活动设计中，我们还应多关注后百分之十学生的阅读问题，更多地关注学生通过实践将知识、方法、技能内化的"习"的过程，着力于提升学生语文阅读核心素养，并将其逐步内化为自身的素养。

第二辑

基于学情分析的新课堂

运用导学单分析学情、
改进概念教学的实践研究

——以《固体的溶解度》第一课时为例

上海市南汇第三中学　丁丹丹

【摘要】 概念转化理论表明了解学生前概念对有效进行概念教学至关重要。本文以沪教版九年级化学《固体的溶解度》一课为例，阐述了借助导学单观察学生的学习，教学前实施调查进行准确的学情分析，据此进行教学目标调整等改进的全过程。笔者结合教学提出了运用导学单进行学情分析的两点建议，一要借助导学单灵活实施调查与访谈，二要开展探究教学设计，于课前、课中、课后即时关注学生学习情况，使教学更为准确有效。

【关键词】 导学单　学情分析　概念教学

学生是学习的主体，关注学生的"学"是教学工作的题中应有之义。本文将研究的关注点聚焦于观察学生的学习过程，选取九年级化学《固体的溶解度》一课，基于学情分析进行初中化学概念教学改进的探索。本案例中的学情分析，并非以经验来判断，而是运用导学单搜集学情证据，分析学习的真实起点，探查学生概念学习前已有的错误经验或错误概念，为后续设计与教学变革提供依据。

一、研究背景

化学基本概念是将化学现象、化学事实经过比较、综合、分析、归纳、类比等方法抽象出来，并用简练的语言高度概括出来，包括定义、原理、反应规律等。化学基本概念是反映物质在化学运动中特有属性的一种思维形式，反映着化学现象及事实的本质，是化学学科知识体系的基础。化学概念是中学化学知识的基础，是教学的核心内容。

学生不是空着脑袋走进教室的，他们带着各种关于自然事物和现象的朴素见解，甚至是某些相当确定的看法开始自己在学校中的科学学习的。这些"前概念"影响着学生未来的学习。国际上普遍将科学的学习看作一种概念转变的过程。

奥苏贝尔在《教育心理学：一种认知观》中写道："如果我不得不把教育心理学的所有内容简约成一条原理的话，我会说：影响学习的最重要的因素是学生已知的内容。弄清了这一点后，进行相应的教学。"[1]诸多概念转变理论也指出，教师需要先"引出学生的想法"，"揭示和弄清学生已有的前科学概念"。[2] 而在真实教学中，很多情况下教师是根据经验诊断学情的，对学情掌握存在偏差。因此，本研究力求利用导学单寻找学情证据，找到概念转变教学切实可行的实践路径。

二、研究思路

（一）概念界定

导学单是指教师根据新课程标准，引导学生开展一系列学习活动的任务设计，可以是练习，也可以是检测，可以是合作探究表演指引，也可以是补充材料阅读，形式多样，但目的明确，共同指向核心素养的落实与达成。它是课程、教材和学生学习的中介和桥梁，是教师的"教"和学生的"学"有机结合的载体，是师生共同使用的教学材料。不同于学习单、学案，导学单更强调教师要依据学情进行有效的指导，要"教学生学"。

（二）研究框架

仿照蔡铁权等在《概念转变的科学教学》一书中提到的概念转变的教学体系[3]，本研究的实践路径如图1所示。

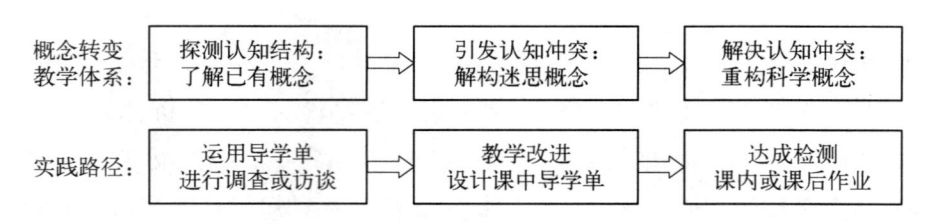

概念转变 教学体系：	探测认知结构： 了解已有概念	→	引发认知冲突： 解构迷思概念	→	解决认知冲突： 重构科学概念
实践路径：	运用导学单 进行调查或访谈	→	教学改进 设计课中导学单	→	达成检测 课内或课后作业

图1 概念转变的教学体系及实践路径

---

[1] 蔡铁权,姜旭英,胡玫.概念转变的科学教学[M].北京：教育科学出版社,2009：50-51.
[2] 蔡铁权,姜旭英,胡玫.概念转变的科学教学[M].北京：教育科学出版社,2009：5.
[3] 蔡铁权,姜旭英,胡玫.概念转变的科学教学[M].北京：教育科学出版社,2009：8.

三、导学单在探查学情、改进概念教学中的运用研究

(一) 学习起点分析

"固体的溶解度"在"溶液"主题单元整体教学中占一个课时,内容处在中间位置,起到承前启后的作用。在前一个课时的学习中,学生已经从定性角度探究得知了物质的溶解能力与溶质的性质、溶剂的性质和温度有关,掌握了判断溶液是否饱和的方法,本课时将在此基础上从定量角度来进一步研究物质在一定温度、一定量水中的溶解限度问题。加强对溶解度概念的理解是本课的关键。之后以绘图的形式形象具体地描绘出外界因素对物质溶解能力的影响程度,从而为后续课程中的溶解度曲线分析以及晶体结晶方法等相关知识的学习打下基础。因此,本课时的内容是学生从定性转为定量学习与溶液相关的知识的基础。

因为溶解性、饱和溶液与不饱和溶液的概念是建立溶解度概念的基础,为了解学生对这些概念掌握的程度,我借助导学单对学生进行了问卷调查。内容为"如何比较白糖和食盐的溶解性大小",让学生课前预先设计好实验方案。

调查结果表明,两个班级共72人,只有16位同学的实验方案能完整叙述出实验过程。温度控制、水量控制,大部分同学都注意到了,这说明学生对控制变量法有意识并能主动运用。最大的问题就是实验设计比较随意,没有注意固体的量,以及溶液需要达到饱和。部分同学虽然写了加入"过量"白糖和食盐,何为"过量"呢,没有写明,具体到操作时还有些模糊,实验过程观察什么不清楚,概念的学习很大程度上凭感性经验。调查中还发现知识比较薄弱的同学认为"溶解得快的就是溶解性强",说明其对溶解性与溶解速度有混淆。

为预先了解学生概念理解上可能存在的困难,我邀请两位同学利用课余时间进行了"比较白糖和食盐的溶解性"实验(另外有十余位同学也观摩了这次实验和讨论)。实验是在室温条件下进行的,在等量水中加入等质量的食盐和白糖,第一次实验中,两者均溶解了,还不能比较两者的溶解性。继续添加等质量的固体,食盐有剩余而白糖全溶。两位同学都得到结论:"室温下,白糖溶解性比食盐溶解性强。"实验中,食盐颗粒小,白糖用的是白砂糖,颗粒粗。很明显,食盐溶解得快,白糖溶解得慢。学生对溶解快慢和溶解能力有了区分。

白糖到底溶了多少呢?这么多水中到底能溶解多少白糖呢?我提出了这个问题后,两位同学继续称量白糖后溶解。在溶解过程中,白糖溶解得很慢,他们使用玻璃棒搅拌得手都酸了。于是,有同学提出两个建议:"可不可以加热烧杯,

让白糖溶解?""可不可以加水,让白糖溶解?"这均是学生提出来的真实问题,他们忽略了比较溶解性需要"等温""等水量"的条件。经过思考、辨析,学生认识到了实验中需要注意的问题并做了修正。

(二)指向"促学"的教学改进

1. 教学目标更凝练,聚焦素养达成

《义务教育化学课程标准(2022年版)》关于"水和溶液"这个板块,与本课相关的要求为:知道绝大多数物质在溶剂中的溶解是有限度的,了解饱和溶液和溶解度的含义。通过导学单调查可知,学生的困难正是在于对"溶解是有限度"核心观念缺乏感知,还需强化。本课的概念建构是重点也是难点,而实验是帮助学生建构概念的重要方式。所以在教学设计上,教师必须充分利用学生实验为概念理解铺设台阶,并利用实验数据强化对概念的理解。原先的教学目标内容多且没有重点,于是对其进行了精简,如表1所示。

表1 改进前后的教学目标

改 进 前	改 进 后
1. 知识与技能 (1) 理解溶解度的定义。能正确说出某一温度下,某物质溶解度所表示的意义。 (2) 能根据20℃时物质的溶解度区分易溶、可溶、微溶和难溶物质。 (3) 能根据物质在不同温度下的溶解度绘制溶解度曲线。 (4) 初步掌握固体溶解度的变化规律。 (5) 知道影响气体溶解度的因素。	1. 基于"定量比较硝酸钾和氯化钠的溶解性"实验,了解溶解度概念的含义;能设计实验方案进行简单的实验探究,注意控制变量法的应用。感受饱和溶液是衡量溶解性、溶解度的重要指标。
2. 过程与方法 (1) 通过对溶解度概念的辨析,进一步理解溶解度的四要素。 (2) 通过对溶解度曲线绘制和分析,提高学生对图形数据的阅读与分析能力。 (3) 通过实验观察、分析,进一步体会控制变量法。	2. 绘制溶解度曲线,感受硝酸钾与氯化钠溶解度随温度的变化情况。
3. 情感态度与价值观 (1) 通过绘制溶解度曲线,养成严谨的科学态度。 (2) 从定量的角度理解溶解性,体会溶解度在实际生活中的应用,体会科学研究从定性到定量的思维过程及其意义。	3. 从定量的角度理解溶解性,体会溶解度在实际生活中的应用,体会科学研究从定性到定量的思维过程及其意义。

改进后的目标更为聚焦,探究主题变成"如何定量比较硝酸钾和氯化钠的溶解性",突出了观念和方法层面的获得。先结合实验确定室温下比较的方案,重点列出了"感受饱和溶液是衡量溶解性、溶解度的重要指标",期望学生能借助实验自主建构溶解度的概念。在溶解度曲线的阅读上,引导学生绘制溶解度曲线,注意溶解度是受温度影响非常敏感的一个物理量,并且认识硝酸钾、氯化钠典型物质不同温度的溶解度变化趋势,从而得出在更宽温度范围内如何比较这两种物质的溶解度。

2. 教学模式重探究,实现概念自主建构

在以往的溶解度教学中,通常采用的是"引导—建构"的模式,即提出问题—讲述概念—讲解概念的关键字词—练习和应用。教师将概念人为地拆解,似乎概念讲清楚说明白了。但是因为概念比较抽象,学生还无法建构起完整的概念。这样的教学程序突出了教师的指导作用,却不能发挥学生的主体作用。

根据学情分析,学生知道比较两种物质溶解性需要控制变量,但关键要比较溶解的最大限量,学生容易忽略。对溶解性概念还缺乏感知,这个短板会影响到溶解度概念的建立,所以需要借助实验加以体验,在完善方案的过程中提升思维水平。因此本节课模式改为"探究—建构"。建构概念是建立在有形的实验基础上的,帮助学生形成从感性经验到理性思考的过程。

因此,课内导学单(如图2所示)任务设计为完成实验探究,呈现出实验报告的形式。陶行知先生言道,"单单劳力,单单劳心都不算是真正之做。真正之做须在劳力上劳心",正是本节课方法改进的意图。

3. 教学过程重对话,启动实验反思与评价

根据目标的改进,我对教学环节(见图3)也做了相应调整。开始时,利用生活中比身高的事例,让学生体会定性到定量的必然趋势,从而导出这堂课的主题:定量比较溶解性。然后,利用"定量比较硝酸钾和氯化钠溶解性"的实验,从定量的角度引出了溶解度这一概念。通过学生讨论、实验、绘图,直观、有效地建构了溶解度的概念,落实溶解度概念中的几个要点。

其中,在概念建构过程中,教师不断与学生对话并积极引导,教学片段为:

师:怎样定量比较硝酸钾和氯化钠的溶解性?能不能找到某个数据比较出它们溶解性大小呢?请同学们讨论。

生:在相同温度、等量的水中,比较两者溶解的多少。(方案描述可能不完善,可以实验中再做修正。)

⊙ 探究活动 1——相信你会设计
1. 影响固体溶解性的因素

2. 实验探究——相信你会完成
[实验仪器和药品]
50 mL 烧杯（两只）、100 mL 烧杯、玻璃棒（两根）、酒精灯、三脚架、石棉网、20 mL 量筒、胶头滴管、2 g 硝酸钾两份、2 g 氯化钠两份、蒸馏水、火柴
实验 1. 比较氯化钠和硝酸钾溶解性

实验编号	实验装置	实验过程	实验现象	实验结果
1		室温时，向两个烧杯中分别加入 2 g 氯化钠和 2 g 硝酸钾，然后再各加入 10 mL 水，搅拌，比较溶解情况。		
2		向上述两个烧杯中继续加入 2 g 氯化钠和 2 g 硝酸钾，比较溶解情况		

3. 相信你会总结
如何定量比较氯化钠和硝酸钾的溶解性？

图 2　课内导学单（部分）

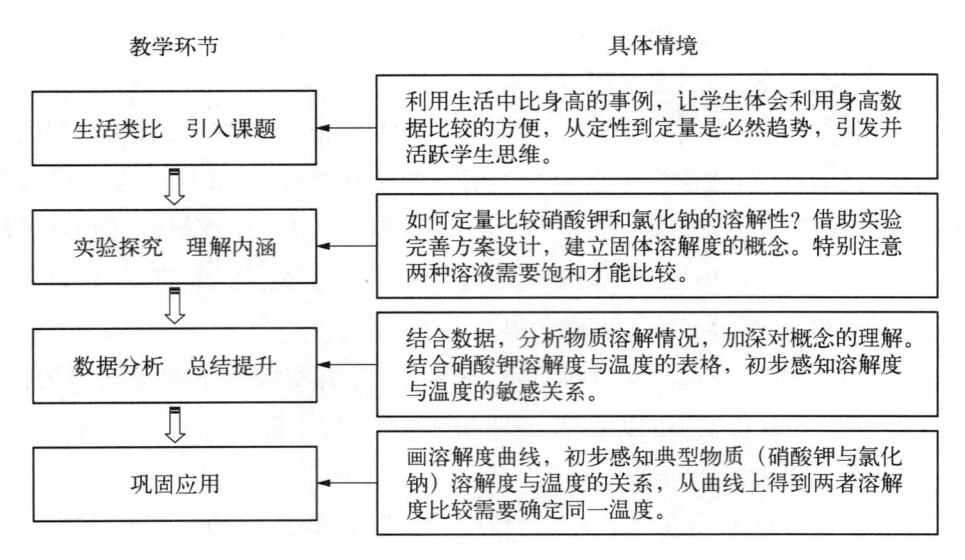

教学环节	具体情境
生活类比　引入课题	利用生活中比身高的事例，让学生体会利用身高数据比较的方便，从定性到定量是必然趋势，引发并活跃学生思维。
实验探究　理解内涵	如何定量比较硝酸钾和氯化钠的溶解性？借助实验完善方案设计，建立固体溶解度的概念。特别注意两种溶液需要饱和才能比较。
数据分析　总结提升	结合数据，分析物质溶解情况，加深对概念的理解。结合硝酸钾溶解度与温度的表格，初步感知溶解度与温度的敏感关系。
巩固应用	画溶解度曲线，初步感知典型物质（硝酸钾与氯化钠）溶解度与温度的关系，从曲线上得到两者溶解度比较需要确定同一温度。

图 3　教学流程

师：好！请同学们在两个烧杯中各取 10 mL 水,向其中各加入 2 g 硝酸钾和 2 g 氯化钠。

生：(实验)看到两者均溶解了。有部分同学观察到本实验中硝酸钾溶解得快,但最后两者都完全溶解了。

师：能不能得出"两者溶解性相等"的结论？

生：不能。溶液没有饱和,还不能体现出溶解性。

师：怎么完善刚才的方案？

生：继续加入等质量的氯化钠和硝酸钾,观察溶解情况。

师：好的。请同学们继续在两个烧杯中添加 2 g 硝酸钾和 2 g 氯化钠。

生：(实验)两者溶解情况不同,硝酸钾剩余得多,而氯化钠剩余得少。

师：此时,两者溶解性已经可以比较了。在教室的温度下,硝酸钾的溶解性比氯化钠弱。通过本实验,我们可以找出什么数据来表示两者溶解性？

生1：可以过滤掉剩余固体,比较室温下 10 mL 水形成的饱和溶液质量。溶液质量大就说明溶解性强。

生2：可以在过滤掉剩余固体后,计算出溶解固体有多少,比较室温下 10 mL 水形成饱和溶液时固体的质量。固体质量大就说明溶解性强。

生3：可以比较同温下,过滤出剩余固体并进行称量。剩余固体质量越大,说明溶解得越少,溶解性就弱。

师：三种方法都是可行的。请同学们归纳完整的实验方案,并在导学单中写下来。

生归纳。(略。注意同温、同体积的水,达到饱和)

师：为了比较更多的物质的溶解性,科学家确定在一定温度下,在 100 g 溶剂(通常是水)中达到饱和时溶解的质量来统一比较,建立新的物理量,称为溶解度,单位为 g/100 g 水。

生齐读概念。

ppt 呈现：

温度 20℃	硝酸钾	氯化钠
在 100 g 水中达到饱和时溶解质量	31.6	36.0

师：由这个表格可以比较出两者溶解性强弱吗？

生：可以，从数据看，在20℃时，氯化钠溶解性强于硝酸钾。

师：某位同学在课后研究了硝酸钾在60℃的水中溶解情况［见课内检测（部分）］，如表2所示，你能得出硝酸钾在60℃的溶解度吗？

表2　课内检测（部分）

溶剂质量(60℃)/g	100	100	100	100	100	100	100
硝酸钾的质量/g	40	60	80	100	120	140	160
溶液质量(有固体剩余时,将剩余固体过滤后再称量溶液质量)/g	140	160	180	200	210	210	?

生：分析实验，前面四组实验硝酸钾全溶，溶液不饱和，不能得到溶解度。第五份溶液有剩余，硝酸钾溶液饱和，溶解的硝酸钾质量为110 g，由此得知60℃的溶解度为110 g/100 g水。

师：硝酸钾在20℃的溶解度为31.6g/100 g水，60℃的溶解度为110 g/100 g水。这两个数据说明什么？

生：溶解度受温度的影响。介绍溶解度时，一定要说明温度。

将学生实验有意分成两段，目的是让学生在交流中反思实验，体会饱和溶液是体现溶解性、溶解度的必要状态。后面课内检测部分的数据分析又让学生重新回味实验过程，加深印象。这样，解决了学生理解概念时的难点，概念建构的过程体现了学生的主体作用。

（三）教学成效

利用实验教学比教师单纯讲解耗时要长，但学生在体验过程中慢慢消化了概念。当教师提出"你会用什么数据比较两者溶解性"问题后，学生表现得非常踊跃，他们拿起烧杯进行分析，有理有据，并且提出了多种可行方案。

回收的导学单中的实验记录和方案均正确，且比较完整，学生不再有遗漏，如何实验具体操作变得非常清晰。在后面分析表格数据得到硝酸钾60℃时的溶解度，学生能联想到先前的实验，数据变得有序，且能找到关键实验组。

最后，学生画出两种物质的溶解度曲线，根据曲线得出硝酸钾、氯化钠在不同温度下溶解性情况是不同的。整节课完成了用溶解度比较硝酸钾和氯化钠溶解性的探究任务，学生的认识逐步深刻了。

四、概念教学中使用导学单掌握学情的启示与思考

（一）灵活使用导学单进行调查或访谈

教师通过教学积累的经验经常是正确的，但还是会有较大的偏差，抓不住学生的困难点。调查、访谈以证据说话，能客观反映学生的学习状况。初中化学中有很多概念是有关联的，如上述案例中，溶解性、饱和溶液是学生建立溶解度概念的基础。

再如，中和反应的概念中涉及酸、碱、盐的概念。如果学生不能辨别酸、酸性、碱、碱性这些概念，那么中和反应的概念建立就会存在问题。如果在课前调查学情，学生在课前有效预习，辨别清几个概念，可以为课内内容讲解做好准备。

（二）导学单要注重探究实验的设计

学生的错误概念一般不会主动地暴露出来，但在解决实际问题时却会自动地得到反映。上述案例中，实验呈现出学生的困难点。教师观察学生如何探究，可以找到问题解决的突破点。在概念新授课和复习课上，教师都可以设计这样的探究任务。

另外，很多时候"探究实验"都是教师预设好的，实验篮里的试剂就是需要用到的试剂。学生不需要动脑筋，直接知道要用哪种试剂。看上去，学生整齐划一，探究过程热闹，但经常是知其然不知其所以然。因此，我们可以在实验篮里多准备一些干扰试剂，让学生去挑选。这样就有了辨别、思考、讨论的过程，任务也就具有了挑战性，学生的错误概念就更容易被发现。

总之，学情分析应贯穿于概念学习的起点、过程和结果。[1] 通过导学单实施调查访谈，了解学生可能存在的错误概念或经验；经过课堂观察、导学单记录，还原学生概念形成的完整过程；通过应用概念，评价概念学习的有效性。基于导学单的概念教学改进，是利用实证的方法，获得较为准确的学情，积极引导学生，真正做到"以学定教"。导学单不仅给教师提供诊断学情的依据，其留下的学习痕迹串联成学生学习过程，可以帮助学生课后整理、巩固与提升，使概念转化过程显性化，真正起到引导指导之用。

---

[1] 施澜.基于学情分析的课例研究[M].//张肇丰,徐士强.教育评价的30种新探索.上海：华东师范大学出版社,2014：110.

基于学习经历的导学问题设计探究

上海市周浦实验学校　刘思维

【摘要】导学问题的设计对语文阅读教学颇为关键。优质的导学问题能够凸显学生的主体地位,激发探究兴趣,培养高阶思维,促进学生核心素养的发展。教师设计导学问题一定要符合语文课程标准的要求,在备课、上课和作业布置过程中,要做到以生为本,关注其学习经历,用问题引导学生调动积累并运用知识,促进实践创新,提升思维品质。

【关键词】初中语文　阅读教学　学习经历　导学问题

"学习经历"已成为教育学中的研究热词,许多学者认为教师关注学生的学习经历,有助于提升其学习兴趣和语文素养。学习经历发生在学习的各个阶段,可以是让学生印象深刻的学习环节,能激发学习热情的实践体验,也可以是积累的知识经验和生活经历等。要想在语文阅读教学中做到以学生为主体,就需要基于学习经历设计导学问题,这样可以帮助学生在已有经验和实际问题之间建立关联,不断丰富和建构学习经历,从而提升能力,把握规律,提升学科素养。

一、问题的提出

在传统语文教学模式下,教师关注的往往是教材、知识,还有教学成绩,却容易忽略学生的学习经历,以为在课堂上做到问答有序就是尊重学生的主体地位。在初中语文阅读教学中,有些导学问题设计得较为简单,很难激起学生的学习兴趣;有些导学问题缺乏贯穿始终的逻辑线,思维层次不够明显,很难引导学生深度学习;有些导学问题忽略了课前预习和课后巩固,导致学生的认知过程不够完整;还有些导学问题没有很好地在语文学习和社会生活之间架起桥梁,导致学生的学习经历比较单调。产生这些现象的主要原因是教师"以生为本"的意识还不强,对学生学习经历的关注依然不够,没有充分体现语文学科的育人温度。

二、把握原则

语文课程标准是开展教学和评价的依据，根据学段和学情确定教学目标和内容，这体现了教师对学生学习经历的关注。因此，设计导学问题一定要以课程标准为导向，还要坚持以生为本，这样才能有效地引导学生深入学习，发展思维，实践探究，实现个性化发展。

（一）符合语文课程标准要求

《义务教育语文课程标准（2022年版）》提到，要"着力发展学生核心素养。凸显学生主体地位，关注学生个性化、多样化的学习和发展需求"[1]。在语文阅读教学中，优质的导学问题应该遵循学生身心发展的规律，体现语文学科的教学特点，帮助学生循序渐进地把握教材的核心价值；引导学生主动钻研，延展思维深度，提升听说读写能力；还要因材施教，为不同能力阶段的学生搭建支架，帮助他们在解决问题过程中释放个性，实践创新，收获经验，培养自信。

（二）坚持以生为本的教学理念

基于学习经历设计导学问题，除了要以新课标为导向，还要在教学过程中始终坚持以生为本，充分关注学生的学习兴趣、能力水平、困难所在、个性化需求等方面。面向全体，教师要考虑到预备年级学生好奇心强，需要培养兴趣和好习惯；初一年级往后，学生青春期问题比较明显，对语文的新鲜感不像初学时那般高涨，加上升学考试这些因素，我们要帮助学生摸索出合适的学习方法，提高学习效率。面对个体，教师更要呵护其求知欲，培养创新实践能力与合作共享精神。我们要关注每位学生的起点和需求，借助导学问题为学生搭建支架，促进其潜能开发与身心发展。

三、实践探索

教师要借助导学问题为学生提供帮助，促进其持续探究，丰富学习经历，引导学生从已有经历中调动经验解决问题，促进能力迁移与核心素养的提升。

（一）重视课前预习，关注学生疑问

吴非老师认为："如果他们（学生）能发现并提出问题，能像我这样终日而思，寻寻觅觅，一定比我来讲述要有价值。"[2]教师在设计导学问题时要重视学生的

---

① 中华人民共和国教育部.义务教育语文课程标准（2022年版）[M].北京：北京师范大学出版社，2022：1.

② 吴非.课堂上究竟发生了什么[M].北京：中国人民大学出版社，2015：100.

课前疑问,因为预习过程对学生而言是非常重要的学习经历。我开设区级公开课《湖心亭看雪》时,学生预习过程中提出几个问题,其中一个很有新意。学生认为标题中的"看"字太普通,为何不改为"观""赏",这样是不是更符合张岱的文人雅趣和冰雪的高洁气质?我把该疑问补充到导学问题中,引导学生展开讨论。学生查阅《说文解字》,发现"看"字虽然平淡无奇,但它与"睎"意思相同,有远望、仰慕之意。学生豁然开朗!普通的"看"字蕴含了丰富的内涵。张岱看雪,与雪相处如老友般惬意随性。纯净的雪可远观不可亵玩,这何尝不是作者超凡脱俗个性的写照。"看雪"率性而为,体现了张岱的率真与雅趣!

导学问题源自学生的课前预习,又帮助学生深入理解作者的精神内核。这看似不算一堂课的重点,但教师适当运用则激发了学生的探究热情,从其他角度加深对文本的理解。导学问题做到从学生中来,释学生所疑,这是对学生预习体验和主体地位的尊重。

(二)创设问题情境,吸引学生参与

靳健教授认为"为学生呈现一个蕴含语文知识的问题情境,让学生忍不住去发现,探究问题,进而在迁移、应用知识过程中提升语文素养"[1]。兴趣是学习发生的启蒙老师。我们要创设一些有意思,富有语文味的问题情境,促进学生在课堂上自主参与,推动学习进程。

陆行中学南校鲁卉洁老师的区级公开课《小站》就创设了饶有趣味的情境,引导学生感受小站的温暖。第一,同学们,今天我们将回到20世纪60年代的北方,跟随作家袁鹰一起去参观当时的一个铁路小站,感悟作者想表达什么?第二,如果你分别坐一辆快车和一辆慢车,你见到的小站月台景象是怎样的?第三,读完文本,作为旅客,你想在车站留言簿上给工作人员写几句感谢的话,该怎么写呢?假如你是挑着箩筐的农民,你准备怎样写?假如你是慢车上的旅客,你准备怎样写?假如你是快车上的旅客,你准备怎样写?

这些导学问题给学生创设了一个个形象可感的情境,特别是第三问在文本和学生之间架起桥梁,引导学生化身为小站一员,感受小站景观设计的别致用心,促进学生与工作人员、文本、作者对话,体味散文中浓浓的人情味。因此,导学问题要从生活中寻找灵感,通过创设情境调动学生的生活体验,让学习渐入佳境。

---

[1] 靳健.语文参与式学习及其有效性条件[J].教育研究,2014(6):132-137.

(三) 设置问题梯度，促进思维发展

学生学习知识的过程是循序渐进的，这要求我们在设计导学问题时一定要尊重认知规律，基于学习难点铺设台阶，引导学生持续学习。上海市建平实验中学陈潇潇老师在《浅谈如何有效开展语文课堂对话教学》中提到了课例《百合花开》，陈老师充分考虑学情，设计出适合学生能力水平的导学问题，引导学生自主阅读。主问题是"作者为什么要塑造这样一朵百合花？"分解问题是"你读出这是一株怎样的百合花？作者塑造这样一株百合花的形象和我们平时读的励志故事有什么不一样呢？作者是如何塑造其形象的？这节课让你收获了什么有益的人生启示？作者为什么不直接阐述，而是用寓言的形式呢？"[1]

这堂课的导学问题设计体现教师充分考虑到学生的认知过程。主问题提纲挈领，贯穿始终；分问题层层铺垫，环环相扣，有助于主问题的解决，构成由浅入深的问题链。导学问题链考虑到学习过程中的重点难点，为学生创设梯度，搭建思维支架。学生从分析百合花的形象特点出发，学习作者阐述哲理、表达志向的写作方法，然后在思维发散过程中收获启示，丰富精神世界。"百合花"让一个个分问题紧密相扣，帮助学生深度思考，把握作者借助寓言说理励志的写作特色，在发散和聚合过程中实现思维的提升。

(四) 分层设计问题，兼顾个体差异

为了帮助学生理解《爱莲说》的思想内涵，我做了以下尝试。考虑到大部分学生能够理解以下问题：牡丹、菊、莲分别代表怎样的一类人？作者对莲、牡丹、菊的态度是怎样的？寄托了作者怎样的精神追求？学生基本能结合文本解决前两问，进而感悟作者不愿同流合污的精神追求。做到这些，大部分学生对文本的把握基本到位了。但对部分语文能力较高的学生，我们有必要帮助他们延展思维深度。我发现感叹词"噫"之后是"菊之爱，陶后鲜有闻。莲之爱，同予者何人？牡丹之爱，宜乎众矣！"这句话与前文菊、牡丹、莲的排序不同，如此安排体现怎样的用意呢？沿着该导学问题，我引导部分学生进一步研读文本。能力较高的学生发现，如果将"莲之爱，同予者何人？"放至文末，反问语气让作者显得孤傲，与"噫"在本文表示悲痛叹息之义不太协调。周敦颐不愿与世俗同流合污，那么他有没有自命不凡呢？有没

---

[1] 李百艳.对话——走近魅力语文[M].上海：上海教育出版社，2021：115.

有像陶渊明那样看不惯浊世而挂印归田呢?

在上述问题推动下,我又带领学生查阅资料,发现周敦颐长期在朝为官,颇有政绩,敢于发声,比如和悍吏王逵据理力争。他凿池种莲,陶冶性情,心中留有净土。好友潘兴嗣在《濂溪先生墓志铭》中写道:"视其室,服御之物,止一敝箧,钱不满百,人莫不叹服。此予之亲见也。"经历这番探索,学生深感周敦颐乃真君子,他身居庙堂,但洁身自好。可见,优质的导学问题要体现分层教学思想,给不同水平的学生创造相应的思考契机和能力提升空间,帮助大部分学生完成基本学习任务,再引发部分学生的认知冲突,帮助他们构建学习经历,训练高阶思维,深度体悟文章的精神内核。

(五)有效拓展延伸,促进巩固内化

我们要让导学问题成为联结课内外知识与技能的载体,促进学生内化迁移,学以致用。我关注到《伯牙鼓琴》的课后思考探究部分,特别是第三道思考题补充了材料《说苑》:"非独鼓琴若此也,贤者亦然。虽有贤者,而无以接之,贤者奚由尽忠哉!骥不自至千里者,待伯乐而后至也。"我请学生从善奏者与善听者的辩证关系角度谈谈理解。这段材料对培养学生的辩证思维很有帮助,于是我结合材料设计以下问题:子期死后,伯牙不再弹琴的深层原因是什么?材料中贤者不能尽忠,千里马能致千里的原因是什么?贤者与明主、千里马和伯乐之间的关系是怎样的?你如何理解善奏者和善听者之间的关系?

六年级学生对"辩证关系"的理解是有困难的。如果通过研读材料,结合已有的认知经验,学生能理解贤者不能尽忠、千里马能致千里是和赏识者有关的。在导学问题引导下,学生体会到贤者与明君,千里马和伯乐是相辅相成的关系,有了明君和伯乐,贤士和千里马才能被发现。沿着该思路,学生在已有认知基础上类推,客观全面地认识到伯牙琴技高超,同样需要志同道合者欣赏,两者互为知音才能共同成就一段佳话,缺一不可。基于上述导学问题的铺垫,学生推导出善奏者和善听者之间是不可或缺的关系,学生基于已有的学习经历,从课内走向课外,拓展延伸,巩固所学,也丰富了这堂课的学习体验。

(六)创设实践机会,丰富学习经历

语文教师要"增强课程实施的情境性和实践性,促进学习方式变革"。[1] 学

---

[1] 中华人民共和国教育部.义务教育语文课程标准(2022年版)[M].北京:北京师范大学出版社,2022:2.

了《竹节人》这篇散文，我带学生尝试了项目化学习，于2021年开设区级实践展示课。作者用精准的动词简单介绍了竹节人的制作方法，回忆了与竹节人有关的趣事。我将驱动性问题设为："在'双减''5+2'背景下，用长辈喜欢的玩具或玩法丰富我们的校园活动可行吗？"我设计了一系列子问题，比如：如何设计可实践、有创意的传统玩具制作或玩法指南？怎样在校园里办好一场传统玩具和玩法展？

导学问题驱动学生完成各个阶段的学习任务。在项目实施过程中，学生设计访谈记录单，跟随长辈制作传统玩具；自主学习制作指南的撰写要素；分工合作，设计传统玩具制作指南，或拍摄视频演示其玩法，策划成果展示会；最后头脑风暴，探讨项目推广和延伸的可行性。

各组图文并茂地展示了传统玩具制作指南，选用一定的技巧来个性化讲述学习过程中的故事。在策划展览环节，围绕海报，学生提炼出"怀旧""童趣"这两个主题，既有传统味道，又体现童心，和《竹节人》的主题比较匹配。学生提炼整合、实践创新、合作共享的能力也是落实核心素养的体现。项目化学习将语文和生活联系起来，创造了一段独特的学习经历，鼓励学生发挥个性与创意，灵活运用语文来解决生活中的问题。

（七）习得方法路径，探寻学习规律

在阅读教学中，教师要加强学法指导，帮助学生从每段学习经历中掌握方法、总结规律。理解《白杨礼赞》这类散文是有难度的，特别是对作者情感的把握充满挑战性。我设计的导学问题是，作者是怎样赞美白杨的？作者的情感脉络是怎样发展的？请绘制感情脉络走向图。我引导学生抓住直抒胸臆的语句、感情浓烈的标点，圈画表示起承转合的关联词、语气强烈的关键词"实在、就是、决是"以及单独成段的短句等，梳理出行文思路：开篇赞美，起笔较高；然后宕开一笔，用黄土高原烘托白杨的伟岸形象；接着，抑为扬蓄势；最后以高昂情绪礼赞白杨收笔。面对这类抒情散文，我们可以通过导学问题帮助学生找准一些关键路标，掌握一定的解读路径，这对高年级学生非常重要。

进才实验中学朱萌佳老师的区级公开课《〈鲁滨逊漂流记〉导读》给我很多启发。"你们有怎样的读后感受？""主人公生活的幸福指数有怎样的变化？""鲁滨逊依靠哪些条件缔造了奇迹？"教师的导学问题关注到学生已有的阅读基础，通过分享读后感引出整本书阅读，与已有的学习经历建立关联。第二个问题推动师生共同绘制人物生存状态折线图（如图1所示），既从整体把握故事发展和人物情感走向,又为后续探究做铺垫。最后一问引导学生进一步从伙伴关系出发解读人物,分析问题,绘制思维导图(如图 2 所示),让思维变得生动可感。这堂课对学生而言是一段难忘的学习经历,教师以导学问题为驱动,提供小说阅读路径,引导学生探寻学习规律。

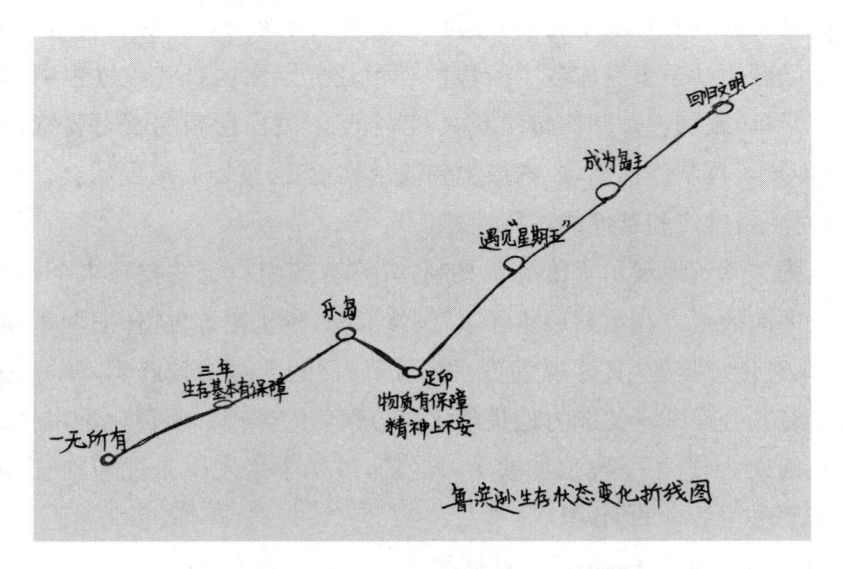

图 1　进才实验中学朱萌佳老师区级公开课《〈鲁滨逊漂流记〉导读》之一

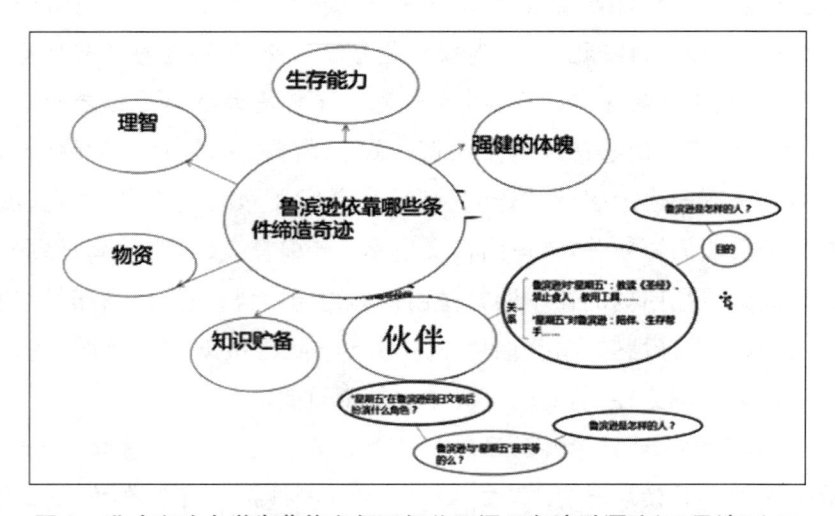

图 2　进才实验中学朱萌佳老师区级公开课《〈鲁滨逊漂流记〉导读》之二

(八)注重美育渗透,促进"人"的发展

于漪老师在第十届上海市中青年语文教师论坛中提到"学习经历还包括生

活经历和心灵成长的经历"①。语文教师不仅要引导学生求知,还要重视学生人生观、价值观的培养。

例如,我围绕《白杨礼赞》还设计了以下导学问题:标题能否改为《白杨赞》?白杨是极普通的树,作者为何怀着崇高的敬意赞美它?我意在引导学生理解"礼赞"是怀着敬意的至高赞扬。我补充了抗日战争时期北方革命根据地艰苦奋斗的资料,启发学生将白杨品质与抗日精神相联系,深入理解课文。学生提到白杨极普通,但不弯腰媚俗;白杨成林出现,象征顽强团结的抗日军民形象。学生沉浸于文本,从白杨和抗日军民坚毅团结的品质中获得熏陶。

郑桂华老师在《〈邓稼先〉〈说和做——记闻一多先生言行片段〉专题阅读教学》中设计的系列导学问题让学生感触较深。尤其是在课后延伸部分,郑老师留给学生一个课堂上不需要回答,但却要用一生去思考的问题:"你收获了哪些?我是一个什么样的人?"②上海市徐汇区教育学院刘侠老师认为,该问题超越了语文知识和技能的学习,站在学生身心成长的高度,引导学生开展一场与自我的对话。这份学习经历让语文和学生的人生发展紧密联系,有助于学生人生观、价值观的形成。

四、成效反思

经过一番实践与探索,我深感基于学习经历设计的导学问题是有效的,符合语文课程标准要求,有助于引导学生积累知识,总结规律,学以致用,还能滋养心灵,获得美的熏陶。我和学生都收获很多,学生一直保持着学习语文的热情,乐于发问,喜欢实践,敢于表达。

我进一步认识到基于学习经历设计导学问题,要做到备课时关注学生的预习困惑和学习难点;通过创设问题情境,激发探究欲,把课堂和学生的生活经历有效联系;设计富有梯度的问题,满足不同学生的发展需求,培养高阶思维;还要在教材和拓展资源之间建立关联,提供实践体验的机会,帮助学生调动已有经验,在解决问题时巩固和内化所学。从学生的学习经历出发,并不断丰富学习经历,促进"人"的发展,这也是语文教学的使命与温度。

---

① 李孝华.关注学生的学习经历[J].语文学习,2014(11):85.
② 郑桂华.《邓稼先》《说和做——记闻一多先生言行片段》专题阅读教学[J].语文学习,2021(04):50-55.

发现试错中的精彩

——引导小学高年级学生在语文课堂中主动发言的实践研究

上海市浦东新区凌桥小学　姚树梅

【摘要】 本文针对小学高年级学生语文课堂缺乏主动发言的试错精神开展研究，基于认知行为治疗模式和行动研究，从改变认知、学习方法、行为练习、习惯养成等层面指引学生勇于试错、主动发言，真正发挥其课堂主体作用，培养其主动学习的探究精神和创新思维品质。

【关键词】 小学语文　课堂教学　主动发言　试错

一、问题的提出

习近平总书记在党的二十大报告中指出，青年强，则国强，青年要怀抱梦想脚踏实地、敢作敢为、善作善为。《义务教育语文课程标准（2022年版）》明确提出，新时代教育聚焦中国学生发展核心素养，培养有理想、有本领、有担当的堪当民族复兴大任的时代新人。这就要求教育要培养学生敢作敢为、迎难而上的主动学习探索精神。

笔者在教学实践中发现，经过小学阶段语文学习，尽管多数学生在口语表达、语言应用和思维习惯等方面的能力飞速提升，但主动发言的学生越来越少；上课勇于质疑的学生越来越少。部分学生被教师指名发言，也是声音细小、不敢表达。"能与老师互动的通常就是那几个人"，"越大越不愿意说"，这是多数高年级教师的认识。笔者通过班级调查发现，担心说错、不敢试错是影响其课堂主动表达的主要原因。长此以往，学生将形成消极参与、胆怯害羞、思维怠慢等课堂沉默习惯，这与培养面向未来具有探索和创新思维的育人目标极不符合。有关研究表明，勇于试错是学生主动学习的表现，有助于学习者提升自己的能力，是实现未来成功的重要过程。因此，开展指引学生课堂勇于试错、主动表达的实践研究，以培养其主动探究与创新学习的精神和品质，让学生在课堂中真正发挥主体作用,具有较强的现实意义与价值。

二、概念界定和理论依据

（一）概念界定

1. 试错

试错是根据已有经验,采取系统或随机的方式,去尝试各种可能的答案,是解决问题、获得知识常用的方法。本研究中的试错指学生正视错误、敢于试错、主动发言,培养其敢作敢为、主动探究的学习素养。

2. 主动发言

主动发言是学生解决复杂问题的必备勇气和责任担当体现,是学生主动参与互动、积极探究的表现。本研究中是指学生在课堂上敢于主动发言、大胆表达。

（二）理论依据

1. 人本教育理论

该理论认为,教育的本质在于"为了每一位学生健康、积极、主动发展"。本研究中,本着关注每一个学生的差异发展,满足每一位学生的学习需求理念,引导学生不惧错误、直面试错,发现试错后的成长与收获,从而提升其信心、能力、品格等素养。

2. 认知行为理论

该理论由认知理论和行为主义整合而来,认为不良行为主要由认知上的错误和理性思维能力的缺乏导致,治疗的目的在于找出错误的认知,加以纠正,重新建构正确认知。本研究基于认知行为治疗模式,从纠正消极怕错认知、构建正向主动探究认知,实施积极的探究行动、收获个人成长角度,引导学生课堂敢于试错、大胆发言。

三、实施模型和操作程序

本研究采用行动研究法,笔者作为语文教师和班主任,从实施者、观察者和研究者角度,以班会课、语文课堂、班主任的日常班级管理为研究实施载体,通过实施、反思、优化,不断完善研究行为,提高研究成效。笔者查阅有关研究文献,基于人本和新时代教育素养导向理念,借鉴认知行为疗法辅导程序,制定如下从认知改变到行为养成基本模型和操作步骤。

(一)基本模型

认知-行为养成基本模型如图 1 所示。

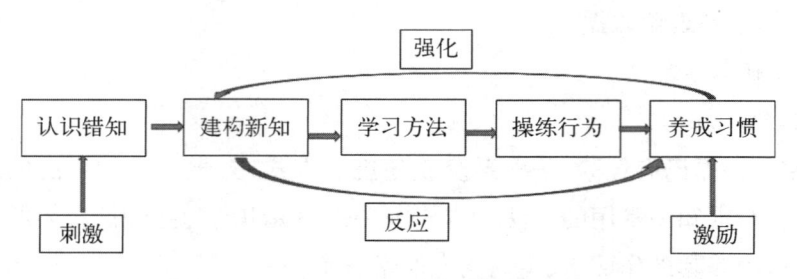

```
              强化
    ┌─────────────────────────┐
认识错知 → 建构新知 → 学习方法 → 操练行为 → 养成习惯
    ↑              反应              ↑
   刺激                             激励
```

图 1　认知-行为养成基本模型

说明：提供促进认知改变的刺激，从而建立起系列刺激反应联结，并通过激励强化其新知和行为。

(二)操作程序

具体操作程序如图 2 所示。

四、研究实施

(一)拨开不敢试错的迷雾

诺贝尔化学家莱维特在上海国际教育创新论坛上指出：创新是教不出来的，但可以引导得来，要鼓励孩子大胆试错，这是迈向成功的第一步。由此可见，敢于试错、不惧错误对于孩子健康成长、品格及价值观塑造至关重要。引导学生勇于试错，首先要厘清不敢试错的因素。笔者对班级四年级以来很少在课堂主动发言的 25 名学生进行访谈，归纳原因并排序，发现如下：(1) 面子问题，"我担心自己说错，被人笑话""我语文不好，同学们都在认真听，难为情"。随着年龄和认知的增长，他们更看重自己在同辈群体中的形象及其评价，不能在他们面前暴露缺点或弱项是影响其大胆尝试的主要原因。(2) 知识不足，"我真的不知道该说什么""我脑子转得慢，想不出"。知识储备、灵活应用、迁移等能力不足是影响其不敢尝试的客观原因。(3) 心理因素，"我一站起来就会语无伦次，会说错""我站起来就害怕，希望老师上课不要叫到我"。紧张、胆小等非智力因素是影响其主动发言不可忽视的因素。学生不敢主动发言、试错背后的真相是，缺乏敢作敢为、主动探索学习的精神。长此以往，会形成畏首畏尾、自卑懦弱、逃避现实等心理和习惯。笔者将调查结果在班级公布，并告知这与新时代培养面向未

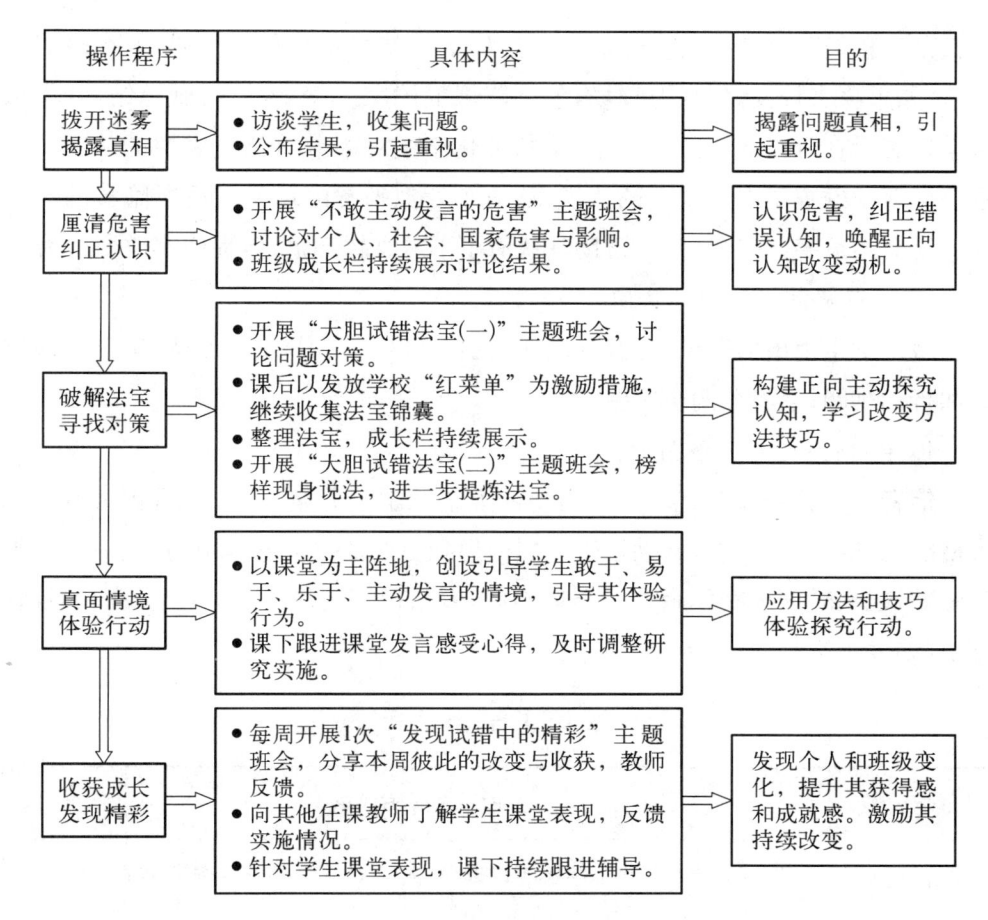

操作程序	具体内容	目的
拨开迷雾 揭露真相	● 访谈学生，收集问题。 ● 公布结果，引起重视。	揭露问题真相，引起重视。
厘清危害 纠正认识	● 开展"不敢主动发言的危害"主题班会，讨论对个人、社会、国家危害与影响。 ● 班级成长栏持续展示讨论结果。	认识危害，纠正错误认知，唤醒正向认知改变动机。
破解法宝 寻找对策	● 开展"大胆试错法宝（一）"主题班会，讨论问题对策。 ● 课后以发放学校"红菜单"为激励措施，继续收集法宝锦囊。 ● 整理法宝，成长栏持续展示。 ● 开展"大胆试错法宝（二）"主题班会，榜样现身说法，进一步提炼法宝。	构建正向主动探究认知，学习改变方法技巧。
真面情境 体验行动	● 以课堂为主阵地，创设引导学生敢于、易于、乐于、主动发言的情境，引导其体验行为。 ● 课下跟进课堂发言感受心得，及时调整研究实施。	应用方法和技巧体验探究行动。
收获成长 发现精彩	● 每周开展1次"发现试错中的精彩"主题班会，分享本周彼此的改变与收获，教师反馈。 ● 向其他任课教师了解学生课堂表现，反馈实施情况。 ● 针对学生课堂表现，课下持续跟进辅导。	发现个人和班级变化，提升其获得感和成就感。激励其持续改变。

图 2　操作程序

说明：在操作流程上，首先引导学生认识问题真相及危害，促进其建构直面试错认知结构，接着为其提供直面试错策略学习和行为操练情境，促进其主动实施试错行为，最后引导其发现试错带来的收获与成长，促进其行为持续改变，从而逐步形成习惯。

来在真实情境中解决复杂问题的高级能力育人目标背道而驰，接下去将在班级开展"大胆试错——开启探索之门"系列活动，以引导学生在认识上加以重视。

（二）分析不敢试错的危害

基于认知行为疗法，建构新的认知，改变不良行为，首先应纠正错误认知，认识到其危害性。笔者开展"不敢主动发言的危害"主题班会活动。首先运用PPT将调查结果进行展示，学生结合自己的情况纷纷对号入座，找到自己属于哪一类型，接着笔者引导学生分组讨论这样下去对自己现在、未来和社会的影响，接着小组汇报。经过小组讨论，学生很快能够总结出其危害性。"会变得很冷漠，对什么都不积极","大脑会越来越笨","这样下去就很难有科技发明,怎么跟美国比","如果将来打仗,怎么上战场,怎么能保卫国家"。笔者最后做总结,并将结果整理展示在班级成长公告栏中,不断强化学生对不敢试错危害性的认识。主题班会活动颠覆了多数学生的认识,认清了看似平常的现象背后所隐藏的对自我和社会的危害,一定程度上帮助其认清了不敢试错的危害,促使其改变行为。

(三)破解敢于试错的法宝

激发学生迈出敢于试错的步伐,还需引导学生掌握一定的方法,突破心理防线和行动难题,笔者分两步实施。

1. 专题讨论,对症下药

笔者在"大胆试错法宝(一)"活动课上组织学生分组讨论,然后将讨论汇总表格贴在班级成长墙上,鼓励学生一周内想到更好的方法继续填写,最后再次汇总张贴,起到时刻激励作用。一个星期后,表格被写得满满的,学生找到了各种方法,如表1所示。

表1　大胆试错法宝

影响因素	改 变 方 法
面子问题	改变认识:要相信知识无止境,勇于表达自己就是最勇敢的表现;人人都会犯错,除了自己没人会在意;赶走面子,展示自我,我是独一无二的我。
不会说	增加知识:课前、课中、课后做好三个环节学习和知识总结;勤动脑子,多用联想学习法;多看书,拓宽知识;会多少说多少,不做"木头人";等等。
紧张	克服心理障碍:平时多训练,深呼吸练习;都是一个班级的,不紧张;暗示自己,我最棒,我能说好;说不好也没关系,老师不批评。
胆子小	壮胆训练:课间主动与老师交流,大声说话,锻炼自己;课上主动回答容易的问题,训练胆子;课间去操场上练习大声呼喊,训练胆子等。

2. 现身说法,榜样引领

基于小学生认知和心理特点,榜样在其行为改变中具有积极作用。笔者设置了榜样现身说法的学习情境。在"大胆发言的法宝(二)"活动上,引入环节,结合最近学习民间故事单元,笔者提出"民间故事为什么容易理解"的问题,很快班级有3个平时积极发言的男生举手回答,"因为民间故事主要是讲给孩子听的,所以要简单","民间故事是通过口耳相传方式传播,所以容易理解","民间故事要流传下去,古时候很多人不识字,所以要讲起来容易、听起来容易"。笔者为他们的精彩发言带头鼓掌,接着又追问他们,如何才能像他们一样做到积极主动精彩发言,是否也担心说错。3人回答如下:"每次听到老师的问题,我感觉大脑飞速转动,虽然我也怕错,但是说出来我很开心,心里有词,嘴里不说会觉得难受。""一开始我也不知道怎么回答,我会认真听别人的回答,然后我就有了灵感,自己就有答案了。""我觉得即使说错也没关系,因为老师说过语文是门特殊的学科,语文就是要训练我们的表达能力,所以我知道多少就说多少,当大家为我鼓掌时,我觉得很开心。"笔者趁机组织班级学生讨论这3个学生的回答对自己的启发。经过讨论,很快得出以下几点认识:(1)怕出错是正常现象;(2)大胆发言的学生也怕出错,但他们会想办法克服困难;(3)大胆发言能够让大脑飞速运转,积极思考,能让大脑变得更聪明;(4)认真听别人的回答,启发自己很重要。(5)积极发言会形成习惯,让自己享受成功的喜悦。通过榜样现身说法,引导学生认识到大胆试错是有法可循的,通过有意识的训练,掌握一定的方法和技巧,能够踏出敢于尝试的第一步,能够精彩发言。

(四)直面勇于试错的情景

新课标强调情境建构的教学方式,引导学生在真实情境中大胆探索、质疑。创设引导学生主动发言的真实场景是鼓励学生直面试错、大胆尝试的关键环节。笔者基于对学生不敢试错的因素的分析,精准了解其需求,创设多种形式的教学情境,引导学生在体验的基础上突破认知盲点和行动难题。

1. 创设问题指向情境,引导学生敢于发言

针对爱面子、胆小紧张等不敢发言、害怕出错的学生,笔者特意在问题难度设置、课堂答题资源提供方面着力。针对学生不敢主动发言的特点,笔者采取指名回答方式,引导其体验发言过程和感受,以此给他们以直面试错的锻炼机会。例如,在学习五年级上民间故事这一单元时,提出"为什么在民间故事这一单元中安排了创造性复述故事的学习要求"这一拓展性问题,笔者特意让两位基础较好但几乎不举手的学生回答,两位学生均能说出自己的理解。课后笔者问其课堂答题感受,他们表示"站起来就不担心说错了""因为题目较难,多数人都不会"。由此看出,针对性、目标指向明确的问题场景能够激发学生直面挑战的勇气,而亲身体验则会促进其对大胆试错的正向认识。

2. 创设合作促学情境，引导学生易于发言

学习是社会性活动，是师生、生生交往互动的过程。对于因知识、信心不足而害怕发言的学生，笔者采用小组学习方式，通过给学习伙伴说一说、组内先交流、班级再分享等方式引导每个学生有发言机会。例如，学习《牛郎织女》课文复述环节，笔者将4个学生分成一组，先组内复述，然后班级展示。通过同伴间互促共学，增加其知识、信心，锻炼其能力。同时，为保证互促共学效果，笔者制定了合作学习规则：组内任务分工，如何发言、如何倾听、如何记录、如何评价、如何展示小组学习成果等，以保证每个学生均有表达机会，每个学生易于发言。

3. 创设和谐课堂情境，引导学生乐于发言

愉悦和谐的课堂是激励学生勇于试错、乐于发言的外部条件。笔者以课堂为载体通过课前2分钟学生新闻热点讲解、邀请学生参与的课堂设计，贴近学生生活的问题设计等营造民主和谐的师生关系和课堂氛围，引导学生乐于参与。例如，在教授五年级上民间故事单元时，针对创造性复述故事学习要求，笔者首先示范《语文园地》中《狼和小羊》故事复述，笔者夸张的复述将学生逗乐，接着提出"回忆你们小时候，爸妈读故事和绘声绘色讲故事，你们更喜欢哪一种？"学生齐声说"讲故事"，笔者顺势提出"假如你们邻居或亲戚家里有小朋友，现在请你们把这个故事讲给他们听"。笔者发现，身处轻松课堂氛围中，平时很少发言，甚至表现"木讷"的学生也会眼睛发亮，表现出对课堂内容的关注，笔者趁机指名交流，学生能够发表自己的观点。学生身临师生共融、平等对话的环境中，放下心理防线，成为最好的自己，乐于表达自己的观点。

4. 创设激励评价情境，引导学生主动发言

托尔斯泰说：成功的教学需要的不是强制，而是激发学生的学习兴趣。由此可见，激励教学对学生成长之重要。课堂教师激励性评价语言是影响学生主动探索的重要因素。在课堂教学中，笔者关注学生智力和非智力因素协同发展，及时表扬其积极的态度、行为和结果，尤其及时肯定部分答错学生的态度和行为。"敢于举手就是战胜了自己"，"不要在意结果，每个人会有自己的理解，会有不同的表达"，"敢于发言就是最棒的自己"。笔者发现，在激励性评价语言影响下，班级越来越多的学生主动举手发言了。

（五）发现试错中精彩

习近平总书记指出，教师应用欣赏增强学生的信心，用信任树立学生的自

尊，让每一个学生都享受成功的喜悦。为巩固实施成效，应让学生体验到试错后的成长与收获，以此激励持续尝试，并形成习惯。"发现试错中的精彩"班会上，笔者引导学生讨论勇敢试错、大胆发言对自己和班级的影响，笔者特意让那些日常不主动发言的学生做组长和汇报。学生表示，"我变得胆子大了，积极举手"，"发言没有那么可怕，大胆说出来，我收获了热烈的掌声"，"我边举手，边想答案，怕别人抢说了"，"课堂充满欢声笑语，我喜欢这样的课"。

本研究的重点在于通过引导学生主动发言、勇敢试错，培养其主动学习、大胆探究、知难而上的精神和品质，从实施情况看：主动发言的人越来越多，看问题的角度也越来越多元，课上敢于质疑的人越来越多，这些现象的背后反映出学生主动学习的意识和能力在增强，他们越来越"大胆、主动"。其他任课教师反映，班级学生开学以来变化很大，班级很活跃。

五、结语

本文针对小学高年级学生课堂缺乏大胆试错、不敢主动发言的现实问题开展实践探索，基于学生认知学习规律，从揭露真相、厘清危害、纠正错误、情境行动、收获成长等层面引导学生勇敢试错、主动发言，培养学生主动学习探索和创新的精神，发展和谐师生关系，打造精彩高效课堂。从中长期发展影响看，对学生而言，大胆试错能够激发学生内驱力，提高学生创新思维能力，为未来精彩人生做铺垫；对课堂而言，勇敢试错发言，让课堂更精彩。同时，教师通过教学实践探索，提升了班级和课堂管理能力，促进教学相长。

本研究中，以下问题值得进一步探索：一是研究的进一步深入，以促进学生主动试错的意识和行为习惯内化于心，外化于行，形成常态化。二是对困难学生有效跟进，对于个别困难学生的需求评估和持续跟进有待进一步研究。

在线教学助力初三毕业班学习

华东师范大学张江实验中学　季珣雯

2022年3月，新冠病毒再次肆虐上海，学校教育不得不全面转为线上教学，离开三尺讲台，重返主播身份的一线教师们，这次不再"兵荒马乱"，而是沉着冷静地接受新的挑战。但作为一名初三毕业班的数学教师，却难免忧心忡忡，初三第二学期，重要性无须多言。就数学学科而言，本学期将会进行三轮综合复习，进入紧张的备考阶段。如何做好空中课堂和在线辅导的衔接？如何让每一个学生得到复习阶段的针对性指导？如何帮助学生提优补差，迎接中考？一连串的问题，迫在眉睫，需要一线教师及时对症下药。

一、解决方案与流程

（一）提前计划，确保在线课堂有序展开

网课一开始，初三数学备课组就立即商讨教学计划及安排，结合开学初的备课组教学计划、进度安排以及"空中课堂"进度安排，及时做出合理的调整，细致规划了三轮复习的具体时间和内容。

第一轮基础复习的时间为3月14日至4月22日。本阶段注重双基训练，将书中的内容进行归纳整理，帮助学生掌握每个章节的知识点，熟练解答各类基础题。此外，为了提高总复习效率，让课堂面向更多的学生，此阶段安排配合一些专题复习，如第23题的证明等积式比例式、证明特殊四边形、证明线段数量关系等。

第二轮专题复习的时间为4月24日至5月27日。在第一阶段复习的基础上延伸和提高，侧重培养学生的数学应用能力。重点进行专题突破和强化训练。在课堂教学上要注意对学生进行学法指导，帮助学生掌握和应用知识，做到举一反三，得心应手。

第三轮则是模拟中考的综合训练。

制定出详细的教学安排，紧扣主题进行各阶段的复习，为网课做好充足的准备。

（二）紧扣重点，提高在线辅导效率

我校的在线学习由"空中课堂"和本校教师在线辅导两部分构成。除去"空中课堂"的时间，留给本校教师在线辅导的时间仅有 20 分钟左右。如何让这有限的时间得到充分利用？首先，课堂知识点的小结是必不可少的。在实际操作中，我会邀请学生连麦发言，接着以树状图的形式，配合"空中课堂"课件的截图，帮助学生总结，不仅是知识点的梳理，也是结合数学思想、方法进行说明。其次，课上例题的再思考也是必要的。从如何思考，到如何书写说理过程，都会利用辅导时间再次向学生强调。最后，对于中考中高频出现的考题类型，教师会在课上从配套作业单中选取有关例题进行课堂训练，邀请学生讲解演示。总之，要利用在线辅导的有限时间，紧扣和强调复习重点，提高复习效率。

（三）扩散思维，培养数学思维能力

数学学习，切忌死记硬背。在无法与学生面对面进行教学的网课期间，教师更要想方设法培养学生的数学思维能力。在线辅导期间，每道题目，我都会鼓励学生寻找多种解题方法，邀请学生连麦讲述，道清每一个步骤的几何依据，请学生讲述思维突破点。我会将学生所说到的各种方法罗列在一起，呈现在课件中，并且做好小结，邀请学生再思考分析各种方法的优势和劣势，帮助学生在解题时选取更优的方法。

（四）作业展示，把关解题过程的书写

面对没有新知识点的基础复习课，学生经常忽视基础的解题过程的书写，造成在实际考试时由于过程书写的疏漏而被扣分的情况。针对这一问题，我采用了一个效果极佳的方法，将学生的作业截图，做进课件展示。有时会展示整道题目，有时也会挑选其中的某个段落。展示的学生作业，有写得很好的，也有需要改进的，都会在课堂上一一分析。针对需要改进的部分，在课件中我会进行主要问题的罗列，如：逻辑段中的"因为"与"所以"不搭配；括号中的依据不对应；说理的顺序混乱等，进而邀请学生提出修改意见。要行之有效，教师需要花费大量的时间，选取有代表性的作业，逐一做进课件中。一段时间尝试下来，效果令人满意，学生们逐步养成了严谨的书写习惯。

（五）丰富资源，帮助个体查缺补漏

虽然在线授课存在一些弊端，但是资源丰富的优势却十分明显。首先，学生可以通过家校本的反馈，清楚地看到自己作业中存在的问题。在批作业时，我会

仔细圈画，做上"删去""补充""交换顺序"等不同的标记。其次，直播课的回放功能也有别于线下教学。对于没有完全理解的问题，学生可以通过回看，针对自己的学习问题继续思考。最后，平台提供了选取优秀作业的功能，通过查看其他同学的优秀作业，学生也能够获取针对性的帮助。总而言之，在线教学的丰富资源，很好地为每一个学生提供了查缺补漏的机会。

在初中的最后阶段，帮助学困生提高的任务非常艰巨。针对这部分同学，备课组内采用单独选题、单独辅导的方式。首先着眼于基础部分。在讲解基础习题时，做到举一反三，相比教师一节课讲掉了几道题，更注重学生一节课学会了几道题。我们还会邀请学生进行习题的更改，几个孩子一起尝试解决；也尝试让学生之间互相讲解习题，巩固知识，提高学习的成就感。

二、特色与创新

除了上述提到的一些方案外，在具体的实施过程中，还有一些特色与创新的手段，为我校初三毕业班的在线课堂增加了不少生机，并且取得了一定的成效。

（一）资源合力，配合初三数学教学工作

我校初三数学备课组共两个青年教师，其中一个是第一年执教初三的新教师，而我也仅仅是第二次带教初三毕业班。面对自我经验不足的情况，备课组内的两人并没有焦头烂额，而是潜心研究，悉心求教，专心提高。

区级层面，教研员提供了很大的帮助。恰逢网课前段时间，浦东初三数学教研员曾老师特地来到我校，指导初三数学教学工作。听了我校一节数学课后，曾老师给予指点，并强调初三课程要牢牢把握好方向，才能行之有效。此外，曾老师也指导本校备课组，结合《上海市初中数学学科教学基本要求》，制定一份详细的学期教学工作安排。听取了教研员的建议后，我们调整了原先的备课组工作计划，将各轮复习的时间和内容精细化，同时在第一轮复习阶段，穿插专题训练。除了当面指导，区内初三数学组强大的资料库，也提供了很大的线上的帮助。从名师面对面课程，到专题复习课件，再到历年真题分类汇编等，各校教师贡献出自己手头的资料，大家齐心协力，坚持拼搏到中考。

校级层面，对初三数学教学工作也给予了很大的帮助和支持。我校召集了几位资历高深的教师，组织了一支专家团队，为本校教师提供论文指导、听课点评等专业性的帮助。专家组内有资深的数学高级教师，经常来听我们初三数学

课,并提供大有裨益的建议。此外,作为一名数学教师,我校校长也时刻关注初三数学的发展情况,每一阶段都会莅临初三办公室,亲切询问教学情况,也会走进初三教室,走到初三学子们的身边,关心学习状况。在近期的网课期间,专家团队依旧提供着线上的有力指导和帮助。

(二) 开拓创新,提高课外辅导成效

上海市空中课堂的统一课表,相对而言比较轻松。结合初三的实际情况,我校做了一系列的调整。比如,利用每天的拓展课时间,安排考试科目的辅导,并且实施校内分层辅导,学困生和基础较好的同学,被分成了两个班。对于学习较为困难的一部分学生,教师进行单独辅导,主抓基础。数学课上,注重举一反三,不断改题,反复操练,直到吃透一个知识点,将每道小题目按照解答题的要求作答。教师也会邀请学生讲解题目,互相帮助,在获得成就感的同时提高学习兴趣。对于学习基础较好的一部分学生,稍作提高。数学拓展课上,教师经常要求学生自己进行改题训练,增改题目条件,提高题目难度,进行训练。对于第24和第25压轴题,基本上由学生连麦进行讲解,培养其分析讲解的综合能力。

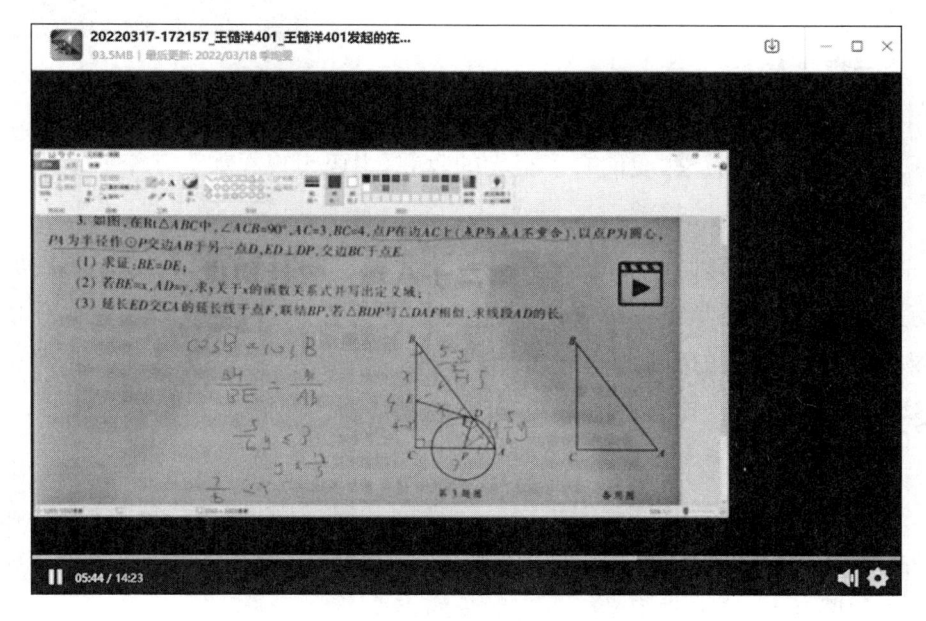

图1 学习小组在线讲解压轴题

除了拓展课,其余时间,我们还安排了学习小组活动。起初,定下几位组长后,由学生自我组队,组长统一安排学习小组活动,一起自习写作业,或是组员讲解数学压轴题，或是一起完成背诵等口头作业。学生对于自己网上进行压轴题讲解的事情非常感兴趣，甚至自行摸索了录制讲解视频的各种方法，组内学习氛围逐渐浓厚，学习效果很不错。当然，经过一段时间后，难免会有一些松懈的同学，作业拖拉，掉离大部队。我一边与这些同学和家长沟通，一边又将这部分自觉性较差的同学重新建立一个学习小组。为了激励这些同学快速完成作业，制定了一份作业记录表，单独记录每项作业本组最早提交的前三名，予以表扬。原本不是非常自觉的同学，自从担任了学习小组组长后，面貌焕然一新，带领组员蒸蒸日上，还能够组织线上学习交流活动，为课上没有听懂的同学答疑解惑。班级数学作业的完成情况有很大的好转。

图 2　学习小组在线学习

三、进一步思考

（一）成效

三个月的在线教学，我们有了很大的收获，主要表现在如下几个方面。

1. 教学成绩的提升

经历了两次长时间的在线课堂学习，甚至初三的第二学期，在校学习的时间仅有一个多月，又遇上难度较高的中考试题，尽管如此，本年级的数学成绩依旧取得了一鸣惊人的结果。平均分、合格率以及优良率均超区平均线。这对于我们这样一所普通完中而言，几乎是不可能的事情。

2. 教学活动的丰富

实施丰富的教学活动，是促进学生发展的必要措施。在线学习恰恰为我们提供了很多全新的教学活动形式，如学生讲评习题、学生在线互批作业等，提高了学生的课堂参与，唤醒了学生学习数学的兴趣。

3. 核心素养的发展

在线学习期间的种种举措，无疑为学生的数学核心素养发展提供了不可忽视的帮助。学生的逻辑推理、数学运算、数学抽象、数学建模等核心素养得到了巩固与发展,对今后进入高中继续学习也打下了一定的基础。

(二) 小结

2020年,不期而至的空中课堂对所有一线教师而言都是一次巨大的挑战。经过那一年的训练,教师们都已经能够较为熟练地应用网上教学,从网上教学中尝试到了信息化技术的优势。从曾经的束手无策到现在的灵活应对,从曾经的迫不得已到现在的从容应对,相信这就是挑战之中迸发出的机遇。当然,经过近几年的改进,各种线上教学平台的功能也在逐步完善,共享电子白板能实现连线学生进行书写、在线课堂同时实现屏幕共享和图片文件的打开。在回归到课堂教学后,教师也应当继续发扬信息化教育手段的优势,做好线上线下教学的衔接。相信在未来科技的高速发展下,线上教学将继续发挥其优势。

空中课堂不仅给所有学生展示了优秀的课堂,更为所有教师提供了很好的学习平台。以往,教学资源,可能只是备课组、教研组内所共享的。而空中课堂,让我们接触到了市级层面的优秀资源。此外,区级学科教研组也搭建了一个平台,帮助教师们通过微校、研修网等获取一手的优质教学资源。我们相信,做好各方面优质教学资源的积累,一定能够提高教师的教学水平。

低年级语文教学中巧用插图进行分层教学的实践研究

上海市浦东新区实验小学　王秀凤

【摘要】统编教材的插图设计独具匠心，充分体现了"工具性和人文性"并举。低年级语文课堂教学中巧用插图进行分层教学，可以降低学习难度，消除学生的畏难情绪，帮助学生轻松识记拼音和汉字，掌握汉字的规律，理解字词句的意思，感悟文章内涵，培养学生的观察能力、分析能力、表达能力等多项能力，从而提升学生的语文核心素养。课后，学生借助插图完成学习单，不仅可以复习巩固所学知识，同时发展创新思维。总之，在低年级语文教学中巧用插图进行分层教学可以使不同层次的学生都得到充分的提升，感受到学习的快乐。

【关键词】低年级　分层教学　巧用插图

统编教材图文并茂，编者为了能够让插图更好地辅助学生学习，下了非常大的功夫。然而，在平时的教学中，有很多教师忽视插图，只看文字，使插图的功能得不到很好的发挥。笔者在低年级语文教学实践中尝试巧用插图进行分层教学，发现能提升学生的语文核心素养和创新能力。

一、课堂教学借助插图，提升语文核心素养

在课堂教学中，同一个知识点，教师可以借助同一幅插图，针对不同学习能力的学生，提出不同的要求。对学习能力一般的学生，注重利用插图帮助这一群体学生减轻学习焦虑，降低学习难度，逐步培养他们的语言表达能力和理解能力。而对于学有余力的学生，则可以巧用插图帮助他们在逻辑思维和创新能力方面得到更进一步的发展。插图的合理运用能使每一个层次的学生都得到发展，都获得成功的体验。

在借助插图进行教学的实践中，教师应把握好如下几点。

（一）借助插图学习拼音，引导学生争当学习的"主人"（见表1）

表1　借助插图学习拼音要求

课　堂	普通学生	学有余力的学生
学习拼音	1. 找出图上有什么。 2. 借助插图正确发音。 3. 借助插图拼读词语。	1. 用"图上谁在干什么"说一两句话。 2. 根据插图尝试编顺口溜。

1. 观察图片说清图意

学拼音的时候，教师出示课文插图，让学生仔细观察图画，指导学生说出图上有什么，对学有余力的学生，要求他们用"图上谁在干什么"说一两句话。这个活动能把学生的观察能力、语言表达能力和学习拼音有机结合在一起，并充分调动每一个学生的自主能动性。

2. 自主掌握发音要领

在学生找出插图中隐藏的拼音字母后，教师启发学生利用情境图中与所学拼音字母发音相似的物品编成顺口溜，自主掌握发音要领。此时，一些学有余力的学生就会发动小脑筋。如《j q x》一课的插图中画着七个气球（见图1），有个孩子根据气球的样子编了顺口溜："气球气球 qqq。"还有一位学生根据气球的数量这样编："七个气球 qqq。"这两个顺口溜朗朗上口又好记，帮助全班同学轻松记住了"q"的形和音。

借助图片来记形、发音，降低学习难度，也符合一年级学生的学习心理，增加拼音学习的趣味性。因为是孩子们自己编的顺口溜，他们学起来劲头更大，记得也更牢。又因为是依据课文中的插图编的顺口溜，学生每一次打开书都能看到插图，想起与之相对应的拼音字母和音节的发音，有利于加深学生的记忆。

图1　《j q x》

3. 插图缓冲学习坡度

拼读词语对学习有困难的学生有一定的压力,教师可以提示孩子们借助课文插图进行拼读。如在学习了声母 j、q、x 后,教师出示第二板块的插图(见图2):"瞧,小院的角落里还有两个小动物,看看它们在干什么?你们能看着图拼读这两个词语吗?"本来拼读还有些困难的学生,有了图片这一"拐杖"的帮助,也能自信地拼读出"搭积木"和"下棋"两个词语。而学有余力的学生在拼读词语的时候,可以鼓励他们丢弃"拐杖",直接拼读音节。

学习拼音的过程中,借助插图引导学生自主学习,不仅能帮助学生掌握拼音,更能培养学生的自主能动性,激发学生的学习积极性。

图2 《j q x》

(二)借助插图学习汉字,学生的形象思维和逻辑思维同步发展(见表2)

表2 借助插图学习汉字要求

课堂	普通学生	学有余力的学生
学习汉字	1. 学习象形字时能找出插图和汉字的相似点。 2. 借助插图,理解字的意思。	1. 能借助图片,了解象形字的构字规律。 2. 借助图片,积累词汇。

1. 识记字形

统编教材中一年级学生刚接触的汉字结构比较简单,教学中教师重点引导学生观察图画,发现图画和汉字的关系,在图文对照中识记字形。有了图片的帮助,汉字的识记就变得简单多了。

如《日月水火》一课中八个汉字都是象形字,每一个汉字配有一张图片、一个古汉字,图文并茂,形象地展现出象形字观物取象、寓意于形的构字特点,也为学生识字提供了支架(见图3)。课堂上,教师采用看图猜读的方式让学生先观察图画来猜读这个汉字,再仔细查找图画和汉字的相似点,从而记住汉字的形。对学有余力的学生则进一步要求,不仅要会读这些字,还要能从中了解象形字的构字规律,培养自主识字的能力,为以后的学习打下扎实的基础。

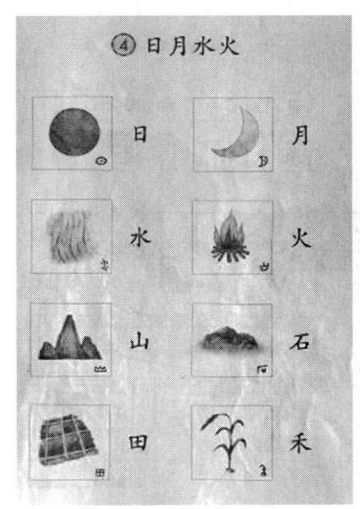

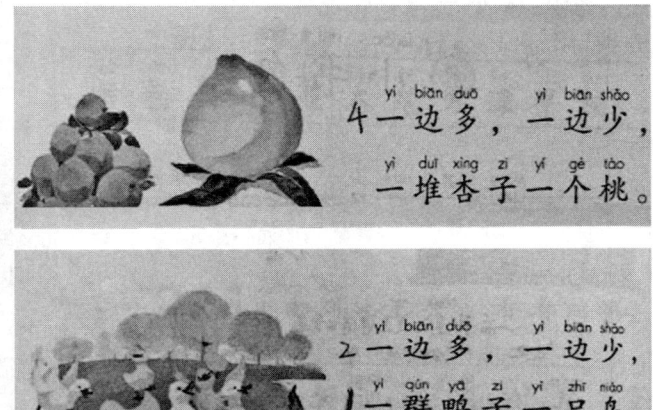

图3　统编教材《日月水火》　　　　图4　统编教材《大小多少》

2. 理解字义

学习汉字的过程不仅要求学生记住字形,还要能理解字义,这样才能正确使用汉字。然而有很多字的意思是无法用语言表达清楚的,这时课文插图便能轻松解决这个难题。

比如,学习"大小多少"时,量词的正确使用是学习难点,除了引导学生联系生活理解外,课文的插图可以起到很大的帮助(见图4)。认识"群"字时,让学生看插图,通过鸭子和鸟的数量对比,知道人或动物聚在一起,才能叫"群";而学"堆"时,让学生看图中的水果,区分哪是杏、哪是桃,从而理解"堆"的意思。后面环节要求学生说出"生活中什么是成群出现的,什么是成堆放着的"就不难了。两个很难用语言表达清楚的字,学生借助插图理解了它们的意思,并能正确运用了,多有意思啊!

3. 积累词汇

对学有余力的学生来说,只会认识汉字是不够的,还要学会"一字开花"。这时教师可以巧借插图帮助学生积累词汇。《江南》中有一个生字"莲",学习这个生字时,借助课文插图,引导学生发现:池塘里有莲叶、莲花、莲蓬,莲蓬里面小小的坚果是莲子。学生不仅认识了"莲"这个字,还加深了对这个植物的了解,扩大了知识面,又积累了词汇,可谓一举多得!

课堂上,插图的巧妙运用可以帮助学生感受到汉字的趣味,感受到中国汉字的美,增强文化自信。

(三)借助插图学习课文,发展学生的语文综合能力(见表3)

表3 借助插图学习课文

课　堂	普 通 学 生	学有余力的学生
学习课文	1. 看图,直观认识事物。 2. 找到与插图相对应的段落。 3. 借助插图,对课文内容做简单判断。 4. 借助插图提取文本信息。 5. 观察插图,了解人物心情。 6. 借助插图背诵课文。	1. 借助插图,品词品句,提取课文信息,感悟文章内涵。 2. 借助插图完整讲述故事。

低年级课文单元中的插图是连环画,这一年龄段的学生,阅读理解能力不强,这些插图可以成为拐杖,贯穿阅读教学的整个过程,降低阅读难度,帮助学生直观认识事物、了解课文内容和背诵课文。

1. 直观认识事物

插图的直观特性更能帮助学生认识物体、理解词语。因为地域的差异,学生对部分字词的理解需要借助插图。比如学生对"谷穗"并不熟悉,当教师出示课文插图后,学生马上就对"谷穗"产生直观感受。

2. 把握课文内容

低年级学生把握课文的主要内容较吃力,此时插图就可以派上大用场。

(1)找到与插图相对应的段落

指导学生读课文后,找到与课文插图相对应的段落,可以帮助学生理清文章脉络,了解课文的主要内容。

《小毛虫》一课有三幅插图(见图5),清晰地呈现了小毛虫从结茧到羽化成蝶的变化过程。初读课文后,组织学生结合课文三幅插图说说插图对应的是哪些自然段,并让学生借助插图说说小毛虫在成长过程中经历了哪些变化。学生看了插图,读了课文后,轻轻松松就理清了课文的脉络,了解了小毛虫的成长过程。

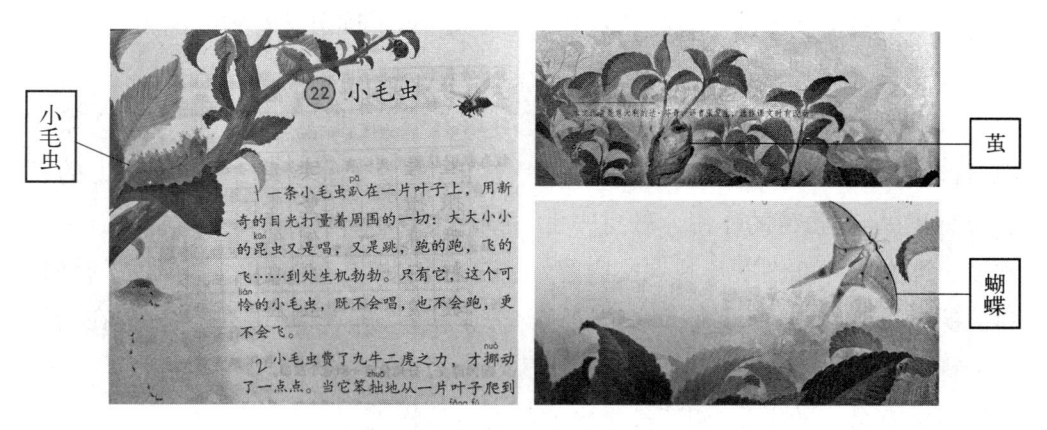

图5 《小毛虫》插图

(2) 借助插图,对课文内容做简单判断

低年级学生以形象思维为主,对于单调的讲解往往缺乏兴趣,直观形象的课文插图,符合学生的思维特点,可以帮助学生做简单判断。

如:《影子》一文,判断谁的影子在前、谁的影子在后的时候,充分利用课文插图,引导学生辨别方位,使学生对"前、后"的方位印象深刻。又因为有了插图的加入,课堂气氛轻松又活跃。

(3) 借助插图提取文本信息

统编教材从一年级第一册开始就着手培养学生从文本提取信息的能力,这种能力的培养要循序渐进。刚开始训练的时候,教师借助插图,通过图文结合的方式帮助学生提取信息,这样既减轻了难度,又可达到事半功倍的效果,还能激发学生的学习自信心。

《要下雨了》课后练习中有这么一道习题:想想燕子、小鱼、蚂蚁下雨前都在干什么?这道习题主要考查学生在文本中直接提取信息的能力。教师引导学生先仔细观察插图,提醒他们不要遗漏插图中的每一个信息。于是,孩子们借助插图中隐藏的信息轻松找到文中的答案。

(4) 观察图片了解人物心情

教师在指导学生朗读句子的过程中,碰到学生无法理解人物当时的心情或理解不到位时,插图的出示,会轻而易举地解决这个难题。

《荷叶圆圆》中,小青蛙说:"荷叶是我的歌台。"有些学生怎么也读不好。到底如何读好这个句子呢?课上,教师引导学生观察插图:图上,青蛙的自豪一览无遗。学生马上就明白了青蛙说这句话时的心情,也读出了青蛙的高兴。

3. 看图背诵课文

"记忆是智慧之母。"的确,记忆是运用知识、发展能力的前提。在语文教学中,背诵对巩固词句、加深理解课文、积累知识、提高读写能力、促进记忆力的发展都有积极的、独特的作用。教材中有不少课文要求背诵,对有些学生会有一些难度。课文中的插图既反映课文内容,又突出课文中心,是帮助学生记忆的好材料。课堂上,教师出示课文插图帮助这部分学生背诵,效果特别好。教师在指导学生背诵课文的时候,借助插图,可以消除学生的畏难情绪,让背诵变得简单有趣。

对学有余力的学生,阅读教学中教师可以这样处理。

1. 借助插图,品词品句,感悟文章内涵

采用图文对照的方式学习课文,引导学生理解关键语句,可以学得既有趣,又有效。《葡萄沟》一文中有这么一句话:"茂密的枝叶向四面展开,就像搭起了一个个绿色的凉棚。"教学时教师出示第二幅插图,指导学生观察想象,借此理解"茂密""绿色的凉棚"的意思,体会"像搭起了一个个绿色的凉棚"中形象生动的比喻。学到"葡萄一大串一大串地挂在绿叶底下"时,这幅插图又一次帮助学生理解"一大串一大串"的意思,可以体会葡萄的多。插图的作用在阅读教学中不可小觑。

学生在观图、读文的语文实践活动中,课文插图给了学生直观印象,帮助学生理解文章意思。教学《小毛虫》一课,在研究"这是一条怎样的小毛虫"时,教师引导学生图文对照,从大大小小的昆虫和小毛虫的不同生活状态的对比中来加深对理解小毛虫的可怜和笨拙。接着又引导学生借助文中插图想象蚂蚁、瓢虫、蜜蜂开心唱跳、欢快飞舞的情景,感受它们生活的欢快,从而理解"生机勃勃"一词。

2. 借助插图完整讲述故事

学完课文后,教师引导学生借助形象生动的插图,有序完整地讲述故事。在讲故事的过程中,教师可以运用文中的句子,也可以用自己的语言,鼓励语言表达能力程度较高的学生加入自己想象的细节讲述故事。学习《小毛虫》的课堂上,因为有了插图的帮助,学生们讲述得流畅又精彩。这样的语文实践活动既培养学生的语言表达能力,又培养学生的想象力。

二、课后学习单借助插图,培养创新思维

设计课后学习单(见表 4)的时候,教师可以充分利用插图,针对不同的学生,设计多样化作业,由学生自主选择。

表 4 借助插图设计课后学习单要求

学习单	普 通 学 生	学有余力的学生
拼音	拼读音节,不会读的看一看插图。	熟练地拼读音节。
汉字	读生字,不会读的借助拼音拼读或者看图猜读。	熟读生字。
课文	1. 借助拼音读课文,碰到不会拼的字,看着课文插图猜字读课文。 2. 借助课文插图为身边的人讲故事,注意把故事讲连贯。	1. 根据课文内容为课文插图配上文字,可以用原文也可以用自己的语言。 2. 为课文插图配上人物的内心独白。 3. 课文接下来会发生什么故事,模仿插图为接下来的故事画图,并配上文字。

课堂学习后,有些学生回到家会遗忘白天学到的拼音和汉字,因此在课后学习单的设计中,教师要兼顾这些学生,指导他们碰到困难的时候,可以借助插图来拼读音节和猜字朗读。

对于学有余力的学生,他们的学习单更偏向于创新思维的培养。我国著名教育家叶圣陶先生说,"图画不单是文字的说明,且可拓展儿童的想象"。[1] 在作业布置中,教师可以充分利用插图鼓励这部分学生根据图意进行联想或想象。

如学了《小毛虫》这一课,教师要求学有余力的学生为课文每一幅插图配上小毛虫的心理活动,可以用课文中的句子,也可以用自己的话。后来小毛虫变成蝴蝶后,它会怎么做? 考虑到孩子们已经上二年级第二学期了,所以笔者鼓励他们展开想象,为接下来的故事画图,并配上一段通顺的话。这样的设计让学有余力的学生也能"吃饱喝足"。他们尽情发挥自己的想象力,并能带动全班同学的思考,引领同学们一起更快发展。

下面,以一年级第二册《小猴子下山》为例,说说笔者是怎么布置这一篇课文的课后学习单的。

---

[1] 朱秀明.语文课堂教学优化策略[M].北京:群言出版社,2018.

图 6　《小猴子下山》课文插图

《小猴子下山》的课文插图是一组连环画(见图6),生动有趣,学生即使不读课文,只看图,也基本上能看懂故事的内容,这些图为学生朗读课文提供了有力的支持与保障。在上这篇课文前,教师布置了"学习单1",上面一共有五项作业,但只要求学生选择自己感兴趣的两项作业完成即可。

《18 小猴子下山》学习单 1
1. 按顺序看课文插图,感受图片的美,看明白图上画的是什么。
2. 朗读课文,碰到不会读的字联系上下文看图猜字。
3. 思考:每一幅图各自对应课文哪一自然段?
4. 每一幅插图中小猴子的动作是什么?在相对应的自然段中找到表示这个动作的词并圈出来。
5. 看图说话:小猴子走到_____,看见_____,就_____。

《18 小猴子下山》学习单 2
1. 朗读课文,碰到不会读的字可以看图猜字。
2. 借助插图,把小猴子下山的故事讲给身边的人听。
3. 当时小猴子会想些什么?把每一幅插图中小猴子的想法讲给家长听,也可以用拼音写下来。
4. 小猴子继续往前走,他会看见什么?又会怎么做?请把你的想象用图画出来,并讲给身边的人听。

图 7　《小猴子下山》学习单

"学习单1"中每一项作业层层递进,逐步提高难度:看插图→读课文→找关联→圈动词→练说话。教师让学生先看明白插图再读课文,旨在激发学生的阅读期待。色彩鲜艳的、卡通图样的连环画哪个孩子不喜欢?他们看了图画后,便会迫切希望去读读课文,看看课文究竟写了什么。在读课文的时候,有的学生会碰到识字困难,第二项作业中,让学生借助课文插图猜读,其实就是在指导学生阅读的方法。学有余力的学生,更多地会选择后三项作业,其中最后一项作业难度最大,能完成这项作业的学生必定不仅会读课文,也看懂了课文内容。

学完课文后,教师便设计了"学习单2"。这一回要求每一个学生都要完成第一项作业,其他三项作业可以选择一项去完成。后面三项作业培养学生的语言表达能力和创新思维。无论是复述课文,还是模仿小猴子的内心独白,抑或是后续故事的绘画,学生都完成得很精彩,思维很活跃,令人拍案叫绝。

这两份学习单满足了不同层次学生的需求,大家都得到了培养和训练。久而久之,学生的朗读能力、阅读理解能力和创新思维在插图的帮助下悄然提高。学生在毫无压力又充满趣味的活动中提高了学习能力,感受到了学习的快乐,增强了自信。在实践过程中,孩子们更愿意去选择有挑战性的作业,而且完成得很好。

无论学生完成哪一项作业,评价学生的时候教师都要注意运用激励性评价语言,让每一个层次的学生都获得成功感和不断前进的奋斗方向。这样,他们才会对自己更有信心,对学习产生更浓的兴趣,每一项作业的选择才会更认真,完成作业更尽心。

只要教师们潜心研究,用心品味,就能读懂教材,就会游刃有余地发挥课文插图的特性和功能,化枯燥为生动,化腐朽为神奇,把低年级语文教学引向富有童趣的世界,从而提升学生的语文核心素养和创新能力。

基于学习路径比较的教学设计
——以小学数学《解决问题——灯市》为例

上海市浦东新区世博家园实验小学　阙思懿

【摘要】 深度学习作为一种学习理念，指学习者自发投入的学习状态，在认知过程中思维不断深化向高阶思维发展，最终实现自我创造的过程。随着课堂改革的推进，深度学习理念得到越来越多关注和思考。本文以沪教版小学《数学》三年级《解决问题——灯市》一课为例，比较学习路径旨在探究促进深度学习的要素和方法，帮助学生深度理解和掌握知识内涵，培养学生的高阶思维并有效解决问题。

【关键词】 深度学习　学习路径　小学数学

在小学课堂中我们会发现，低年级的课堂很"热闹"，到了中高年级课堂就很"安静"，学生开始分化，只有少数学生愿意举手回答问题，而大部分学生成了课堂的"听众"。这是由于学段的上升，对学生的思维要求也在提升，死记硬背的学习方式不再适用，那些虚假学习的学生就逐渐暴露出来。要想改变课堂教学困境，解决学生虚假学习的问题，需要我们向促进学生深度学习的课堂转型。

一、深度学习与学习路径

（一）深度学习

《义务教育数学课程标准（2022年版）》指出："数学素养是现代社会每一个公民所必备的基本素养。学生通过数学课程的学习，掌握适应现代生活及进一步学习必备的基础知识和基本技能、基本思想和基本活动经验；激发学习数学的兴趣，养成独立思考的习惯和合作交流的意愿；发展实践能力和创新精神，形成和发展核心素养。"[1]深度学习的目标与课程标准正相匹配。深度学习是基于学

---

[1] 中华人民共和国教育部.义务教育数学课程标准（2022年版）[M].北京：北京师范大学出版社，2022：1.

习者自发的、自主性的内在学习动机,并依靠对问题本身探究的内在兴趣维持的,一种长期的、全身心投入的持久学习力。深度学习使学生在认知过程中思维不断深化,向高阶思维发展,最终实现自我创造的过程。[1] 但深度学习又受到学习路径设计的影响。

(二) 学习路径

路径是指通向某个目标或目的地的道路或路线。学生在学习过程中经过的路线就是"学习路径"。道格拉斯(Clements, D. H.)等人研究早期数学的教与学后,认为学习路径的概念包括三个要素:具体的数学目标(目的是发展学生的数学概念和技能);帮助学生达到目标的专业发展路径、轨迹;学生朝着该路径学习的一系列教学活动(通过设计教学任务,帮助学生思维达到更高层级)。[2] 因此,学习路径融合了学生的学和教师的教。

(三) 学习路径对促进深度学习的作用

比较学习路径对实现深度学习具有重要的作用。(1) 研究学生学习路径,可以帮助教师知道学生学习处于怎样的起点,从而根据学生认知水平和特点设计课程,引导学生发现知识的产生过程,认识知识的性质。(2) 了解学生学习路径,可以帮助教师发现学生学习的卡点,将学情与知识分析相结合,从而更加有效地指导学生,感悟知识本质。(3) 学习他人学习路径,可以使学生得到启发,不断补充和构建自身的知识框架。因此,高品质的学习路径设计,对促进学习者深度理解和掌握知识、发展和培养高阶思维起着积极的作用。本文以沪教版小学数学三年级《解决问题——灯市》一课为例,通过比较分析两种学习路径,探究促进学生深度学习的要素和方法。

二、学习路径的设计与实践

(一) 教学目标

《解决问题——灯市》是沪教版三年级第一学期第六章整理与提高部分第70—72页的内容,主要解决两步计算的简单实际问题,通过对前面的学习中或多或少已碰到过的简单实际问题的集中性梳理、练习,初步掌握分析方法,会解

---

[1] 陈静静.学习共同体的教育改革:走向深度学习[J].上海教育,2021(20):12.
[2] Clements, D. H., & Sarama, J. Learning and Teaching Early Math: The Learning Trajectories Approach[M]. New York: Routledge, 2009: 3, 5, 7, 85, 210.

答两步计算的实际问题,并能正确使用小括号。《解决问题——灯市》分为两课时,本节课主要学习第一课时内容。根据教材的特点,我们制定如下教学目标。

1. 能根据问题收集有用的信息,将情节描述成线段图。
2. 通过观察比较,能解答"求比一个数的几倍多(少)几的数"的过程。
3. 在解决问题的过程中提升应用意识,感受数学乐趣。

教学重点是初步掌握分析方法,解答两步计算的简单实际问题。

教学难点则是会分析"几倍少几"的问题。

(二)学情分析

学生在二年级已经掌握了求几倍、多几和少几的数量关系,如果在此基础上单纯地解决"几倍多几""几倍少几"的问题,学生并不存在理解上的困难。但从知识和经验的建构过程、数学思想方法和解决问题能力的发展角度来看,学生仅仅会利用已有的经验"解题",这三类数量关系是相互独立、互不相关的。因此,教师帮助学生"打通"上述三类数量关系之间的"壁垒",将其整合成一个更为一般化的认知原型,是在进行教学设计时需要关注的。

(三)设计内容与实践探索

基于对教学目标和学情的分析,笔者设计了以下两种学习路径(见表1),并分别在课堂上实践。

表1 两种学习路径简图

类别	构建线段图模型策略	学 习 路 径
A	画线段	复习回顾"一倍数"—师生共同探究用线段图描述"几倍多几"—学生分组模仿画"几倍少几"线段图—比较分析两者异同点—练习。
B	摆线段	复习"几倍、多几、少几",初步构建线段图模型—学生分组同时探究"几倍多几"和"几倍少几"的线段图摆法—分析过程中比较两种方法异同点—练习。

1. 学习路径 A

由学生模仿画线段图。一开始从倍数关系的算式复习回顾"一倍数"相关概念,以此为起点,在教师的引导下先共同探究如何用线段图描述"几倍多几"的情况。掌握"几倍多几"线段图表示含义和求解方法后,学生分组自主模仿画"几倍少几"线段图。随后比较"几倍多几"和"几倍少几"两种线段图的画法异同点。

在实践过程中,学生表现如下:

(1)学习意愿呈下降趋势。一开始学生借助已有经验能快速地解决"几倍"甚至"几倍多几"的问题。而到探究"几倍少几"问题时,要求先画线段图,再列式解答,大部分学生陷入苦苦思索——如何画线段图?有的模仿"几倍多几"线段图画法,但是在多出来的线段部分标了"少几";有的画了几倍后就停止不再继续,不知如何用线段表示"少几";有的先写出算式,但到探究结束也没有完成线段图。分析时,只有一两个学生敢于介绍自己的画法,其他学生则是坐在下面静静聆听。

(2)学生存在虚假学习的情况。当看"几倍少几"线段图选算式时(见图1),有极少数学生选了A,剩余B和C两个选项各有约一半学生选择。一个选了C的学生告诉我,线段图上有"少10个"要用减法,所以A先排除。但为什么选C,他无法说清理由。在做选择时,有些学生先看周围同学的选择再决定,有些学生则随意猜了一个。在找出A、B选项所对应的算式时(见图2),我看到有学生判断B选项时,先删去①②,在③与④中摇摆不定,本来选了④,看到别人选③,又把答案改掉。

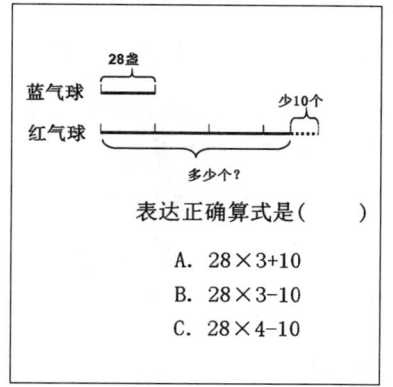

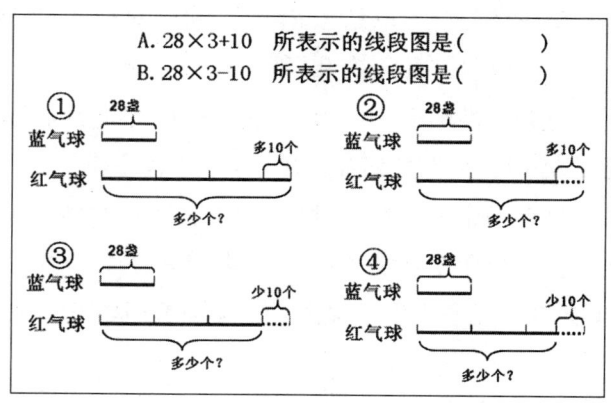

图1 "几倍少几"练习题

图2 综合练习题

2. 学习路径B

学生用学具来摆一摆线段图。一开始先复习"几倍、多几、少几",帮助学生初步构建线段图模型。随后分组同时探究"几倍多几"和"几倍少几"的线段图模型,学生只需选择其一进行探究,如有能力和时间则可以都完成。探究结束后,分别由不同选择的两组学生来介绍线段图摆放方法和理由,使探究一种线段图的学生也能学到两种方法,并在分析过程中能更直接比较出两种线段图的异同点。

在实践过程中,学生表现如下:

(1)学习意愿经历一小段回落后又上升。引入的三个灯谜分别求"几倍""多几"和"少几",学生能快速求出结果。但当要求学生能将他们间的数量关系描述成线段图时,少部分同学能理解要求与教师互通。大部分同学以听和看为主,通过教师示范摆线段图,能够直观感受三者线段图的异同点。在自主探究环节,一半以上的学生选了"几倍多几"问题,并能较快摆出正确的线段图,尝试探究"几倍少几"。有些学习能力较好的学生,直接挑战探究"几倍少几"问题。当对于"少几"的线段摆放出现困难或不确定时,又会停下来先去探究"几倍多几"。学生一直处于一个思考探究的过程。

(2)出现了互助学习的情况。由于探究时间较为充裕,完成较快的这部分学生会和学习小伙伴核对结果,当发现小伙伴的结果和自己的不同时,就充当起小老师,介绍自己的方法。此时,有困难的学生经过学习小伙伴的帮助也能摆对线段。如果是选了两个不同的探究内容,他们会各自介绍自己的方法。

(3)会思考分析线段图。探究"几倍少几"的学生中,有些学生意识到"少几"是少在"几倍"的线段内,因此把"少几"线段摆在"几倍"第一段或最后一段上。同样当看"几倍少几"线段图选算式时(见图1),约一半的学生能快速做出正确选择,准确率和学习路径 A 中接近。但是选 C 的学生告诉我,"几倍"中包含"少10",要先数到虚线后面,一共有几段就是几倍。图中红气球是蓝气球的4倍,只有一个答案符合,所以选 C。在综合题中(见图2),学生也先采用了排除法,在剩余两个选项中做判断时,会静下心来数倍数。采用学习路径 B 的部分学生会理解线段图中的关系,而不再仅仅读取字面意思。

三、学习路径的比较

(一)对学生投入程度的影响

学生的学习需求首先来自自身对自然世界的好奇,对问题的思考与探索的本能,他们渴望通过自身的思考、探索、研究来解决困扰他们的问题。因此,在学习设计时,教师要充分考虑学生的天性、兴趣、爱好、特点和优势,从而提升学生的学习动机和学习效果。[①]

从引入部分看,学习路径 A 侧重复习"一倍数"概念,因为"几倍多几""几倍少几"都是基于"一倍数"衍生出来的知识点。学生能根据他们的字面关系求出结果,但当条件不变,表达方式改变,学生原有的思考路径出现障碍,为了看似跟上课堂节奏就随意猜测结果。学习路径 B 也从学生熟知的"几倍、多几、少几"出发,但侧重在通过线段图理清三种关系的异同,帮助学生初步构建线段图模型,打通知识间的壁垒。这一部分花的时间相对较多,但对于后面学生的投入和有效探究却起到了一定的作用。可见,情景引入不单单是激发学生兴趣,更要抓住知识的连接点,构建模型支架,这将有助于学生利用知识迁移解决新问题。

(二)对学生理解情况的影响

学生对知识的理解是基于学生深度学习的程度,而要促进学生深度学习,就要把时间和空间留给学生自主学习。学习设计本着"以学生为中心"的理念,通过"设计"引导学生参与到学习中来,学会学习,并逐渐获得自由探索和学习的能力,使学习真正发生。[②]

学习路径 A 一开始课堂进展很顺利,到探究画"几倍少几"线段图时,学生能列出算式,但要画线段图却困难重重,主要有以下几点原因:一是大部分学生以看和听为主,没有操作和画线段图的经历;二是缺少知识间的串联和构建,学生只是停留在对"几倍""几倍多几"字面上的理解,两者是割裂独立的,因此到"几倍少几"又是一个独立的知识点。三是"几倍少几"需要擦掉一段用虚线表示,不符合学生的正向思维。中间环节的跳脱,对学生探究"几倍少几"增加了不小的难度。

学习路径 B 前期有了线段图模型的初步构建,这里由学生分组同时探究"几倍多几"和"几倍少几"的情况,并为学生提供了线段条摆一摆。在实践中,大部分学生能够摆对"几倍多几"的线段图,并尝试探究"几倍少几"。而选择"几倍少几"的学生,在"少几"的摆放上正确率不高,但有不少人意识到"少几"要摆放在几倍上面,并有摆放正确的。

学习路径 B 虽然前期耗时较多,但对学生自主学习给予了支持和平台的搭

[①] 陈静静.学习共同体的教育改革:走向深度学习[J].上海教育,2021(20):113.
[②] 陈静静.学习共同体的教育改革:走向深度学习[J].上海教育,2021(20):125.

建。因此,我们在学习环节设计中要考虑让所有学生都能参与进来,遵循学生认知发展规律,使他们在经历适当的学习操作后,能认识问题、理解问题、解决问题。

(三) 对学生应用能力的影响

学生的理解情况,直接影响了练习应用能力。

由于前期的虚假学习,学习路径 A 中的学生并未完全掌握用线段图来分析两者间的关系,只是在探究题中凑巧能用字面理解的"多"和"少"字样判断。缺少理解,和知识间的联结,当后面有多个选择和综合判断时,原有的方法不适用,他们就要求助周边的同学,或随意选一个,在分析时耗费了不少时间。

经历了充分的自主探究和交流,学习路径 B 中学生在练习时,先找到倍数,能准确说出"几倍"是包含了"少几"部分。在综合练习时,他们也能根据实线和虚线,"几倍多几"和"几倍少几"的线段图模型来思考,判断时间多一些,但准确率较高。因此,有了前期的正确引导,再给予学生足够的探究时间和空间,能帮助学生更好地理解和掌握本课的重难点。

四、结果与启示

(一) 创设公平学习机会,保障学生学习权利

教师的讲授和学生的自主学习,对于学生的认知发展有着不同的意义。从比较中可以看出,由教师引领进行的探究,大部分学生都是旁观者,他们获取知识的途径只有"看"和"听"。他们能够解决相似的简单问题,但无法进行知识的迁移和转变。因此,我们要考虑让学生都能参与到课堂教学的每个环节,给予学生经历学习过程和表达的机会,保障每一名学生的学习权利。这也是学生能否开展深度学习的前提条件。

(二) 聚焦核心学习任务,培养学生高阶思维

在有限的课堂时间内,既要完成教学目标,又要给学生充足的学习和思考时间,这就需要教师放慢节奏,聚焦核心学习任务。两次实践时间都比较紧,学习路径 B 前期先解决基础性任务,花费一些时间进行知识的梳理和铺垫。中期以教学目标重难点为依据,设计了挑战性任务,使学生利用知识的迁移和组合去探究新知。为了提高时间利用率,我们采取了同步探究的策略,并通过后期观察对比,运用比较、思考、倾听等方式去获取另一半知识,以完善知识体系框架。在这一系列学习过程中,学生的思维能力也在无形中得到发展和培养。

（三）设计挑战性练习，发展学生应用能力

随着学习任务挑战性的提升，学生的思维层次也慢慢走向高阶。在针对性练习以外，教师可以设计逆向思维练习，如求一倍数；或设计开放式练习，如给出条件，由学生进行提问，学生提出求和与求差等问题（这将是下一课时所要学习的内容）。通过设计挑战性任务，学生的学习兴趣被真正激发，更愿意主动去解决问题。而要想解决挑战性的任务，就需要学生不断夯实基础知识，能串联并综合运用所学知识去解决问题。

第三辑

巧用思维工具的新设计

运用复合流程图提高初中生地理综合思维能力的实践探究

——以"河流"专题复习为例

上海市南汇第三中学 王甜甜

【摘要】 笔者将思维地图的几种形式结合，形成复合流程图，应用于初中地理专题复习中，探究提高初中生地理综合思维能力的策略。在"河流"专题复习中，师生共绘河流复合流程图，并用SPSS25进行效果检验，展现了良好的复习成效。若要更好地应用推广，则仍需在地理日常教学中继续实践。

【关键词】 思维地图　综合思维　专题复习

一、研究缘起

(一)《义务教育地理课程标准(2022年版)》的要求

2022年4月，教育部发布的《义务教育地理课程标准(2022年版)》[1]（以下简称《新课标》）提出，初中学生应具备的四大地理核心素养分别是区域认知、综合思维、人地协调观与地理实践力。其中综合思维是指人们综合地认识地理环境及人地关系的思维方式和能力。人地系统是一个综合体，需要从多种地理要素相互联系、时空变化等角度加以认识。综合思维的培育，有助于学生形成系统、动态、辩证地看待问题的思维方式，树立求真务实、开拓创新的科学精神。

(二)地理专题复习课有助于提高学生综合思维能力

地理专题复习课[2]打乱了课本顺序，整合具有联系的相关知识，使其形成专题进行复习。它是进一步夯实基础知识、构建知识体系的重要环节。该阶段的复习可以使学生的知识更加系统化和网络化。这是学生能够运用基础知识解决问题和构建知识网络的关键阶段，所以地理专题复习课对学生综合思维能力的

---

[1] 中华人民共和国教育部.义务教育地理课程标准(2022年版)[M].北京：北京师范大学出版社，2022：4-5.

[2] 刘欣.思维导图在地理复习课中的应用研究[D].武汉：华中师范大学，2016：8.

提升具有重要意义。本文尝试探寻在地理专题复习课中,提升学生综合思维能力的策略。

二、复合流程图及其功用分析

（一）几种思维地图结合而成复合流程图

思维地图是大卫·海勒(David Hyerle)博士在1988年开发的一种帮助学习的语言工具。思维地图主要有8种类型(如图1所示)[①],本文所指的复合流程图是思维地图类型中的多重流程图(multi-flow map)与起泡图(bubble map)或双起泡图(doudle bubble map)的结合。

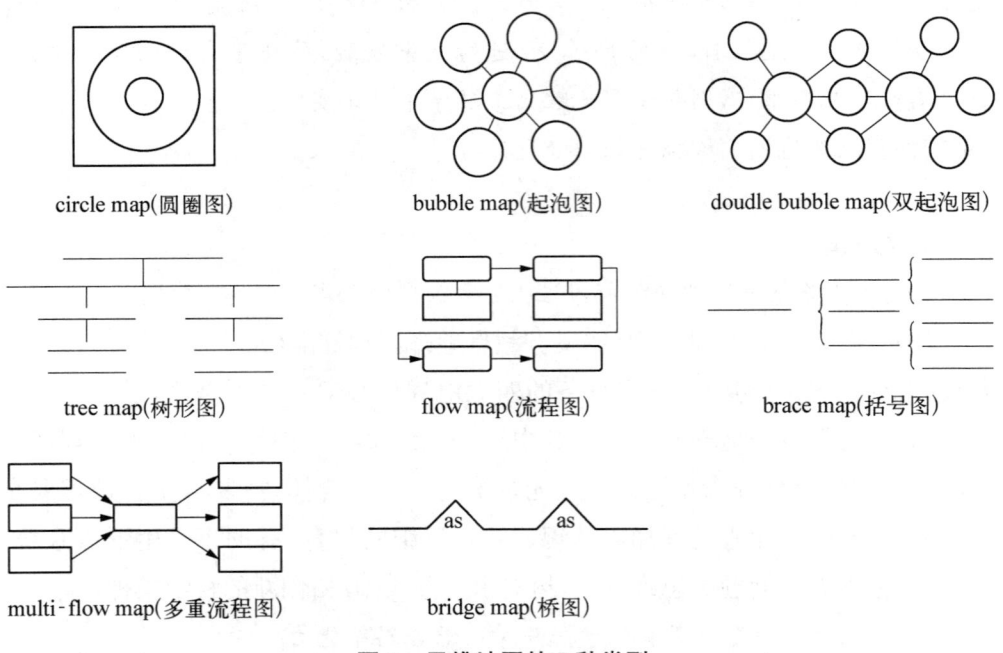

图1　思维地图的8种类型

起泡图逻辑一般只走一层,而且天然具有发散扩展的性质,如图2所示。流程图用来反映事物发展的顺序,结构清晰,一目了然,如图3和图4所示。在流程图中,我们可以看到各模块之间的因果关系和流动过程,只不过知识网络的呈现比起泡图要逊色。

---

① 刘倩.思维地图在高中生物学教学中的应用[J].教学考试,2019(51):20-23.

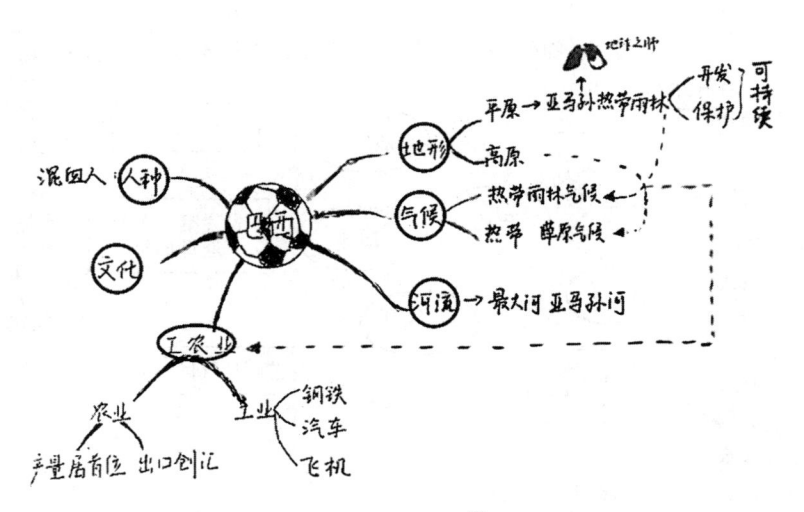

图 2　起泡图[①]

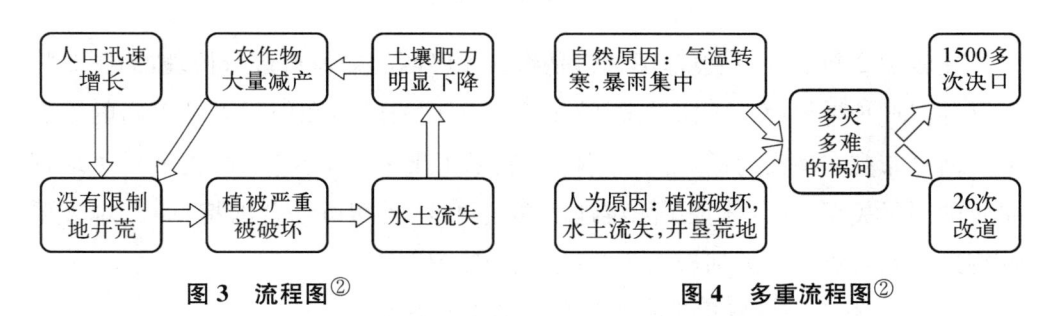

图 3　流程图[②]　　　　　　图 4　多重流程图[②]

兰青[③]在引用 Marjann Kalehoff Ball[④] 的文章时指出,思维地图有五种特征：统一性、扩展性、灵活性、整合性和反思性。其中,灵活性是指教学中可以使用不同的方法组合这些图形。而整合性是指教学中可以灵活整合所有的思维图形,帮助完成复杂的需要多步解决的学习过程。

基于以上思维地图的特征,笔者尝试把"起泡图"或"双起泡图"与"多重流程图"进行"结合"形成"复合流程图"(如图 5 所示),尝试应用于地理教学中,提高学生的综合思维能力。

---

① 张婧婧,孙明霞.思维导图在初中地理复习教学中的应用探究[J].地理教学,2015(20)：39-42.
② 吴欢欢.例谈几种常用思维导图在小学语文阅读教学中的应用[J].新课程(小学),2018,10：122-123.
③ 兰青.思维地图在探究式教学中的应用研究[D].上海：上海师范大学,2008：5.
④ Marjann Kalehoff Ball. The Effects of Thinking Maps on Reading Scores of Traditional and Nontraditional College Students[D]. University of Southern Mississippi, 1998：50-58.

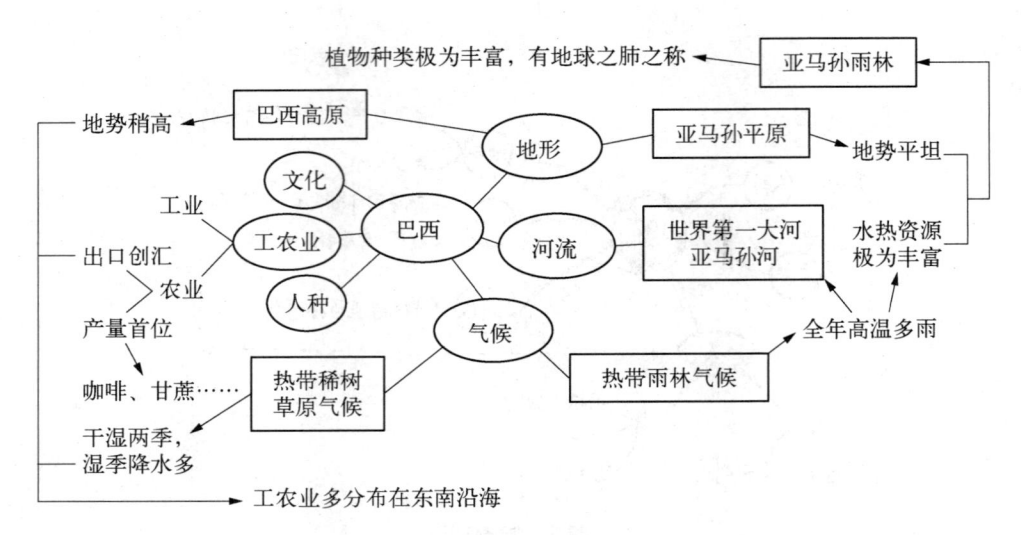

图 5　复合流程图

比较图 2 与图 5 可发现,图 2 只是将有关巴西的知识点进行梳理,而图 5 将亚马孙河成为世界第一大河的原因、亚马孙雨林的成因和作用以及巴西的工农业为何分布在东南沿海的原因用"箭头"展示了出来,"箭头"的两端展示了地理事物的因果关系,充分体现了思维地图形式可变、类型可综合的特点[1]。本文要探究这种复合流程图如何应用于"专题地理复习"。

(二) 绘制复合流程图进行专题复习的理论依据

1. 关联学习

绘制复合流程图进行专题复习的理论依据是"关联学习",关联学习就是把关联主义学习观运用到日常教学的一种学习方法。关联主义[2](connectivism),也有译作"联通主义"[3]"连通主义"或"连接主义"[4],是数字时代的学习理论。关联主义学习观认为,学习就是"创建连接、形成网络的过程"[5]。

2. 关联主义学习观的启示

关联主义学习观的原则二:学习是一个将不同专业节点或信息源连接起来

---

[1] 申灵灵,罗立群.思维地图及其在美国的应用[J].上海教育科研,2008(1):58-61.
[2] [美] 西蒙斯.关联主义:数字时代的一种学习理论[J].李萍,译.全球教育展望,2005(8):9-13.
[3] 王佑镁,祝智庭.从联结主义到联通主义——学习理论的新取向[J].中国电化教育,2006,3(230):5-9.
[4] 胡壮麟.谈 Siemens 的连接主义[J].外语电化教学,2008,9(123):3-9.
[5] 钟志贤,王水平,邱婷.终身学习能力:关联主义视角[J].中国远程教育,2009(4):34-38.

的过程。进行专题复习的"专题"可以作为原则二所言的"专业节点"。要将这些信息源连接起来,这些专题之间要有关系,常见的关系类别有递进关系、包含关系、因果关系、并列关系。

关联主义学习观的原则五:促进持续学习需要培养和维持各种连接[①],包含关系和因果关系的连接性能最好,可以实现原则五。我们可以将看似并列的"专题"通过各自包含的"子题"也就是分支"节点"之间建立因果关系,达到连接的目的。也就是说各个"专题"以及"子题"都作为关联主义学习观中不同的"节点"存在。

三、复合流程图在地理专题复习中的流程与应用

(一)复合流程图应用流程

1. 选择复习专题作为"中心节点"

沪教版《地理》教材设置了地形、气候、河湖等自然地理特征以及人口、人种、宗教和环境等人文地理特征的内容,这些内容都可以作为复习的主题。选择"河流"这个专题进行复习,我们可以把影响河流的气候和地形等相关要素联系起来,形成复合流程图,在此过程中发现学生对相关知识的掌握程度,及时查漏补缺。

2. 确定与专题相关的地理事象作为新的专题(节点)

与"河流"并列的节点有"方向""地势""气候",它们可以作为新的"节点"进行展开复习。在初中阶段,学生接触到的河流自然要素有"流向""流量""结冰期""含沙量"等,还有课堂新增节点"河段",这些就是河流这个"中心节点"(专题)的分支节点(子题),其他节点比如,"气候"节点的分支节点"降水"与河流节点的分支节点"流量"为因果关系。而河流的分支节点"流向"同样是"方向"的分支节点,并与"河流"并列节点"地势"形成因果关系。通过这样的因果关系,实现了关联主义学习观的原则五:促进持续学习需要培养和维持各种连接。

(二)复习内容分析

教学内容分析:河流的知识点分散在六、七年级四册《地理》教材中,在七年级《地理》复习过程中有必要作为专题将其进行梳理。

学生分析:综合分析问题的能力还有待加强。

---

① [美]西蒙斯.关联主义:数字时代的一种学习理论[J].李萍,译.全球教育展望,2005(8):9-13.

(三) 教学设计

教学目标：说出河流的主要要素；说出地形、气候等如何影响河流要素；在绘制复合流程图的过程中，逐步掌握综合分析地理事物的方法。

教学难点：说出地形、气候等如何影响河流要素；在绘制复合流程图的过程中，逐步掌握综合分析地理事物的方法。

教学概况：详见表1。

表1 "河流"专题复习课教学概况

教学环节		活动设计	设计意图
说出河流要素		① 在教师的引导下，学生回忆河流的有关要素。 ② 将河流作为"中心节点"，河流的要素作为"分支节点"绘制在复习本上。	通过回忆，学生将学过的河流要素梳理出来，是专题复习的第一步。
说出影响河流的自然要素		① 在教师的引导下，学生回忆影响河流的自然要素，并简要说出这些自然要素对河流的影响。 ② 将这些自然要素作为河流的"分支节点"绘制在复习本上。	学生把学过的影响河流的自然要素进行简单的梳理，对于这些要素如何影响河流要做到心中有底。绘制方法则由学生自己把握。
具体分析各要素之间的关系	地势	① 说出判断流向的方法。 ② 思考流向与地势的关系。 ③ 根据河流的流向判断亚洲地势特点和中国地势特点。 ④ 根据因果关系将结论绘制在复习本上。	在地图中，根据河流水文特征，河流线条源头细入海(湖)口粗，可大致判断河流流向。一般通过河流的流向来判断局部地势高低。
	方向	① 说出除河流有流向外，曾经学过哪些地理事物的方向。 ② 绘制"风杆风尾"风向标、箭头风向标，写出所表示的具体风向。 ③ 绘制"山脉"写出所绘制山脉的走向。 ④ 根据因果关系将结论绘制在复习本上。 ⑤ 例题检测。	复习完方向的一个分支"流向"后，不妨把"风向""走向"也复习一下，这样既体现了起泡图的发散性，也完善了"关联主义原则五：促进持续学习需要培养和维持各种连接"，例题里有经纬网，恰到好处地复习了"经纬网判断方向"。

续表

教学环节		活动设计	设计意图
具体分析各要素之间的关系	气候	① 说出影响河流流量的主要因素。 ② 从10种常见的气候类型中，找出全年多雨和全年少雨的气候类型，并分析这些气候区的河流特点。 ③ 分析中国外流区的河流汛期在夏季的主要原因。 ④ 思考含沙量与降水量的关系。 ⑤ 思考结冰期与气温的关系。 ⑥ 根据因果关系将结论绘制在空白复习本上。 ⑦ 例题检测。	河流就是所流经地区"气候"的缩影，运用气候图表分析气候与河流的"流量""汛期""含沙量""结冰期"的关系，实现了"关联主义原则二：学习是一个将不同专业节点或信息源连接起来的过程"。由节点"河流"连接了节点"气候"，以此达到触类旁通的复习目的。

值得一提的是，河流的分支节点"河段"是在河流复合流程图基本绘制完成后又加上的。河段，就是河流分段，专题复习即将结束时，教师发现学生对"河段"这个知识点已经淡忘了，我们就在原来的河流复合流程图中，加上了"河段"这个节点，并比较长江和黄河"上、中、下游"河段的异同（如图6所示）。这也充分展示了运用复合流程图进行复习的优势，可以随时补充"节点"完善复习网络。

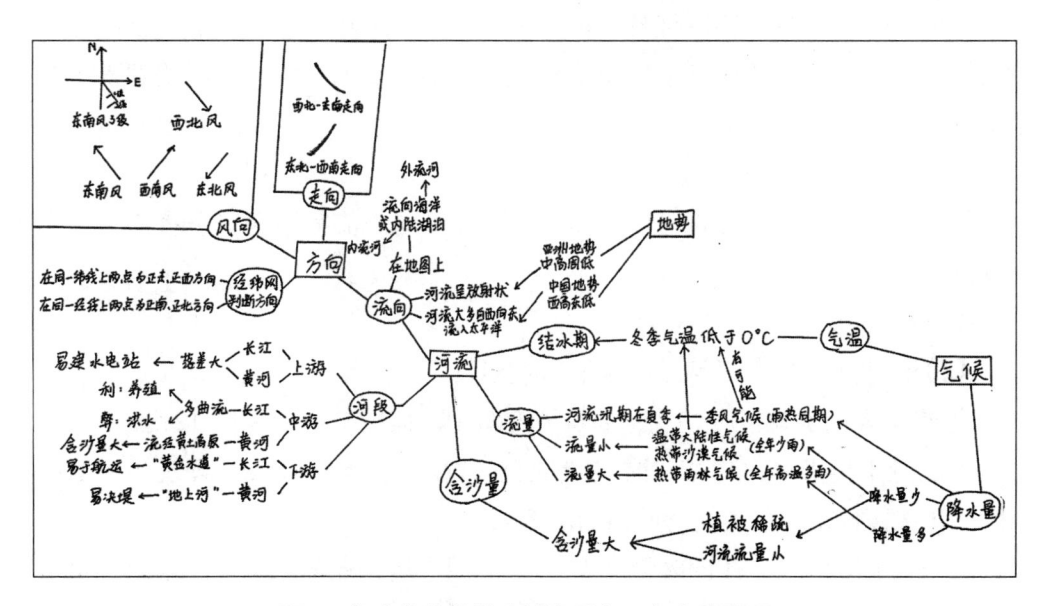

图6 师生共绘的"河流"专题复习复合流程图

(四)师生共同绘制的初中地理专题复习复合流程图

本幅图的中心节点为"河流",与河流处于相同地位的"方向""地势""气候"节点都以矩形框标注。分支节点均以椭圆框标注,再向下一级的节点则直接书写。节点与节点之间是分支或包含关系的用直线连接,有因果关系的则用箭头连接,由"因"指向"果",充分体现了流程图的优势。

四、研究效果分析

(一)复合流程图对学生综合思维能力的培养

学生在教师的引导下,首先对"河流""气候""地形地势"等自然地理要素各自包含的子要素进行分解。这一步,用到了思维地图"起泡图"的发散功能,然后再通过因果关系将子要素进行连接,这一步用到了思维地图中"多重流程图"因果推理的功能。最后,学生把这些要素梳理清楚,并用复合流程图的形式绘制出来。这种层层递进的梳理,展现了学生思维由分析到综合的过程。

专题复习是抽象的,"河流"虽然作为其中的一个重要的中心节点,把其他要素有机地联系了起来,但这里所指的"河流"并不是具体的某条河流,学生在专题复习的过程中一步步地分析再到综合,绘制出相应的复合流程图,如果再遇到具体的某条河流,在进行流域特征的分析时,就会游刃有余。当学生尝试用这种学习策略,对其他的地理事项也进行分析综合再绘图,复习就可达到事半功倍的效果。

(二)SPSS 数据分析

运用"配对样本 T 检验"分析专题复习前后,同一流程图题得分率有无显著性差异。

1. 检验试题

【2019 地理学业考试第三大题第(3)小题】

近年来人们发现"斗水七沙"的黄河变清了。读图 7 请回答:(12 分)

(3)近十年来,黄河的年均输沙量明显减少。将下列代表地理现象的数码填入相应框内,完成黄河变清原因的示意图。

① 保持水土　② 泥沙含量减少　③ 流域内退耕还林还草　④ 调水控沙

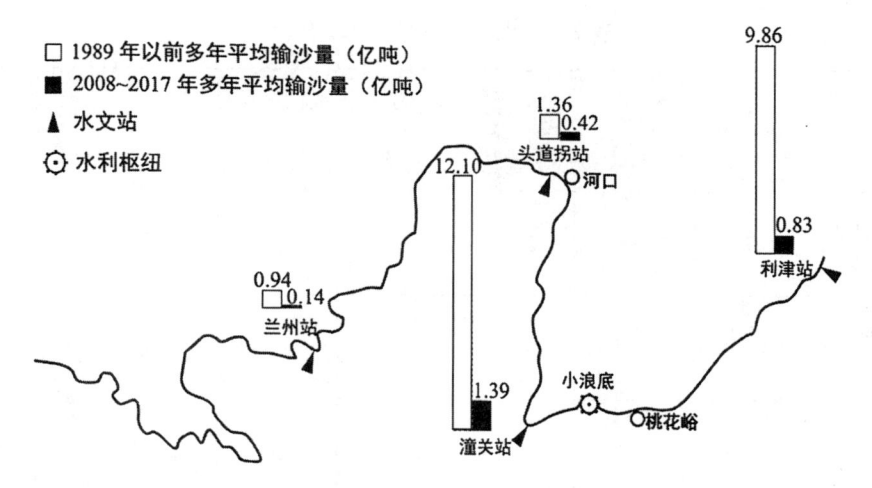

图 7 黄河干流部分水文站不同年份输沙量比较示意图

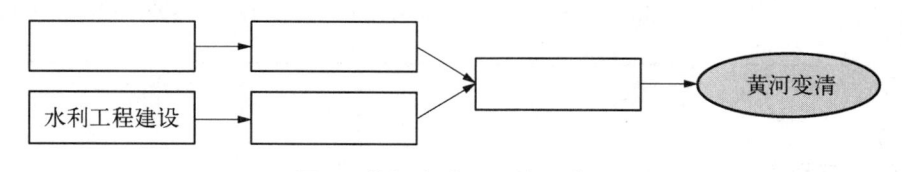

图 8 黄河变清原因的示意图

2. 检验过程分析

(1) 试题选择。选择实验测试的试题选自 2019 年地理学业考试,典型性和可信度较高。试题中有可以作为测试的河流流程图题,与本文研究内容较为相近。测试试题在七年级第一学期期末考试作为前测,在七年级学业考试专题复习后作为后测,运用 SPSS25 完成配对样本检验。检验试题的第(3)小题有四个空,每空 1 分,共 4 分。

(2) 学生样本选择。选择教授的七年级 3—6 班的学生进行配对样本检验。根据表 2"自由度"显示前测后测都参加的学生,四个班级分别是 32 人、29 人、27 人、34 人。

(3) 配对样本检验分析

根据表 2 所示,Sig.(双尾)数据显示,七 3 前测-七 3 后测值 $p3 = 0.001$,七 4 前测-七 4 后测值 $p4 = 0.038$,七 5 前测-七 5 后测值 $p5 = 0.034$,七 6 前测-七 6 后测值 $p6 = 0.018$。可以看出:$p3<0.05$、$p4<0.05$、$p5<0.05$、$p6<0.05$,四个班级前测和后测差异都很显著,说明在运用复合流程图进行复习后取得了良好的效果。

表 2　流程图策略配对样本检验

	平均值	标准偏差	配对差值标准误差平均值	差值95%置信区间 下限	差值95%置信区间 上限	t	自由度/人	Sig.（双尾）
七3前测-七3后测	-0.757 58	1.199 75	0.208 85	-1.182 99	-0.332 16	-3.627	32	0.001
七4前测-七4后测	-0.700 00	1.764 59	0.322 17	-1.358 91	-0.041 09	-2.173	29	0.038
七5前测-七5后测	-0.750 00	1.776 91	0.335 80	-1.439 01	-0.060 99	-2.233	27	0.034
七6前测-七6后测	-0.571 43	1.356 59	0.229 31	-1.037 43	-0.105 42	-2.492	34	0.018

五、总结与反思

在本案例中，通过运用复合流程图完成了七年级地理的专题复习，效果良好。在应用复合流程图进行复习的过程中，笔者选择对部分学生进行了访谈。受访的学生认为，在绘制复合流程图的过程中理清了复习的思路，增加了看问题的角度，从而提高了复习效率。但在专题复习过程中，也存在极少数基础差的学生只知埋头绘图没有时间思考的情况。由此笔者对应用复合流程图开展初中地理教学进行总结和反思。

（一）总结

1. 复合流程图可以提高学生的复习兴趣。要想提高学生的复习兴趣，就要改变"热剩饭"式的复习方式，学生动手绘图，把知识点"画"出来，再按照"知识点"（就是文中所言"节点"）之间的关系用线或箭头连接，逐渐形成一个知识网络。在课堂上学生忙着找"节点"，忙着梳理各"节点"之间的关系，有了兴趣，一切也就水到渠成了。

2. 复合流程图可以提高学生综合分析问题的能力。由这张"河流"专题复习的复合流程图，很容易理清复习脉络，打开学生思路，为下一个专题的复习打下基础。也可以打破思维范式，以任何专题开始展开发散思维，进行"复合流程图"

的绘制,这样的复习过程,不但能提高学生的学业水平,更为学生综合思维能力的发展奠定基础。

3. 充实了"关联主义学习观"在线下教学中的案例。"关联主义学习观"一般应用于网络教学中,而应用复合流程图进行初中地理的复习,丰富了"关联主义学习观"在线下教学的案例,促进了关联主义学习理论的发展。

(二)反思

复合流程图被应用于专题复习中,是以应用于日常地理教学为基础的。学生的综合思维核心素养也是要在发展"区域认知"核心素养的同时,逐渐发展起来的。在以后的地理教学中,笔者会着力引导学生从感兴趣的区域开始,把该区域的各地理要素梳理清楚,分小组修改展示,逐渐形成通过绘图来解决实际问题的思路。这样到了专题复习阶段,学生把已经学会的方法拓展应用,组内查漏补缺,组间竞争评比,班级内逐渐形成合作共赢的"学习共同体",相信会比师生共绘的效果更好。

一般观念引领的章起始课教学探析
——以"实数的概念"为例

上海市沪新中学　王文文

【摘要】 一般观念引领的章起始课教学，可以让学生明白知识的发生发展过程。以"实数的概念"章起始课的教学为例，类比有理数的研究路径，以数系扩充的基本思想和原则为指导展开实数的学习，从单元整体教学的角度思考，使学生对于为什么学、学什么、怎么学有一个整体的认识，为整个单元教学奠定基础。

【关键词】 一般观念　章起始课教学　实数

教育的终极目标是育人，数学育人的核心是培养学生的思维能力[1]。在面对思维复杂度较高的问题时，学生的典型表现是冥思苦想不得其解，一经提示又恍然大悟，造成这种现象的原因是学生缺少系统性的思维体系。这种系统性的思维方法和策略的提升是需要在长期的实践中一以贯之地重复思考应用内化而形成的一种"慢生长"的过程。一般观念是发展学生思维能力的有效手段。教师运用一般观念指导教学，有助于学生系统化思维方式的培养。下面我们以"实数的概念"为例，阐明如何实施一般观念引领的章起始课教学。

一、核心概念界定

1. 何为一般观念？所谓一般观念，指的是与核心概念和理论相关的研究问题的一般"套路"[2]，是对数学学习和研究具有广泛、持久、深刻影响的基本数学思想方法和基本思维策略[3]。无论是在代数领域还是在几何领域中，研究的对象千变万化，但是研究的内容和方法是一以贯之的，也是可迁移的，正所谓"研究对象在变，研究套路在变，思想方法不变"。如研究"有理数"，就要研究有理数的

---

[1] 章建跃.章建跃数学教育随想录[M].杭州：浙江教育出版社，2017：13.
[2] 王万丰,周孝辉.用一般观念引领章起始课教学[J].中国数学教育，2022,5(261)：28.
[3] 李昌官.用一般观念引领数学教学[J].中国数学教育，2022,5(262)：24.

背景、概念及相关概念、性质、运算、应用,有理数的研究内容、路径、过程和方法具有一般意义,这种思维策略和方法可以迁移到实数、复数之中,也可以迁移到代数式的研究之中。

2. 何为章起始课？章起始课一般包括"章引言"和"新知"两部分,在章引言中蕴含了三个问题：为什么学、学什么、怎么学。这些体现了数学知识学习的整体思路。一般观念下的章起始课教学可以帮助学生用整体的视角初步建立本章的内容框架,让学生了解知识的来龙去脉,掌握数学研究的基本思路和方法,实现对内容的整体建构,学会用数学的思维思考。

二、一般观念下的实数章起始课研究的思考

一般观念的形成和发展,需要通过日积月累的数学学习和应用才能实现。实数的章起始课,蕴含着浓厚的数学思想方法与文化,既是数系的进一步扩充,也是后续学习函数、方程、不等式和三角函数比以及高中复数学习的知识基础,在教学中,教师应注重将"研究一个数学新对象"的一般观念渗透和落实到教学的各环节中。那么我们如何运用一般观念设计实数概念的章起始课呢？其实,研究实数的基本思路、内容和方法与有理数的研究是一致的,所以在教学中可充分发挥有理数先行组织者的作用,为实数的学习奠定基础。

为了更好地运用一般观念引领实数的学习,在有理数的章复习课中,教师应注重引导学生积累研究问题的经验,如通过对有理数一章的学习,我们知道数系的扩充是生产生活实际的需求和数学自身发展的需要,数系扩充的基本套路是背景—概念—性质—运算及应用,每一次的扩充都要引进新的数,引进新的数就要定义相应的运算,定义一种运算,就要研究它满足怎样的运算律,而数系扩充的基本思想就是在原来范围内成立的运算律在更大的范围内仍然成立[①]。

在实数的章起始课教学中,教师可充分利用有理数的数学活动经验,设计逻辑连贯的数学活动,让学生通过类比有理数,主动构建实数的研究路径,发展学生的核心素养。

---

① 朱先东.指向深度学习的数学整体性教学设计[J].数学教育学报,2019,10(28)：5.

三、一般观念下的"实数的概念"章起始课的教学设计

（一）先行组织，回顾经验

问题1：今天我们将研究一个新的数学对象——实数。实数的研究可以从有理数的研究中得到启发。请回顾我们研究了有理数的哪些内容，我们是按照怎样的路径展开研究的。

追问：类似地，我们应该如何展开实数的研究？

问题1设计的立意是发挥有理数先行组织者的作用，为后续类比迁移，建立新对象的研究路径奠定基础，增强思维的逻辑性和条理性。

（二）融入数学史，引入"新数"

学生在视频资料中了解数系扩充的过程，体会实际需求与数学内部的矛盾在数系扩充过程中的作用，感受人类理性思维的作用以及数与现实世界的联系。通过活动操作让学生发现"新数"，理解其几何意义，为引入"新数"奠定基础。

活动1：正方形的剪拼操作

问题2：请同学们将两个边长为1的小正方形分别沿对角线剪开，以小组为单位进行交流，如何将4个直角三角形拼成一个以小正方形的对角线为边长的大正方形？请小组代表展示讨论结果。

追问：(1) 这个新的正方形的面积是多少？设新的正方形的边长为x，你能得到什么结论？

(2) 在有理数范围内，你能不能找到一个数，使它的平方等于2？这也是希帕索斯遇到的难题。

问题3：根据已有的学习经验，你认为如何解决这个问题？

通过以上操作，以问题串的形式，将学生的思路引导到"引进一个数，使它的平方等于2"，借助积累的活动经验，让学生感受$\sqrt{2}$是面积为2的正方形的边长，是生活中真实存在的数。

活动2：探究$\sqrt{2}$的大小

教材中采用无理数的"根号型"实例引入，即通过"求解面积为2的正方形的边长"引入$\sqrt{2}$，但对无理数的概念却采用"小数型"定义，增加了学生理解的难度，类比有理数的小数型表示，切入无理数的小数型表示，使新概念的形成更加自然。

问题4：如果从小数的角度来看，有理数是可以用有限小数或者无限循环小数来表示的，那么你觉得"$\sqrt{2}$"有什么特征呢？是整数吗？是有限小数吗？你能

估算一下它的大小吗？

追问：$\sqrt{2}$肯定不是整数，那它是有限小数吗？

师生共同操作，借助计算器和数学软件计算$\sqrt{2}$的近似值，通过精确度的不断提高使小数点后位数增加，让学生初步感受$\sqrt{2}$可能不是有限小数，并且小数位上的数字呈无规律出现，可能是一个无限不循环小数。

基于学生的认知起点，先从几何意义的角度估算$\sqrt{2}$的取值范围，再借助数学软件对$\sqrt{2}$进一步估算，感受$\sqrt{2}$是一个确定的数，但是又是"超经验"的，最后引导学生课后阅读材料，了解$\sqrt{2}$不是有理数的理论证明。

（三）概念形成，类比迁移

问题5：这种新的数就是无限不循环小数，被称为无理数。你能列举一些无限不循环小数的例子吗？

问题6：我们知道，有理数可以用分数表示，类似地，无理数也可以用根号的形式表示。你还能列举一些无限不循环小数的例子吗？

追问：这样的例子你能举完吗？这说明了什么？你能总结一下无理数的特征吗？

类比有理数的分数表示，切入无理数的根号表示，引导学生体会和总结无理数的特征，进而给出实数的概念。教材中将实数的数轴表示放在12.5中，用夹逼方法估计一个无理数的大小，安排在12.2的第二课时完成，基于数系扩充的基本思路，笔者对教材的这部分内容重新进行了整合设计。运用一般观念构建实数接下来的研究路径，可以帮助学生用类比的方法研究结构相似的内容，实现方法的迁移，更好地体现了数学教学育人的功能。

问题7：根据有理数的学习经验，引进一种新的数，接下来你认为我们要研究什么问题？

追问：回顾有理数的分类方法，类似地，你觉得该怎么对实数进行分类？

问题8：我们知道，每一个有理数都能用数轴上的点表示，而实数包括有理数和无理数，你觉得如何进行实数的几何表示？

追问：你能在数轴上找到表示$\sqrt{2}$的点吗？

在一般观念的指引下，起始课中内容包含数的整体建构、无理数的引入、实数的概念、分类及表示；实数的表示、实数的相关概念（绝对值、相反数）、实数的大小比较以及数轴上两点间距离公式，则放入第二课时完成学习。而实数的表示作为起始课和第二课时的衔接内容,在起始课完成"每一个实数都可以用数轴上的一个点来表示"的学习,第二课时采用数学软件辅助的形式了解用夹逼法估计一个无理数的大小以及在数轴上对应的点的大致位置,进而得到实数与数轴上的点一一对应的结论。

(四)提出后续思路及方向

问题9:今天,我们类比有理数,初步研究了无理数、实数的概念和表示,从实数的几何表示出发,联系有理数的概念,你觉得我们接下来会研究实数的什么问题?怎么研究?留给大家课后思考。

通过回顾本节课学习路径,学生可以进一步明确研究数学对象的一般思路,联想有理数的研究路径,不仅使学生明确接下来将进一步研究实数的研究方向,同时也让学生体会到这样的研究路径和方法是具有一般性的,为今后数系的进一步扩充奠定基础。

四、一般观念引领章起始课的教学思考

(一)基于一般观念,规划研究思路

本节课是"实数"一章学习的起始课,要发挥其统领全章的作用,以章引言为线索,充分了解和分析学生原有的认知结构中是否具有与章节新知建立联系的知识生长点,以此帮助我们去寻找新知的源头。对于"实数"这一章的起始课教学,新知"实数"的生长点就是有理数的相关知识。在设计章节起始课时,我们要充分发挥先行组织者的作用。本节课中,运用一般观念引领教学,教师通过"请回顾我们研究了有理数的哪些内容?我们是按照怎样的路径展开研究的?"这一问题,引导学生对有理数的研究思路进行恰当的回顾,自主构建章起始课中实数的研究思路和方法。在教学中,教师注重一般观念的思维引领作用,可以提高学生思维的系统性和结构性。

(二)运用类比,形成同类知识的研究路径

数学家波比亚说过,类比是发现的源泉。在实数的学习中,教师可以运用类比建立有理数的研究路径和实数的研究路径之间的联系,充分运用有理数的活动经验规划实数的研究路径,比如,在学习"实数"的相关概念时,基于生活现实和数学现实,引入无理数,类比有理数的概念引入实数的概念,类比有理数的分类引入实数的分类,类比有理数的表示引入实数的表示。这种类比学习的过程,

几乎渗透在课堂的每个环节中,引导学生建立新、旧知识间的联系,经历用相同的方法研究不同数学对象的过程,积累数学活动经验。

(三)追根溯源,实现数学教学的育人功能

课堂教学如何体现育人功能？其关键在于提高课堂教学的思想性[1],挖掘数学知识蕴含的价值观资源,提高课堂教学的立意。教学立意取决于教师对数学的理解。章建跃博士认为,理解数学是教好数学的关键。杨乐院士认为,教好数学取决于教师的数学水平。卜以楼认为,数学水平是数学教师对数学高位的理解,也是对数学本质、数学精神和数学文化的深刻的诠释[2]。实数章起始课中蕴含丰富的思想和文化,融入数学史的数学教学对于激发学生的数学情感、认识数学的价值作用很大。因此,在课堂教学中,教师从数系扩充的一般思路出发,恰当地展现数学概念的产生背景,通过正方形的剪拼活动重塑古希腊毕达哥拉斯学派弟子希帕索斯的发现,让学生经历观察、操作、分析、交流、归纳等数学活动,再"创造"无理数的出现,潜移默化中培养学生的符号意识,发展学生的数感。

本节课的教学,是在一般观念指引下的起始课教学,遵循学生的认知规律,以数学概念的内在逻辑为线索,规划研究思路,引导学生思考,通过活动探究的方式启发学生主动观察、合理猜想、合作交流,经历了知识探索的过程。教师在教学过程中应注重一般观念的思维引领作用,使学生掌握运用一般观念研究问题的思维方式,体会数学研究的思想和方法,以达到发展核心素养的育人目标。

---

[1] 章建跃.章建跃数学教育随想录[M].杭州:浙江教育出版社,2017:695.
[2] 卜以楼.生长数学:卜以楼初中数学教学主张[M].陕西:陕西师范大学出版社,2020:11.

优化数学教学情境　提升课堂活力
——小学数学课堂教学情境创设的研究

上海市浦东新区王港小学　杨浩欢

【摘要】在小学数学课堂教学中，教学情境的创设，在数学课堂中起着十分重要的引导作用。本文从多角度探讨在数学课堂中如何进一步优化数学情境，激发学生的数学思维，搭建数学与生活的桥梁，让数学富有人情味，从而激活课堂的教学效能。

【关键词】小学数学　课堂活力　优化情境

"双减"背景下，减负的同时，如何提高课堂教学效能值得我们深思。提高课堂教学有多种途径，但是笔者认为如何设置有效的数学情境，提高课堂教学质量尤为重要。教师要重视情境创设，营造积极的教学氛围和有利于学生健康成长的教学环境，从而激发学生的内生动力。注重启发式、互动式、探究式教学，引导学生主动思考、积极提问、自主探究，才能真正提高课堂教学实效。良好的情境创设要紧扣上课主题，激发学生探究知识的兴趣，为接下来的课堂学习做重要的铺垫，从而提高整节数学课的课堂教学效能。

一、数学课堂教学中"情境创设"环节中存在的问题

情境创设对于课堂教学和学习效果有重要的影响，好的情境教学对于学生课堂的表现有着积极的推动作用。但是，教师在课堂教学情境创设中，往往存在一些问题。只有解决这些问题，才能有效优化教学情境创设。以我班为例，在优化情境教学之前，笔者对课堂上学生举手发言积极性做了调查（如图1所示）。

可以看到，在情境教学优化之前，学生的课堂学习表现还是存在着一些问题。一成不变的情境引导，并不能有效激发课堂的学习效能。目前在小学数学课堂中，情境创设环节存在着以下明显的问题。

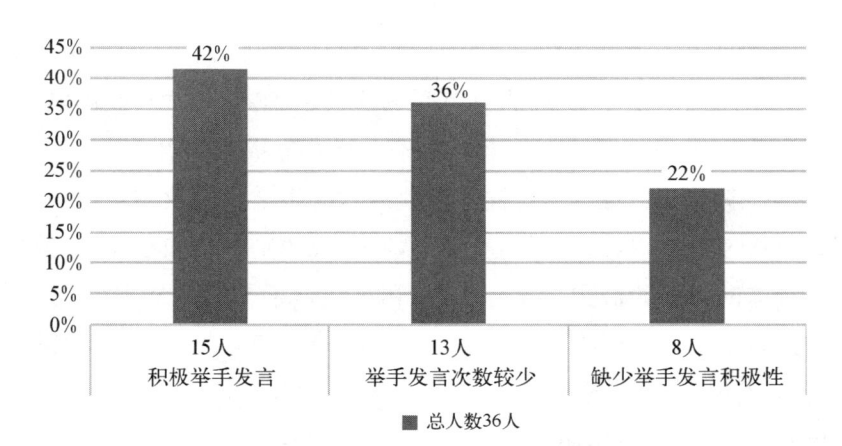

[图表：柱状图，纵轴0%—45%，横轴三类学生]
- 15人 积极举手发言 42%
- 13人 举手发言次数较少 36%
- 8人 缺少举手发言积极性 22%
- 总人数36人

图1 数学课堂学生发言积极性调查

(一) 方式单一, 缺乏新意

以往的情境创设方式比较枯燥、单调, 对于学生来说, 长时间地接触固有的引导方式, 没有起到抓住学生求知欲、探索欲的作用。久而久之, 学生会对课堂感到乏味, 从而使得后面的学习内容无法调动学生积极的学习兴趣, 这样对后续的学习无法起到巩固提升的作用, 降低了课堂学习效率。

(二) 内容空泛, 偏离主题

在设置教学情境时, 有时为了课堂效果而采用一些较为活泼有趣的内容, 来吸引学生的目光、激发学生的学习兴趣, 但这些情境与这节课所要学习的主题关联并不大, 有时反而脱离了课堂主旨, 本末倒置了, 导致学生分不清这节课到底要教什么, 中心内容是什么, 无法与学习主题产生共鸣。

(三) 问题模糊, 缺乏明确的指向性

在创设情境时, 教师一般会问: "通过观察, 你发现了什么？"这时候学生可能就会一头雾水, 摸不着头脑, 从而导致课堂氛围暂时地出现"冷场", 因为学生不清楚到底该回答什么, 会猜想教师问的是发现了哪些新的知识点？还是知识点之间存在的规律？又或者是新旧知识的关联？抑或是其中存在的问题？等等。因此, 数学课堂中的提问若没有明确的指向性, 就无法激发课堂教学的活力。

二、优化数学情境, 提升课堂活力的具体策略

(一) 细化问题, 明确方向, 引导学生多维度思考

在情境创设时, 教师首先要对将要提问的具体问题做一个细化的准备, 要让

学生在第一时间明白,教师提出的问题指向的是什么内容。在情境引入时,教师提问时的引导方式是非常重要的,具体问题要结合具体的情境,提出紧紧围绕上课主题内容的问题,不偏离主旨,让学生有一个明确、清晰的思考方向,为后续的学习环节打好基础、做好铺垫,这样才能使课堂的教学更高效。

例如,在《工作效率》这节课的教学中,我创设的是小巧和小亚比赛做手工的情境。通过借助表格的形式,罗列出小巧和小亚做手工时的基本信息:工作量、工作时间以及单位时间内完成的工作量。学生通过观察、对比,知道要计算出他们每小时、每分钟、每天等完成的工作量,这就是工作效率。

在提问的时候,如果按照"通过观察表格,你发现了什么?"这样的方式提问,就比较模糊,学生不清楚提问的指向。因此,我会采用具体的横向、纵向方式来提问:"通过观察表格内的数学信息,你能给'每一列'的项目取个名称吗?"(纵向观察得出名称:工作量;工作时间;每小时、每分钟、每天等完成的工作量——引出工作效率的概念),进而追问"观察'每一行'的数据,你发现这三者之间存在着怎样的数量关系?"(横向观察:得出工作量;工作时间;工作效率之间的数量关系)这样学生就明白了回答问题的具体方向。具体如图2、图3所示。

人员名字	工作量	工作时间	工作效率
小巧	16个	2分钟	每分钟做8个
小亚	18个	2分钟	每分钟做9个
小巧	24盒	2天	每天做 12盒
小亚	24盒	3天	每天做 8盒
小巧	28只	4小时	每小时做 7只
小亚	56只	8小时	每小时做 7只

每小时(每分、每天等)完成的工作量叫作工作效率。

图2 《工作效率》教学环节(纵向观察)

(二)直奔主题,教学环环相扣

数学课堂的情境引入,要紧紧围绕本节课的学习内容,省去一些烦冗复杂的描述。直奔主题的引入方式,更能有效激发学生的学习思维。

例如,在《梯形的认识》这节课的教学中,我是这样引入的:课件出示三组不同的三角形与长方形(如图4所示),学生观察图形的同时,回忆以前学习过的三角形和长方形的特征。这一过程中,多媒体同步演示三角形与长方形的叠放过

人员名字	工作量	工作时间	工作效率
小巧	16个	2分钟	每分钟做8个
小亚	18个	2分钟	每分钟做9个
小巧	24盒	2天	每天做 12盒
小亚	24盒	3天	每天做 8盒
小巧	28只	4小时	每小时做7只
小亚	56只	8小时	每小时做7只

每小时(每分、每天等)完成的工作量叫作**工作效率**。

图3 《工作效率》教学环节(横向观察)

只有一组对边互相平行的四边形叫作梯形。

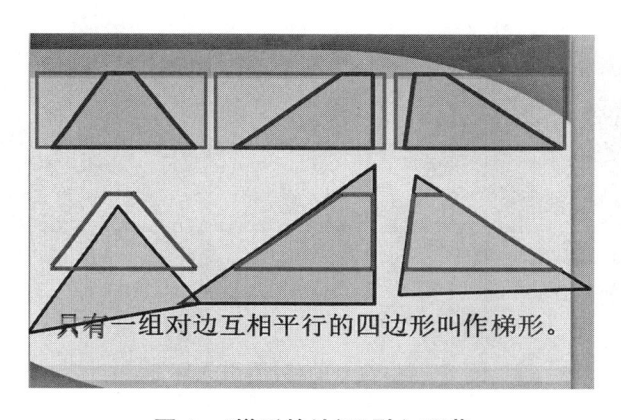

图4 《梯形的认识》引入环节

程,以此逐步来理解梯形的形成过程,从而得出"梯形"的概念:只有一组对边互相平行的四边形叫作梯形。

这一情境的引入,我采用纯数学化的情境引导方式,直接明了,不掺杂其他和主题无关的内容,紧扣本节课的主旨"梯形",每一步的演示都环环相扣,学生能直观地从课件展现动画的过程中,通过寻找物体的特征,自主总结出梯形的特性,从而提炼出梯形的含义,激活了学生的学习兴趣,学生体验到了自主探索→收获知识的喜悦。这样既能通过数学情境达到好的教学效果,还能让数学课堂更富科学性、更有数学味。

(三)巧妙设疑,引导学生求疑、释疑

在引入时,给予学生充分的时间思考,引导学生观察所给的情境,发现其中的矛盾点。质疑能激发学生的探究欲、求知欲,让学生懂得思考"为什么"——发现并提出问题,同时,逐渐引导其求疑——探索解决方案,最后释疑——收获知识、得出结论。

例如,在《小数点的移动》这节课的教学中,我创设的情境是这样的:课件出示茶杯蛋糕的价格为0.1元/只,这时,教师引导学生思考这个价格有没有问题?学生质疑:"价格不合理,一只茶杯蛋糕不可能只有0.1元。"学生积极讨论将数据如何改变,才能使价格合理,从而知道要把0.1乘10,引出本节课的主题——小数点移动,继而探索小数点移动的具体方法。在数学课堂教学中,教师不仅要帮助学生解惑,同时设置疑问也很重要,质疑能启发学生思辨,充分发挥学生的主体能动性,活跃课堂思维。(如图5所示)

图5 《小数点的移动》引入环节

(四)联系实际,搭建数学与生活的桥梁

生活中有着丰富的数学现象,生活中的趣事往往很容易吸引学生们的注意力,给学生留下深刻的印象,从而有助于学生理解和吸收数学知识。数学来源于生活又要融于生活,引入的生活情境,既要与生活息息相关,也要切合主题。

例如,在《线段、射线、直线》这节课的教学中,我是这样引入情境的:课件演示从我们王港小学到川沙公园的距离是8千米;地球和月球的距离是380 000千米——引出学生已经学过的关于线段的知识,学生回忆线段的特征。课件进一步演示,将线段的一端或两端无限延长,引导学生思考、探究射线和直线的含义,也就是本节课的主旨。

这一过程中,通过媒体演示同学们熟知的线路图(如图6所示),抓住了学生的思维与兴趣,进而让学生探究、思考线段、射线、直线之间的异同点,就会更顺利。学生有了生活实践经验,对后续的学习就会更有探究欲,课堂也会更有活力。通过创设生活化的情境,使数学课堂和学生平时的生活产生共鸣,体现数学与我们的生活息息相关,学生的课堂学习效率也会随之提高。

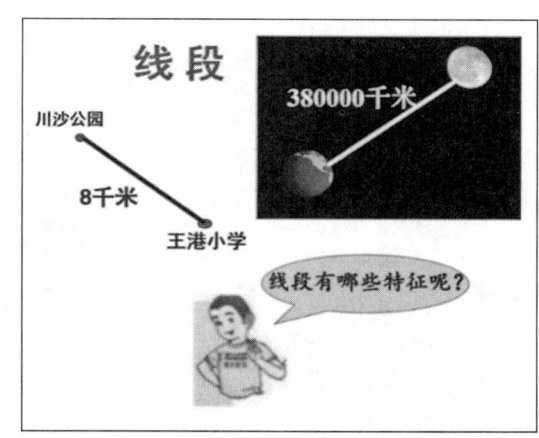

图6 《线段、射线、直线》教学环节

(五)包容试错,翻转情境设计,探索解决问题办法

试错,就是让学生自主尝试用各种不同的方法,去探索如何解决问题。教师在引入情境时,有时不一定要急于求成、得出答案,相反,如果给予学生充分的试错时间去尝试、去探究,效果反而会事半功倍。

例如,在《圆的初步认识》这堂课的引入环节,首先,通过课件展示圆规的各零件部分,以及我录制的画圆视频,学生认识圆规。

这时,我不同于以往按部就班的教学方式,而是开门见山,鼓励学生自主尝试第一次画圆。在这个过程中,我给予学生试错的时间,同时指导学生初步体会如何画圆,并且请成功的同学分享自己的经验;在此基础上,学生首次总结画圆的方法,并尝试第二次画圆,其实在第二次画圆的过程中,大部分学生在已经得知了画圆的步骤及关键的基础上,能正确地画出圆;最后学生通过总结经验,进行第三次画圆,这时候所有学生都能够完整、自主地画出圆,并且知道了如何确定圆心和半径。学生亲历三次画圆,丰富了动手操作的体验。

通过这样的引入方式,学生经历了"试错→自主探究→总结经验"的过程,学会了画圆,加深了对于圆的认识。因此,教师在设置教学情境的时候,可以适当地放手让学生不断尝试,去发现问题,去寻找解决问题的方案。学生在这个过程中,体会到自主完成学习活动并获得成功的喜悦,感受到学习数学的乐趣。这样学到的知识对于他们来说印象更深刻,而这样的课堂也更富有活力,学生的学习效率也更高了。综合学生三次画圆的情况,我做成统计图表,如图7所示。

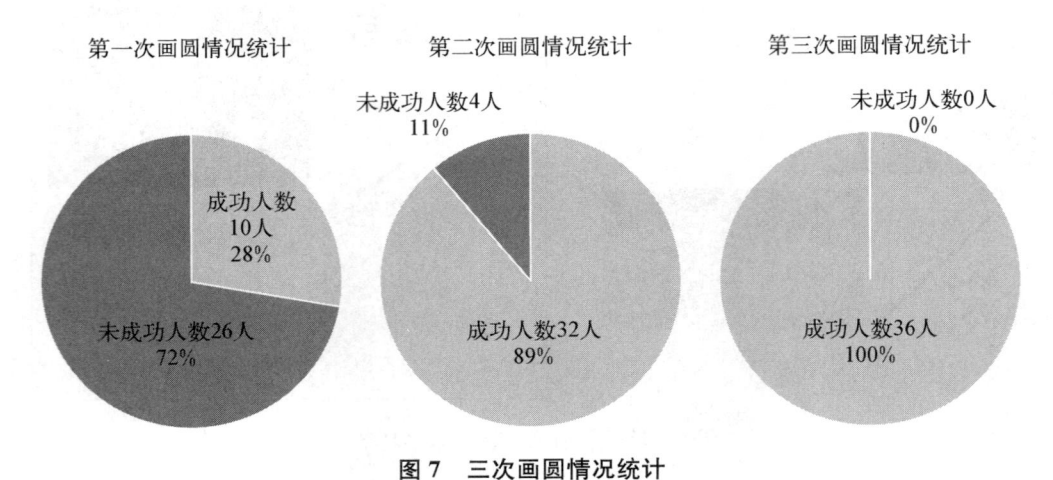

第一次画圆情况统计　　　第二次画圆情况统计　　　第三次画圆情况统计

未成功人数26人 72%　成功人数10人 28%

未成功人数4人 11%　成功人数32人 89%

未成功人数0人 0%　成功人数36人 100%

图7　三次画圆情况统计

三次画圆的教学环节如下:

1. 鼓励学生第一次尝试画圆:

(1) 自由发言:画圆用什么工具?怎么画?

(2) 认识圆规,了解圆规各部分名称:手柄、针尖脚、笔尖脚。

(3) 学生尝试第一次画圆。

【第一次画圆后,发现学生出现的问题有:① 握圆规的手势不太规范,有的小朋友画圆时手指碰到了圆规的脚,造成圆规的半径发生变化;② 画圆时重心不在针尖脚,导致圆心位置偏移;③ 画圆时的起点位置不理想,导致圆规绕一周转动时手腕转不过来。】

【部分学生已经具有画圆的生活经验,因此在这时,请画成功的同学分享经验:画圆时要注意什么?拿圆规时要注意什么?】

学生总结:① 画圆时手捏住圆规的顶部,不能碰到圆规的脚。

② 圆规两脚之间的距离不能变化。

③ 重心在针尖脚上。

④ 起点在5点位置较为方便。

视频欣赏:画圆1。

2. 第二次画圆：

(1) 通过刚才对画圆过程的探讨，小结画圆的几个步骤。

① 确定一个点——定点。

② 调整圆规两脚间的距离为 2 cm 来画一个圆——定长。

③ 手捏住圆规的手柄，略微倾斜地旋转一周。

【此时，引导、鼓励学生动手尝试第二次画圆。画圆时指导学生注意拿圆规的技巧，用略微倾斜的手势更方便。】

【大部分学生已经能完整画出一个圆，但对于圆的各部分名称还不熟悉。因此接下来引导学生探究圆的一些相关知识。】

(2) 认识圆心、半径：

① 定点称作圆心，通常用 O 表示。

② 圆上任取一点，与圆心连接，这段距离称作半径，用 r 表示。

③ 用尺测量你的半径：2 cm，完整写法：r = 2 cm。

(3) 学生通过观察、讨论、探究，得出结论：圆上所有的点到圆心 O 的距离都是相等的。

(4) 归纳：同一个圆内半径有无数条，长度都相等。

(5) 知识拓展：了解我国古代第一部数学专著《九章算术》中对圆的描写："圆，一中同长也"。引导学生理解这句话的含义。

3. 第三次画圆：

(1) 学生独立画一个 r = 2 cm 的圆。

(2) 观察第二次和第三次画的 2 个圆，思考为什么一个在左，一个在右？——圆心决定圆的位置。

(3) 在第三次画圆的区域，同一个圆心，画半径为 3 cm 的圆。

引导学生思考并得出结论：半径决定圆的大小。

【通过以上画圆的练习，以及对于圆的初步认识，学生知道了在画圆的过程中只有确定了圆心和半径才能画圆。在此基础上，引导学生第三次画圆，并完整标出各部分的名称。这一过程中，学生已经能完整画出圆，并正确标出圆心、半径的信息。】

(六) 寄情于境，让数学富有人情味

数学的学习，在学习知识本身的同时，如果加入一些适当的、合理的情感教育、人文关怀,就犹如锦上添花,能使学生加深对数学这门课的情感价值体验,进而从内心深处真正喜欢数学。

例如,在《计算比赛场次》这节课中,在情境引入的环节,我为同学们介绍中国女排,并且播放了中国女排在2016年里约奥运会上夺冠的情景视频(如图8所示),同学们看完激动人心的比赛场景,都被中国女排的精神深深感动和鼓舞。

2016年中国女排在里约奥运会上再次夺冠

图8 《计算比赛场次》教学情境

通过这一情境的创设,学生了解了中国女排的精神,懂得了不怕困难、不怕挫折,努力拼搏,为国争光。同学们的爱国情感得以激发,同时小朋友们也更坚定了好好学习,将来为祖国做贡献的决心!

在数学课堂教学中,我将情感教育融于情境教学,往往比直白的说教更有意义。在恰当的情境中,给予学生好的情感价值体验,学生受到鼓舞,从而产生更大的学习动力。像这样,寄情于境,学生能感受到数学不仅是理性客观的,还是富有感性魅力的。

在对情境教学进行优化后,同学们课堂上的学习动力有了明显的增强。课堂氛围比以往更活跃,学生都能积极参与课堂活动;课堂发言也变得更积极、更踊跃,主动举手的学生更多了,对于知识点有不理解的小朋友也会在课上勇于提出自己的问题;更多的小朋友愿意主动表达自己的想法、分享自己的学习成果,对问题的表述也更清晰、流畅了。对课堂情境教学优化后,我针对学生课堂表现动力再次做的一个调查表(如图9所示)也印证了这些。

小学数学课堂的情境教学,是整个课堂教学过程中的重要环节,其作用不可忽视。有效的情境创设对教学和学习内容起着关键的引导作用。因此,教师要

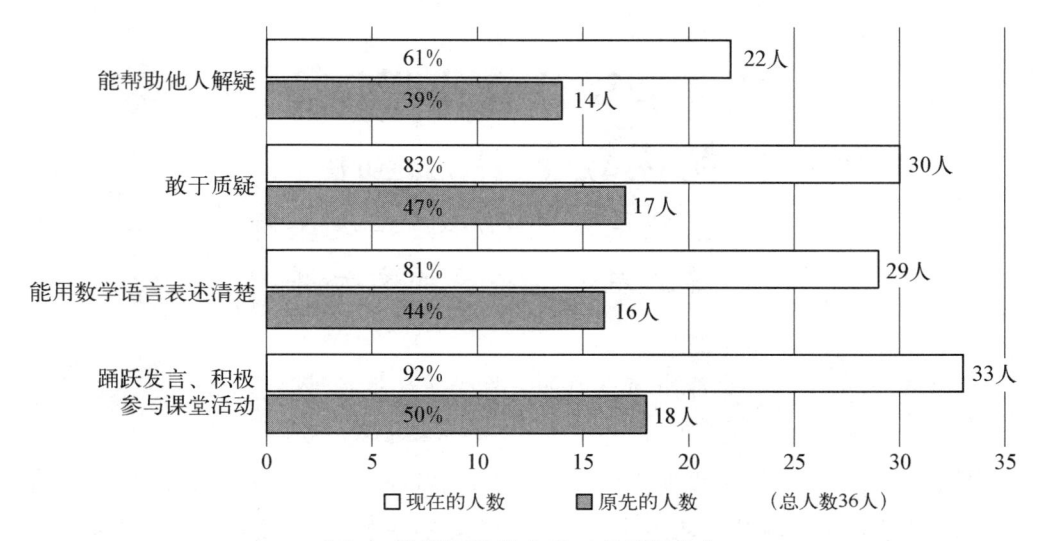

图9 数学课堂学生学习现状调查表

不断探索、学习,丰富情境教学的内容和方式,同时不断探索、吸纳新的教学理念,紧跟新课标的步伐,不断充实自己的专业知识储备,优化自己的教学设计,让数学课堂变得更精彩,为课堂注入更多的活力,为学生创造更有意义、更高效的课堂学习环境。

质疑教学法在小学语文精读教学中的运用
——以统编版《语文》四年级上册第二单元的精读课文为例

上海市浦东新区实验小学　张思婷

【摘要】 质疑教学法有利于发挥学生的主体意识,培养学生的问题思维,是一种良好的教学方法。在单元教学中,以精读课文为抓手,渗透质疑教学,引导学生质疑课本内容和写法,依托质疑氛围、教师指导、问题清单、核心问题和课后习题,激发学生的质疑兴趣和勇于提问、乐于提问和善于提问的自信心,从而提高学生的质疑能力。

【关键词】 质疑教学　精读课文　单元教学

一、研究背景

随着教学改革的不断深入,人们越来越清楚地认识到教学中要注重培养学生的自主性,激发学生勇于质疑、思考、探究的兴趣,促使学生主动地学习。因此,在学科教学中教师应充分发挥学生的主体意识,挖掘学生的思维潜能,培养学生的问题探究意识。

小学生正处于想法多、问题多,但不会表达或者缺乏一定的逻辑体系的阶段,他们的思维方式以直观思维为主,抽象思维处于待开发状态,而以问题为导向进行教学的"质疑教学法"又被多位学者视为一种良好的教学方法,可以更好地培养学生良好的学习习惯、调动参与度和提升问题意识。王英认为:"质疑教学就是要充分发挥学生的主动性和能动性,让学生自己提出疑问、分析疑问、解决疑问。"[①]高建华认为的质疑教学就是"学生结合自己的所学知识对文本产生一些疑问,或者对以往所认同的观点有所怀疑,重新提出新的见解或观

---

① 王英.质疑教学法初探[J].四川文理学院学报(教育教学研究专辑),2008(18):40-41.

点。"①胡仟镜认为:"只有学生对某方面的知识足够了解,并且具备了认真学习的态度,才能提出有效的问题。"②

而本文讨论的质疑教学法,就是教师通过精心备课和方法教授,引导学生对于课本内容和写法进行质疑,通过不同的方法收集、整理、归纳问题,由此激发学生的质疑兴趣,鼓励学生勇于提问、乐于提问和善于提问,提高学生的质疑能力。

二、研究选材

本研究所选择的课文材料来自统编版《语文》教材四年级上册第二单元,因为本单元课文的能力重点要求就是指导学生"从不同的角度去思考问题",选材主要由三篇精读课文《一个豆荚里的五粒豆》《蝙蝠和雷达》《呼风唤雨的世纪》和一篇略读课文《蝴蝶的家》组成。这几篇课文适合采用质疑教学法进行教学,是很好落实这个教学方法的材料。

那么如何采用质疑法进行精读课文的教学呢?笔者就从质疑法的教学策略开展研究,力求寻找一种可行的模式。

三、精读课文中质疑教学法的使用策略

要保证学生学习的自主性,要求学生进行能力的迁移学习,必须依托精读课文中方法的教授和训练。同样,只有在精读教学中逐步培养学生的问题意识,让学生逐渐形成提问的习惯,并教会学生怎么提问,才能在今后的阅读教学中更有效地提高学生的质疑能力,产生解决问题的学习动机并尝试解决难懂的问题,促进学生更积极、更有效地学习。

(一)依托创设的质疑氛围,鼓励学生提高信心、敢于提问

小学阶段是培养学生自信心的重要阶段。很多时候学生有一肚子的想法憋在心里,却不敢表达;抑或是表达过程中用语不当,导致自信心大减,再也不敢提问。缺乏自信心,不仅会对学生的表达造成障碍和偏差,而且会影响其他学习表现,以致产生消极的心态和自卑的心理。在语文课堂中,创设良好的质疑氛围无

---

① 高建华.小学语文教学中学生质疑能力培养的策略研究[J].教育科学论坛,2020(26):17-21.
② 胡仟镜.小学语文教学中学生质疑能力培养策略探讨[J].基础教育研究,2018(12):39-40.

疑能提升学生的兴趣,增强学生的自信心,为往后的阅读教学开个好头。因此,在精读课文中,教师可以创设不同类型的问题情境来营造课堂氛围,吸引学生的注意力,鼓励学生敢于提问。从课题入手,尝试创造一种质疑的环境,引导学生敢于表达,便于跨出质疑难关的第一步。比如在教授《夜间飞行的秘密》这篇课文时,笔者就在课堂起始设置了这样一个质疑环节:"小朋友,读了这个课题,再联系我们的生活,你会有什么疑问呢?"学生会纷纷提出很多问题:我知道生活中在夜间飞行的动物有猫头鹰、蝙蝠等,那这篇课文说的是谁在夜间飞行呢?夜间飞行会有什么秘密?难道有什么飞行的诀窍要告诉我们吗?此时学生的思路越来越开阔,问题的提出都是有实际依据的,把现实生活作为对照,能依据生活实际来提出疑问,纷纷发表了不同的看法。在良好的氛围中,学生的注意力不仅集中在课堂上,也激发了他们继续学习的积极性。如果教师针对学生提出的问题适当进行评价,给予学生一种积极的回应,激励其敢于提问,不怕出错,逐步培养学生的自信心。

(二)依托教师指导,增强学生从不同角度思考并提问的意识

有了良好的质疑氛围,如何提问就是关键。在教学中教师发现学生的问题会天马行空,时而偏离文章主题,时而过于钻牛角尖,这不仅偏离教学目标,使课堂缺乏语文味,变成了科学课,而且无法提升学生的质疑水平和能力,不能促使其进行有效的学习。这就要求教师在阅读时要指导学生从不同的角度进行思考,提出自己的问题。例如,在课文《一个豆荚里的五粒豆》的教学中,教师要注意培养学生边读边提出问题的习惯和能力,并把提出的问题按照顺序写在课文旁边,做好旁批。同时分成几个小组,让组长在组员交流的过程中整理问题,并说说从这些问题中能发现什么。学生在交流的过程中会有分析问题和对问题进行归类的意识,但是没有具体的标准。

故教师在指导学生提问时,可以提示学生从不同角度思考,并给出具体的标准,让学生可以归纳自己的问题,进而有意识地将问题分类。

1. 从内容提问

依据文章的顺序,提出相应的问题,这样就可以按问题概括出课文的主要内容了。学生能提出以下问题:"第五粒豌豆为什么像'一个囚犯'?为什么它长得却很好?这个故事让我们明白了什么?"把这些问题的解答提炼出来,就是文章的主要内容,这些就是基于文章主要内容的提问;在《呼风唤雨的世纪》这篇课文

的教学中,教师鼓励学生依据中心句进行提问:"为什么说20世纪是一个呼风唤雨的世纪呢?"解决了这个问题,就能了解文章的主要意思。

2. 从写法提问

不仅如此,还可以对课文的写法进行提问,比如在学习课文《夜间飞行的秘密》时,有学生提出了这样一个问题:"为什么课文没有具体写后两次实验?"

3. 从启示提问

我们也可以从课文中得到启示,联系生活经验提出问题,比如在课文《夜间飞行的秘密》中学生是这样提问的:"飞机在夜间安全飞行仅依靠雷达就可以吗?""人们从蝙蝠身上得到了什么启示?""蝙蝠探路的原理还可以运用在生活中的哪些地方?"解决了这些问题,学生既可以了解蝙蝠和雷达的关系,又产生了爱科学、探索科学奥秘的兴趣和初步的勇于创新的科学精神。

由此教师可以向学生归纳,学生可以从内容、写法和启示这几个方面进行提问和思考,进而产生多角度思考和提问的意识。

(三)依托问题清单,培养学生的合作精神和分析归纳能力

当学生有意识地学会从不同的角度进行提问时,教师又会发现另一个难题:学生确实是有了提问的兴趣,可是问题太多,短短的一节课无法全部解决,这该怎么办呢?有些问题不影响对课文内容的理解,有些问题可以帮助学生理解课文内容,有些问题引发学生深入思考,判断问题的价值取向,便成了重点。预习作为培养学生质疑能力的良好开端,是教师选择教学重难点,培养合作精神的切入口。在前面的教学中,教师已经引导学生总结精读课文的提问方法,掌握提问的要领,在接下去的课文阅读中进行迁移运用。此时在后面的精读课文教学前,教师可以把学生分成一个个小组,设立组长收集问题并整理成问题清单,教师和组长合作,指导学生从清单中筛选对理解课文最有帮助的问题,从内容、写法和启示这三个角度去制成问题表格。对于简单的问题,学生可以借助工具书和查阅资料来解答,难度较大的问题可以留作课堂问题进行教学。

例如,在布置预习《夜间飞行的秘密》一文时,教师可以依托这篇课文的学习任务:"读课文,提出自己的问题,再试着把问题分类,选出你认为最值得思考的几个问题。"完成这个任务,学生必须经过以下四个步骤:提出问题、分类问题、选择问题和解决问题。依据这四个方面,教师可以设计一个任务单,这份预习单的设计,必须依托单元语文要素,总结前几篇精读课文的教学方法,从"提出问

题、分类问题、选择问题"这三个角度设立题目,鼓励学生从内容、写法和启示等方面提出不同的问题,通过组长的筛选与归纳,制成问题清单,如表1所示。

表1 《夜间飞行的秘密》问题清单

内　　容	写　　法	启示/生活实际
1. 无线电波跟超声波是一样的吗？ 2. 飞机的夜间飞行和蝙蝠有什么关系？ 3. 蝙蝠是怎样用嘴和耳朵配合探路的？ 4. 蝙蝠飞行时是如何区分障碍物和它的食物的呢？	1. 为什么课文没有具体写后两次实验？ 2. 为什么课文重点写的是第一次实验呢？	1. 飞机在夜间飞行仅靠雷达就可以吗？ 2. 飞蛾、萤火虫、猫头鹰，他们在夜间活动也是靠超声波吗？ 3. 超声波在生活中还有什么用途？ 4. 雷达的发明是受到蝙蝠的启示，那生活中还有哪些发明是受到动物的启示呢？

（四）运用核心问题，构建教学设计，提升学生的表达能力

虽然问题清单的设计有利于提高学生提问的兴趣和质疑的水平，可是一课时的学习无法面面俱到，一一解决所有的问题，这就要求教师必须在备课中有所准备，首先明确本节课的教学目标，然后在学生的问题清单上进行选择，以核心问题为导向进行教学设计，加上教师自身提出的问题，构建问题链。在《呼风唤雨的世纪》这篇课文中，在交流完学生们的任务清单后，教师就以清单中的"忽如一夜春风来，千树万树梨花开"是什么意思？""20世纪的科学成就为什么可以用这句诗来形容？"这两个问题作为核心问题，进行质疑教学，如：

师：要回答这些问题，首先需要知道"忽如一夜春风来，千树万树梨花开"的意思？谁来说一说？

生："忽如一夜春风来，千树万树梨花开"就是说，忽然间好像是春风吹来，树上的雪好像是千朵万朵梨花盛开。

师：再补充一点，冬天下了一场厚厚的雪，这雪下在树枝上就像是雪白的梨花争相开放一样，而梨花一般在春天开放，所以后来经常用这句诗来形容蓬勃向上的形式。20世纪的科学成就为什么可以用这句话来形容？要想解决这个问题，我们要再读课文，看看课文写到了哪些20世纪的科学成就？他们和这句诗有什么联系？

生：学完第 4 自然段，我们知道了 20 世纪人类登上月球，潜入深海，洞察百亿光年外的天体，探索原子核世界的奥秘；20 世纪，人类发明了电视、程控电话、因特网、民航飞机、高速火车、远洋船舶等；科技还让人类居住的星球变成了联系紧密的"地球村"。

师：现在，你知道为什么 20 世纪的科学成就要用这句诗来说了吗？

生：诗句中的春风指的是现代科学技术，梨花指的是许许多多的发现和发明，20 世纪的新发现和发明给人类世界带来了翻天覆地的变化。这些变化是快速的、美好的，所以作者用这句诗来形容 20 世纪科学技术飞速发展给人们带来的美好的变化。作者用得非常恰当。

在解决问题的过程中，学生有条不紊地按照顺序解决这两个问题，从简单的诗句入手理解意思，再深入课文挖掘要素，联系课文进行回答。这样不仅增加了学生的文学底蕴，还能培养学生的表达能力。

（五）依托课后习题，巩固提问方法，提升学生的质疑能力

课后习题既是学生巩固和迁移习得的质疑方法的一个重要手段，又能在一定程度上激发学生对阅读的兴趣。在教学中，教师的教学也可以依据课后习题来设计，通过检查课后习题的完成质量，有意识地提高学生的质疑能力，为将来的阅读打下良好的积淀。在教学《夜间飞行的秘密》这篇课文时，教师就将课后习题引入课堂：

片段：马铃薯和藕不是植物的根，而是茎。它们躲在泥土里变了模样，你不要把它们认错了。这种变了模样的茎，有一个总的名称，叫作变态茎。

变态茎分好几种。马铃薯和洋姜长得肥肥胖胖，叫作块茎；荸荠、慈姑和芋头长得圆头圆脑，叫作球茎；洋葱和大蒜头，长得一瓣一瓣的，好像鳞片一样，叫作鳞茎；藕和生姜长得像根一样，就叫作根状茎。

——选自朱江的《它们是茎，还是根？》

师：请你读读上面的片段，试着从不同的角度提出问题，和同学交流。将你的问题制成一份清单，大家来比一比。

生 1：读到第 2 自然段，我想问的问题是："作者介绍变态茎的种类时，为什么要举不同的例子呢？"

师：老师听懂了，这位同学是从写法上提出问题的。还有其他角度的问题吗？

生 2：我是从局部内容提出问题的，我想知道洋姜和生姜有什么区别？

生3：我想知道变态茎还有哪些种类呢？

生4：我的问题清单如表2所示。

表2 课后习题问题清单

内　　容	写　　法	启示/生活实际
1."变态茎"这个名字很有趣，它是怎么得名的？ 2.变态茎有哪些种类？ 3.洋姜和生姜有什么区别？	1.作者介绍变态茎的种类时，为什么要举不同的例子呢？	1.生活中还有哪些属于变态茎的植物呢？ 2.那植物的根一般都长什么样子呢？

四、总结疑难问题，多元开展评价

在教学的结语阶段，教师要特别重视总结学生的疑难问题。有哪些问题是有价值的问题，在课上已经共同解决了，有哪些问题有待深入思考，需要继续研究。这既是鼓励学生继续质疑和探究学习的催化剂，也是深化学生质疑能力的途径，把课堂教学引向更深、更广的领域。

当然，在课后可以开展评一评的方式，基于小组的问题清单，教师可以运用师评和互评的方式，选出问题达人小组和问题星小组，以示鼓励。同时，针对那些有价值的问题，专门设立（精彩问题）板块，以表扬那些会提问、爱提问的孩子，促进其质疑能力的提升。

五、结语

虽然鼓励学生多提问、爱提问是培养其质疑能力的好方法，可是如何避免学生为了提问而提问，只是机械地完成一项任务，这是有待进一步商榷和研究的。当提问成了学生的枷锁和作业，我想他们的学习劲头将大打折扣，学习效率也会随之下降。

陆九渊说过："为学患无疑，疑则有进。"精读课文的教学是培养学生质疑能力的最好抓手，学生在质疑中不仅能学习到相关的语文知识和表达方式，而且能不断提升自信心，提升独立思考和发现问题的能力，为创新能力的培养打下良好的基础。

将游戏引入农村小学低年级英语课堂教学的案例研究

上海市浦东新区石笋实验小学　顾佳莉

【摘要】当前,农村小学低年级英语教学存在诸多客观实际问题,需要我们寻找适合学生学习特点的新的教学手段。本课题将游戏引入课堂教学,融游戏于英语教学过程之中,开展课堂游戏教学的案例研究。

【关键词】小学英语　游戏教学　案例研究

一、问题的提出

我执教的一年级小学生在刚刚入学开始学习英语的时候,对学习英语的热情都很高,他们在课堂上积极踊跃,在一年级上学期的期末考查中80%以上的学生都能达到优的水平。但到了第二学期,学生学习英语的兴趣逐渐减弱,英语成绩随之下降。这是为什么呢?我反思了我的英语课堂状况后发现:英语课上学生的练习机会很多,但主要采取了机械操练的方式。开始的时候学生出于对英语的好奇,不抵触这种学习方式,但是长期采用同一方式,学生就觉得枯燥乏味,学习英语的积极性大大降低。随着单词量的增加和语言知识逐渐复杂,难度逐渐增大,部分学生对英语丧失兴趣,甚至产生厌烦、抵触情绪。为了改变这一现状,我于2019年10月至2020年11月在小学低年级英语课堂教学中进行了游戏应用研究。

二、课题研究方法与过程

为完成课题研究,我综合运用了案例研究法、观察法、文献研究法等课题研究方法。首先,在准备阶段通过集体和个人备课,选择一个或几个典型案例,对其内容、结构进行分析。继而由不同的教师上公开课。随后进行集体评课研讨时,任课教师说课,重点说出自己的心理感受、遇到的问题、自己是如何处理的。参与者要指出课堂上出现的问题,优点与不足,可能的解决策略,再对所有问题加以归类、汇总。同时,我对与会者提出的看法加以整理、归纳,作为撰写案例时的参考,最后撰写课堂案例进行反思和总结。

三、研究的主要成果

(一)运用游戏开展英语课堂教学的基本结构

在游戏教学初步探索的过程中,我尝试运用了以下基本教学模式:游戏引入—新知学习—边玩边练—竞赛巩固。

游戏引入是课堂教学的最重要部分,利用恰当的游戏引入新课是激发学生兴趣的有效途径,也是一节课成功的关键。这种引入新课的方法不但复习了大量的词语和句子,也为新课做了铺垫,而且由于学生急于想知道教师手里的东西究竟是什么,从而促使其动脑、动口。这种引入新课的方法比以往那种教师交代该节课的任务的做法来得自然和轻松。

新知学习是学习的第二个环节。在这个环节中,我尽可能采用实物、图片、挂图、简笔画和手势等直观教学手段及多媒体,使语言教学更加生动有趣。

边玩边练是教学的第三个环节。此时是开展游戏活动的好时机。经过新知学习,学生对本课内容有了一定的了解,必须通过练习来消化。边玩边练的方法可以使枯燥的练习变得趣味十足。该阶段可以开展许多生动活泼的游戏,如猜谜、开小火车、找朋友、击鼓传花等。有组织活动是要活而不乱、动静有序,要使每个学生都参与学习,而不是那种只顾少数尖子而忽视大多数学生的做法。尽量安排集体游戏,特别是那种需要集体配合和体现协作精神的游戏,这样既可以操练语言,又可以培养学生的集体荣誉感。

最后的竞赛巩固环节能在很大程度上调动人的积极性和潜能。它能把学生的听觉、视觉、动作等各个器官都全面地调动和统一起来,能极大调动学生的学习积极性,变被动消极的接受知识为主动自觉的吸收知识。

(二)运用游戏开展英语课堂教学的有效策略

1. 从易到难,层层递进

当我们针对某个知识点展开学习与训练时,游戏的设计要根据所学内容层层递进,遵循由易到难的规律展开学习。如进行水果类单词的学习时,我们可以先将一些五颜六色的水果图片展示到学生面前,并和学生一起做指认的游戏,待学生能够轻松地指出相应的水果时,再与他们做编号的游戏,随后再做观察、连线等游戏。这样做的好处是能够使学生的语言输入量逐步增大,学生的多种感官都会逐渐参与到知识的学习中来,他们的听、说、读、写能力也会遵循着科学的顺序得到扎实的训练,学生的学习效率的提升与各种能力的培养都会收到最好的效果。

【案例一】1AM3U2 *Let's count* 一课中,我设计了以下游戏活动。游戏 1,Listen and guess 作为导入部分,听声音猜动物。复习已学的动物单词和引出新的动物单词。游戏 2,短文学习后以"What's your lucky number?"为题练习 1—10 这十个数字。通过动物赛跑,学生猜测胜利的动物数字,把机械的操练变得有意义,而且令学生非常兴奋。游戏 3,"How many?"作为拓展部分进行操练。让学生数动物,并且按规律猜动物的数量。游戏 4,"Can you count?",作为综合运用的部分,让学生用英语解决问题。最后,让学生用唱和跳的方式表演 Ten Little Rabbits 结束该节课。

案例分析:通过对该节课的分析,我们发现,该节课通过猜谜游戏,激趣导入;竞赛游戏,练习巩固;益智游戏,拓展思维;交际游戏,综合运用;从听入手,拓展到说。这样,既增加了学生的语言输入量,又能充分调动学生的眼、耳、口、手、脑等多种感官参与活动。从易到难,层层递进,辅助教学,让学生保持学习的兴趣。

2. 兴致盎然,寓教于乐

心理学告诉我们:任何知识的获得都是从无意注意开始的,要从无意识关注转为有目的探究学习,需要受兴趣的支持。一个人一旦对某件事物或某种现象真正产生了浓厚的兴趣,就会涌动出一种探知的强烈欲望。小学生好奇心强、活泼爱动贪玩、渴望成功,但意志力不强,对学习欠缺目的性,英语学习动机以直接的近景性学习动机为主。这种动机主要来自对学习内容或学习活动本身的直接兴趣。游戏的趣味性特点恰好能促进学生近景性学习动机的形成,并使之不断地得到巩固和支持。

【案例二】我在牛津英语 1BM4U2 设计教学活动时,围绕"How much is it? It's ..."开展了价格竞猜和物物交换这两种游戏。游戏 1 是价格竞猜。教师出示五种上节课学习的食物并将其价格牌遮住,让学生来猜,教师以 low 和 high 两个词作为提示,直到学生猜对为止。并且强调"How much is it?"这句话由学生来说。游戏 2 是物物交换。教师分别将课前准备好的物品分配给学生,这种物品有的价格相等,要求学生找到和自己物品价格相等的物品进行交换,用"How much is it"和"It's ..."进行游戏。

案例分析：教育心理学表明，当教学能引起学生的兴趣时，就可使学生在学习时集中注意力，更好地感知、记忆、思维和想象，从而获得较多和较牢固的知识和技能。这两种游戏趣味性十足，激发了学生的竞争意识，使学生在游戏中操练、巩固了重点词语和句型。学生兴致盎然，课堂寓教于乐，效果良好。

3. 结合知识，突破语言

娱乐是外衣，学习是本质。课堂游戏作为语言学习活动应具有极强的教学目的性。游戏必须围绕学习内容进行操练语言知识。

【案例三】在 1AM2U1 *What can you do?* 的教学中，为了操练句型"What can you do? I can ..."和所学的动词，我设计了一个"设计我的超级机器人"的活动。教师先给学生做示范，自己画一个想象中的机器人，然后用"I can read. I can ride a bicycle."等句子描述机器人的能力，再发给学生写着 read、draw 等单词的小卡纸，让学生自己画一个心目中的机器人，并写上句子"I can ..."写得越多越好。教师巡视指导，并及时给予评价。画好后，四人一组进行交流汇报。最后将部分学生的作品用投影仪展示，并请他们边表演边说句子。

案例分析：这个"画一画，说一说"的游戏目的是操练和巩固单元的重点句型"I can ..."和单词，收到了很好的教学效果。因此，教师应根据具体的教学内容，有针对性地精心设计游戏的内容，使游戏为语言知识的学习、掌握和运用服务。

4. 联系生活，综合提升

由于小学生的知识面较窄，分辨能力也较弱，因而在设计游戏的时候要结合他们熟悉的现实生活，不要与实际生活相差甚远，从正面指导学生，综合提升学生的能力。

【案例四】在教授动物类词汇时，我设计了让学生用 pig、sheep、rabbit、grass、fish 等单词造句。学生可选择自己喜欢的小动物和食物来完成句子，学生的积极性很高，充分发挥了他们的想象力。但造出"Sheep eat meat."这样不真实的句子就不行了，应尽量避免这种不符合生活实际的情况出现。

【案例五】在学习 1BM3U2 *Weather* 一课中，我设计了小小天气预报员的游戏，将全班学生分成几个小组，每组选出一个小天气预报员进行天气播报，将语言点与生活实际相联系起来，让学生在语言操练中克服胆怯心理，进而有效地提高语言操练的质量。

案例分析：通过以上正反两个例子，我们可以看出只有结合生活实际设计的游戏，才能提升学生综合运用知识的能力。因此，教师在设计游戏时，应多从学生的学习、生活环境去思考，这样才能引起学生的共鸣。在倡导"以学生为主体"的新课程的实施中，只有游戏教学符合了小学生的年龄特点，结合了教学内容、学生实际，才能使学生在学中玩、玩中学，使英语课堂充满欢声笑语，并取得良好的教学效果。

（三）有效开展英语课堂游戏教学的几个关注点

经过一段时间的探索与实践，学生的上课状态有了明显的变化，游戏教学的应用，使他们学习英语的兴趣更浓了，课堂上举手提问的同学更多了，主动发表自己见解的学生也与日俱增。对此，关于如何有效开展英语课堂游戏教学，我觉得可以抓住以下几个关注点。

1. 抓住小学生的心理特点和认知规律，增强其学习兴趣和学习积极性

我们知道，小学生具有以下特点：较强的好奇心、活泼好动、注意力难以长时间集中在同一事物上。针对这些情况，英语教师要借助游戏教学来吸引学生的注意力。且教师要保证教学活动与小学生的认知规律相符合，从而取得事半功倍的教学效果。在通常的单词教学中，机械地进行朗读和记忆会扼杀学生的童真，甚至让学生对英语这门学科产生厌烦的情绪。为此，教师要将英语知识的讲解与游戏结合起来，增强学生的学习兴趣，提高教学效果。要为学生提供一个愉快、轻松的环境，学生完全自主自愿进行，为学生动手、动口、动脑，多种感官参与学习活动创设最佳情境。经过近一年的教学实验，学生的主体性、主动性得到了较好的发挥。其自主学习、合作交流和语言表达等能力都得到了极大的提高。

2. 在设计游戏时，教师要保证游戏难度适宜

教师要将教学重难点、教学要求等作为参考依据，选择学生能够接受和理解的游戏。开展游戏是为了加深学生对本节课知识的记忆，让枯燥的英语课堂变得有趣化。一旦游戏难度较大，这会让学生对游戏产生害怕的心理，他们不敢在教师和其他学生面前表演游戏。在实际英语教学过程中，教师参照教学进度、学生的接受能力来把握游戏的难度。除此之外，在游戏中，教师要将开发学生的智力、提升学生的能力作为一个非常重要的目标。在开展游戏时，教师要特别关注那些掌握情况不大好的学生，要给他们提示，引导他们参与到游戏中，适时鼓励他们，增强他们的自信心。

3. 客观评价游戏结果，激发学生的游戏热情

不管是在学生的学习中，还是在学生的生活中，教师的评价都起着至关重要的作用。一旦在游戏中，教师偏袒某位学生，或者不客观地评价游戏结果，这都会让其他学生产生不服的心理。当这种情况确确实实存在于游戏教学中时，游戏教学是无法顺利开展下去的，并且也不能取得令人满意的教学效果。所以，英语教师要认真观察每位学生的细微变化，适时调整评价方式，让每位学生感到评价结果的公正性与公平性，从而保证学生对游戏的热情。

4. 关注教学策略的适切性、有效性

教学策略之间总是相互依存，相互渗透的，没有哪种策略是可以独立存在的。游戏教学策略必须和多种教学方法进行有机整合才会收到最佳的教学效果。游戏教学强调学生的主体参与和开放的教学方式，这样难免会出现一些场面，表面看起来热热闹闹，但缺乏实实在在的东西。教师在进行游戏的设计时，除了要注意游戏的趣味性，还要注意活动的有效性，避免游戏教学流于形式。

四、研究成效与反思

（一）研究成效

将游戏引入农村小学低年级英语课堂教学，就我的实践来看是可行的，也是有效的，更为我们当前小学英语教学提供了新的教学方法。

通过课题研究，学生对英语课的积极性得到很大的提高，逐步养成了良好的英语学习习惯以及坚持用英语打招呼的习惯。此外，孩子们的词汇量增加了，听、说、读、写的能力也都有了很大的提高。学生的学习成绩更是较第一学期（见表1）有了很大的突破，在第二学期期末考查中，班上几乎所有学生都取得了A的好成绩（见表2）。与此同时，我们教师的课堂教学能力也在研究过程中得到了提升，组内多位教师也多次参与执教各类示范课和公开课。

表1 浦东新区石笋实验小学 2019 学年度第一学期一年级英语期末考查情况

班 次	班级总人数	班级优秀人数	班级优良率	班级及格率
一(6)	33	24	84.8%	100%
一(10)	35	27	85.7%	100%

表2　浦东新区石笋实验小学 2019 学年度第二学期一年级英语期末考查情况

班　次	班级总人数	班级优秀人数	班级优良率	班级及格率
一(6)	33	30	93.9%	100%
一(10)	35	32	94.3%	100%

(二)研究反思

在付出努力取得成绩的同时,我在研究中也发现了一些困惑和疑难,值得认真反思,以开展今后的进一步研究。如:我对于"游戏教学"的内涵理解还显得比较表层化,同时对当今课改思想的理解也尚未达到一定的深度。因此,如何将课改的思想融于课题研究,从而扬长避短、兴利除弊,还有待于我在未来的实践中去探索、认识和反思。

指向学习方式优化的初中美术课堂结构化设计

上海市实验学校东校 白云云

【摘要】 为实现核心素养目标的培养,打造带有深度学习特征的美术课堂,本文提出学习内容结构化需对标课程标准结合教材资源进行逻辑统整、学习任务结构化需考虑学生新旧知识与经验、学习目标结构化需注意大概念分解和层级目标相结合、学习评价结构化需基于评价系统设计等策略。目的是通过美术课堂四个要素的结构化设计,为学习方式的优化提供土壤,引导学生走向学习方式的选择与调整,在动态中实现学习方式的本质掌握,最终指向学习方式背后的素养转变与成长。

【关键词】 内容结构化 任务结构化 目标结构化 评价结构化 学习方式

学习方式,泛指学习者在各种学习情境中所采取的具有不同动机取向、心智加工水平和学习效果的一切学习方法和形式[①]。长期以来,学生进行美术学习的方式以听讲式、对话式、合作式、探究式、体验式为主。然而我们在八年级360名学生中进行的一项有关"真实问题"的调研中发现,60%的学生不仅不能灵活运用学习方式以应对复杂情境,反而呈现出僵化、教条等特征,无法很好地表现各种学习方式的标准水平,如"正常的对话""良性的合作""有效的体验"等。然而,学生大部分时间浸润在校园中,不能说"学习方式"的获得与课堂毫无关系。因此,"学"与"教"实则密不可分:课堂教学不改进,学生的学习方式就无法优化;学习方式得不到优化,核心素养就无从培养。

为落实核心素养,《普通高中美术课程标准(2017版)》明确提出"课程内容结构化"[②],《义务教育艺术课程标准(2022版)》(简称"2022版课标")对美术学科的学

---

① 庞维国.论学习方式[J].课程・教材・教法,2010,30(05):13-19.DOI:10.19877/j.cnki.kcjcjf.2010.05.004.

② 中华人民共和国教育部.普通高中美术课程标准(2017年版)[M].北京:人民教育出版社,2018:7-8.

习内容与任务设计也呈现出明显的结构化特点①。基于此,围绕艺术课程核心素养"审美感知、艺术表现、创意实践、文化理解",本文主要探讨学习内容、学习任务、学习目标与学习评价这四种课堂要素的结构化以及其对学生学习方式优化的影响。

一、学习内容的结构化设计：发展学生的"三观"

正确认识美术知识整体与局部的关系,这是学习的"全面观";了解美术的难度梯度与自然规律,这是学习的"发展观";根据不同学习内容动态调整学习方式,这是学习美术应该具备的"思辨观"。此"三观",是学生良好的美术学习方式形成的基础。

《义务教育艺术课程标准(2022年版)》规定,美术课程内容包括"欣赏·评述、造型·表现、设计·应用、综合·探索"四类艺术实践,每一类都包含四项学习内容。如八年级"综合·探索"类型中就包括"美术内部综合""美术与姊妹艺术""美术与其他学科""美术与社会"四项学习内容。

针对"学习内容",2022版课标中"学业质量描述"对学生的应尽水平做出了详细描述,具有连贯和系统的特点。如"审美感知"一项,经归纳,其水平描述呈现递进特征的结构感(见表1)。

表1 《义务教育艺术课程标准(2022版)》美术各学段
"学业质量描述"之"审美感知"水平描述汇总

学　段	描　述
第一学段(1—2年级)	能从线条、形状、色彩、肌理等方面欣赏、评述周边环境中各种自然物与人造物,学会发现、感受、欣赏其中的美。
第二学段(3—5年级)	知道至少4位中外著名美术家及其代表作。
第三学段(6—7年级)	知道至少6位不同历史时期中外著名的美术家及其代表作。
第四学段(8—9年级)	知道至少6件我国古代不同历史时期的美术作品。

由此可见,2022版课标强化了"同质化学习内容在不同学段反复出现"的规律,这引导着教师主动整合设计指向某一核心素养的学习内容,以形成学生特定

---

① 中华人民共和国教育部.义务教育艺术课程标准(2022年版)[M].北京：北京师范大学出版社,2022：48-49.

的学习经验(如"知道""欣赏"等)、建构学生的知识体系。

(一)案例分析

如上海教育出版社出版的九年义务教育课本《艺术》(2020版)八年级第一学期教材中,"传统艺术文化"主题贯穿始终,知识点却以"甲骨文""陶艺""民间美术""中国画""园林艺术"等形式分散在多个单元中,在分散依据未标明的情况下,"陶艺"独成一单元,这不容易让学生对传统艺术的整个体系产生建构意识。又如,八年级第二学期的《艺术》教材中,反映城市景观、街区特色的"石库门"被拆分在两个单元中,为使其更好地发挥作用,需按知识侧重点、逻辑顺序、课程类型和核心素养目标等重新统整内容结构,将其整合在一个逻辑系统中,进行学习内容的结构化设计(见图1)。在此过程中,参照布鲁纳认知结构论的主要观点"获得—转化—评价"[1],教师补充了必要的学习内容,提供了有效的教学建议,保证了学生在这一学段中能够完整地学习和了解"石库门"艺术。

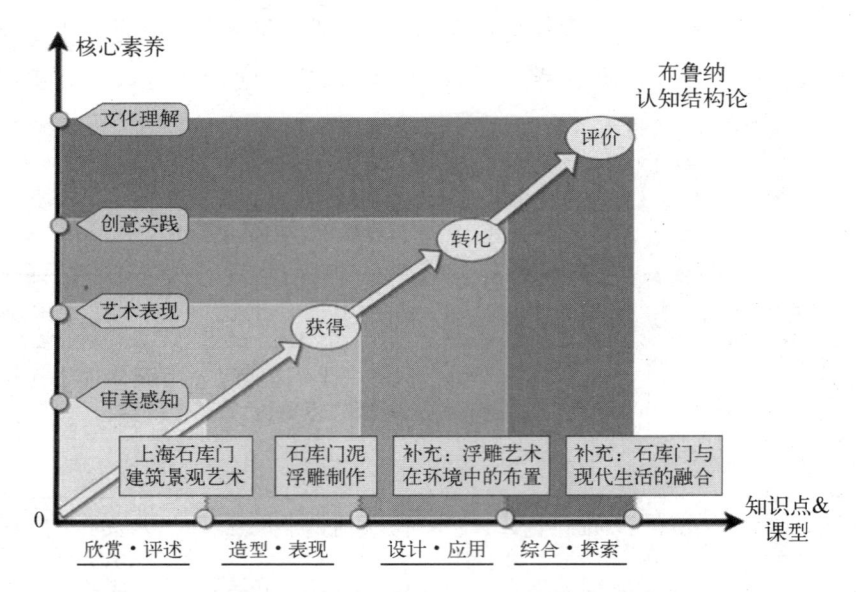

图1 八年级第二学期《美术》"石库门"学习内容结构化设计图

(二)实践效果

学习内容的结构化处理,从根本上保证了学生对于某一学段知识的结构性获得感,也是为了夯实学生学习方式优化的基础,奠定美术学习的"三观"。教师

---

[1] 余文森.布鲁纳结构主义教学理论评析[J].外国教育研究,1992(03):13-16.

统整教材或资源中散落的"珍珠",充分利用有限课时、发挥知识的"打包"价值,向学生展现学科学习"从局部到整体"的"全面观"。厘清相同学段中不同年级的内容难度,展现其难度阶梯与差异特征,向学生展现学习的"发展观",如"色彩"知识在六、七、八、九年级均有涉及,六、七年级属于第三学段,八、九年级属于第四学段,这两个学段之间必有难度结构梯度。同时,为了保证学生获取更为立体的内容体系,从各角度感知学习对象,动态调整欣赏、观察、判断、分析、交流、讨论、辩论、实践、创作等学习方式,教师需借助结构化的学习内容、向学生展现美术学习的"思辨观"。"三观"的发展,有利于学生在结构化的学习内容中逐渐掌握学习方式优化与调整的重点。

二、学习任务的结构化设计:检验新旧学习方式

2022版课标"美术学科课程框架"图中,"学习内容"下位对应"学习任务",即16个学习内容分散在20个具体的学习任务中,每一学段均设置5个学习任务。如第四学段(8—9年级)的学习任务为"概览中国美术史""表现无限创意""我们与设计同行""继承与发展文化遗产""理解美术的贡献"等。

对学生而言,完成学习任务是为了获取学科内容的知识与经验,因此结构化的学习任务或任务群,不仅是学习内容结构化的"落地成果",而且对发展学生学习兴趣、建构知识体系、涵养学科素养来说也有助益。

(一)案例分析

八年级有一课叫《居室空间设计》,内容是借助"透视"知识画出理想的家居空间。这不仅要求学生具备基本的透视学知识,还要发挥创意添加室内的家居摆设、色彩装饰等。但"透视"是六年级的知识点之一,对于八年级学生来说,由于长期记忆不易保存,直接布置任务显然是不合理的,因此在学习任务设计上,教师应充分考虑学生的已有经验和掌握程度,筛选合适有效的学习任务并将其进行结构化处理。在设计学习任务时,教师可以先采用复习旧知的方式,绘制透视图以唤起旧时经验,同时也可弥补学生在六年级时所学知识的不足;而后布置室内物品绘制任务,如画一画沙发、橱柜、椅子等,引导学生建构空间物体的绘画技巧与经验;随后再布置屋内一角的绘制任务,因为屋内杂物相对繁杂,处理它们的透视及其关系相对较难,学生可在之前的两个任务基础上借助已累积的经验进行创作;因涉及"设计"元素,最后安排"理想的居室空间设计",这需要学生

展开基于真实空间的联想、创作,且需结合新知。最后一部分既是前3个任务的延续与难度升级,也是对整个学习任务的评价与检验。

(二)实践效果

由于艺术学习的复杂性,2022版课标规定的"16个学习内容分散于20个学习任务"必然是不均匀的,因而任何一个学习任务都有可能牵涉前次的学习内容。我们应结合具体内容和学生已有的知识与经验,设计结构化的学习任务,目的是不断唤起学生的旧时经验,引导学生复习类似情境中所选的学习方式,并在新的情境中更新迭代。学生不断地在"经验+新知"的循环中探索自主、合作、探究等学习方式,反复练习与验证其有效性,与核心素养深度绑定的学习任务才能发挥积极的育人作用。

三、学习目标的结构化设计:导引学习方式的选择

(一)案例分析

学习内容与任务经过合理的结构化设计之后,参考新课标"学业质量描述"设计单元学习目标或单课时学习目标,能更加指向核心素养的培养。以八年级美术(上)拓展单元《自我形象认知》为例,整合六、七、八年级曾在上海流通的各版美术教材中有关"漫画形象"的内容,将之条分缕析,进行整合化、结构化设计,辅以适量的学习任务。在此基础上,以"艺术表现""创意实践"为核心素养目标、以大概念"漫画的表达意义"为主基调,单元学习目标被确立为"掌握漫画的特点与技巧,在文创设计中认识与了解自我、感受成长的点滴"。

单元学习目标告诉我们,该单元的学习内容丰富、学习成果多样,学生的学习方式必然存在各种差异。在这种情况下,一个单元的学习目标过于笼统,教师需要将其拆解为适于推进、适于单课时且适于学生应对的若干小目标。因此,为保证学习任务的合理落实,将学习目标进行结构化设计(1个总目标、4个二级目标、11个三级目标)显得尤为必要[1](见图2)。

以《自我形象认知》单元为例,在学习内容、学习任务紧密结构化的基础上,总目标下分设4个二级目标、11个三级目标,学习内容内嵌其中且全部与学习

---

[1] 刘徽,蔡潇,李燕,朱德江.素养导向:大概念与大概念教学[J].上海教育科研,2022(01):5-11. DOI:10.16194/j.cnki.31-1059/g4.2022.01.002.

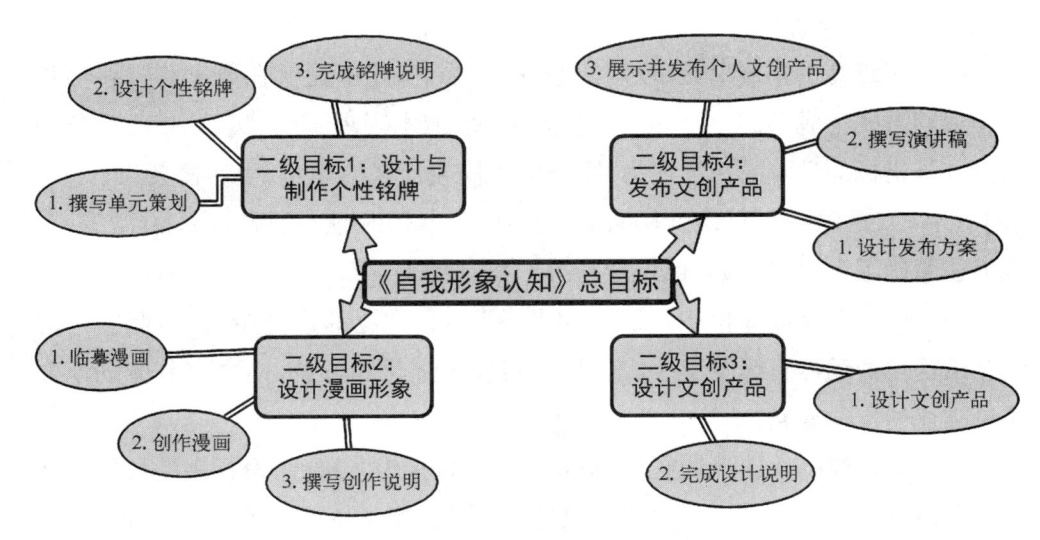

图 2　八年级美术(上)单元《自我形象认知》学习目标结构化设计图

任务对接，指向核心素养"艺术表现"和"创意实践"的培养。其中，二级和三级目标既作为总目标的过程分解，又是"大概念"的中下位表达方式。

（二）实践效果

学习目标的结构化设计取得了如下实践效果：一是使核心素养的实现有据可查——把"分解"大概念与确立小目标结合起来，让"二级""三级"目标可测可评。以该单元作业抽样检测为例，学习目标及其等级描述表明核心素养具备可视化的条件；二是对学生学习方式的选择产生导向作用，如学生在了解整个目标结构之后，即深知"创作"并不需要在同伴竞争间进行，只需关注自己是否达标。学生可根据自身情况选择自主学习或合作探究的方式，也可选择基于项目或基于问题的学习。结构化的学习目标，指引着学生寻找适合自己的方式进行持续而专注的学习。

四、学习评价的结构化设计：促进学习方式的动态调整

2022版课标中的"学业质量描述"所具有的数据化特征为测评学生学习质量提供了依据。因此，要真正发挥它在评测学生"学业质量"方面的作用，可对每一个单元、每一个项目进行"结构化的评价"设计，使之助推学生主动选择学习方式，以实现"结构化目标"。

(一)案例分析

以八年级美术拓展单元《校门改造计划》为例,此单元旨在通过跨学科项目化学习的方式达成第四学段(8—9年级)有关"艺术表现、创意实践"核心素养的培养。该指标的学业质量描述为"能根据学校或社区的学习、生活需要设计2—3件作品(如标识、海报、统计图表、手绘地图、书籍装帧、校服、立体模型等)"。该描述明确了学习结果如"标识""海报""统计图表"等,也涵盖了学习内容与学习任务。然而在具体评价中,"2—3件作品"却有广泛的选择余地,因此教师应结合结构化的学习目标及学生实际情况将评价细化和分解,使之充分体现学业质量描述的指向意义。

基于此,《校门改造计划》首先确立学习总目标为"设计一份合理的校门改造方案",该目标包括"文案""图纸""模型""统计表"等;随后设计结构化的评价(见表2)。该套系统以表现性评价和终结性评价为主要评价方式、以落实过程目标与终结目标为评价过程,以注重学生知识的掌握和经验的积累为评价内容,重视学生的学习质量与学习态度,以实现有梯度且结构立体的深度学习。

表2 八年级(下)跨学科学习单元《校门改造计划》评价结构化设计表

评价系统	方案策划	文案写作	图纸设计	模型制作	展板设计	预算
评价对象	访谈调查、讨论截图等	文案(草案与修改案)	图纸(草图与成图)	模型(纸本或电子)	展板(纸本或电子)	调研记录、预算表(纸本或电子)
评价方式	表现性评价	表现性评价	表现性评价+终结性评价	表现性评价+终结性评价	表现性评价+终结性评价	表现性评价
权重	5%	10%	30%	30%	20%	5%
学习档案袋	访问谈话表、记录表,文案,图纸,模型,展板,预算单,方案视频,小组讨论记录表(截图等),单元调查问卷					

其中,作为重要的考评指标,"2—3件作品"——"图纸""模型""展板"——的评价设计,除了衡量学生的学习结果,还侧重对学生学习方式的动态引导,即什么情况下采用何种方式更易完成较高质量的学习。结构化系统之下的评价标准,不仅能细化学生的学业质量水平,还可潜移默化地提醒学生适时选择个体或

合作方式进入任务,促成"以评促学"。

（二）实践效果

评价的结构化设计便于教师厘清学习目标与学习评价的关系,从而构建一个指向核心素养的完备评价系统;更便于学生依据可视化的评价结构与标准,及时动态调整学习方式,在选择、切换之间轻松完成学习目标,实现超越学科的素养能力的提升。

五、结语

学习方式并无优劣之分,就学生而言,只有"创造性地掌握",才称得上优化。而美术课堂的"结构化"概念与设计的效果体现在以下四个方面:一是通过学习内容的结构化设计,发展学生美术学习中"全面观""发展观""思辨观"的"三观",建构学生选择学习方式的"温床"。二是通过学习任务的结构化设计,反复尝试、习得与验证学习方式,如对话式、听讲式、讨论式、同伴合作式等,从而充分掌握。三是通过学习目标的结构化设计,引导学生在遍观全局之后选择最合适的学习方式,最大程度保证学习效果。四是通过学习评价的结构化设计,学生在学习过程中可以动态调整学习方式,保证在更完备的评测系统中实现核心素养的培养。

凡此种种,皆是为了引导学生在有限时间内寻找、选择、掌握恰当的学习方式,聚焦真实情境中复杂问题的解决,形成非被动模式下的真正学习。因此,在结构化设计引导下,学生的自主学习、合作学习、探究学习、研究性学习、项目化学习等学习方式在核心素养时代有着更多重合、重组的可能。然而在结构化设计过程中,切忌做表面功夫,即为了结构化而"做结构",认为简单地重组教学内容或给单元搭个框架就叫"结构化"设计。我们需谨记,"结构化"学习特征指向的是学生学习方式的改变,目的是引导学生成为"心智自由的人"[1],从而最终指向核心素养的形成。

---

[1] 夏雪梅.每个小孩都可以成为心智自由的学习者 为学习素养奠基的上海教育新探索[J].上海教育,2018(13):24-29.

第四辑

优化项目化学习的新探索

沉浸数学项目活动　发展学生核心素养
——以"王小东求职记"为例

上海市实验学校东校　朱云华

核心素养是在数学学习的过程中逐渐形成和发展的,那么教与学的方式该做怎样的改进才能实现育人方式的深层次转型?数学项目活动是否可以作为有效抓手,引导学生进行深度的数学学习体验,实现学习品质、学习能力和身心健康的深度融合?

一、沉浸数学项目活动,改进教与学的方式

近年来,随着教育大环境的不断变化,一线教师越来越意识到:教学是教与学的交往、互动,师生双方相互交流、相互沟通、相互启发、相互补充。在这个过程中教师与学生分享彼此的思考、经验和知识,交流彼此的情感、体验与观念,从而达到共识、共享、共进,求得新的发现,实现教学相长和共同发展,形成一个"学习共同体"。理念已经更新,但是在实际教学中,一线教师一直缺少有效的抓手,无法真正将理念落地。

改变单一讲授教学方式,注重启发式、探究式、参与式、互动式等,探究大单元教学,积极开展跨学科的主题式学习和项目式学习等综合性教学活动。通过丰富的教学活动,学生可以在实践、探究、体验、反思、合作、交流等学习过程中感悟基本思想、积累基本活动经验,发挥每一种教学方式的育人价值,促进学生核心素养的发展[1]。新课标帮助一线教师清晰了课程理念,也为一线教师指引了方向,提供了让理念落地的抓手:改进现有的教与学的方式,把数学项目活动作为常规数学课堂的补充与延展是一条可行之路,学生沉浸其中,深度卷入,数学学习变成了一件美好的事情,既有深度,也有温度。

---

[1] 史宁中,曹一鸣.义务教育数学课程标准(2022年版)解读[M].北京:北京师范大学出版社,2022:86.

以数学项目活动为抓手,改进教与学的方式,落实数学教育立德树人的根本任务,让不同的学生可以在数学项目活动中得到不同程度的发展,逐步形成适应终身发展需要的核心素养。

二、数学项目活动的设计

(一)数学项目活动的设计

数学项目活动努力在课本知识与现实生活之间搭建桥梁,构建主动学习的方式,唤醒学生主动学习的情绪,关注学生多元能力的培养。

1. 数学项目活动的设计前提

数学项目活动的设计离不开天时、地利和人和。

天时,是指项目活动内容的选择一般以和生活实际紧密相连的"几何小实践""统计与概率"单元为设计原点,开枝散叶,融进其他学科知识和跨学科知识进行整体设计为宜。学生在单元学习过程中,一直"受制"于此项目活动,始终"牵肠挂肚",沉浸其中,旧知、新知前后勾连,学科知识、跨学科知识综合应用。

地利,是指项目活动年级的选择一般以中高年级为宜。首先,学生已经拥有了一定的数学知识,可以在解决问题的过程中随时调用;其次,学生进入中年级后,自我意识没有那么突出了,开始有了合作的意识;最后,其他学科的知识也有了一定的累积,这些都是顺利开展数学项目活动的有利条件。

人和,是指项目活动需要融洽的师生关系为基石,教师信任学生、相信学生有更大的潜能能被激发;学生信赖教师、愿意跟随教师的引导,不断挑战、突破自己。教师的教与学生的学是互相作用的(如图1所示)。

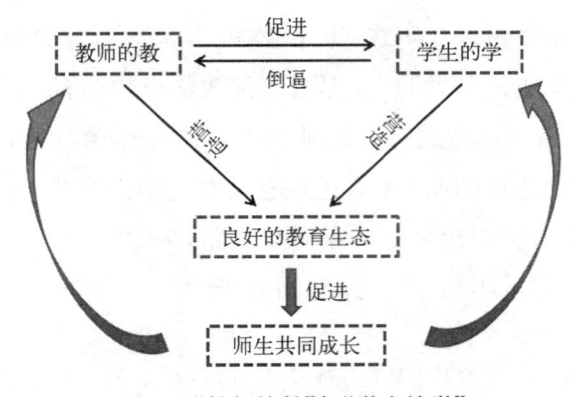

图1 "教师的教"与"学生的学"

2. 数学项目活动的设计分类

(1) 指向内容的数学项目活动

这里的"内容"指的是活动涉及的核心知识,按教材自然单元或者重组单元进行活动,活动周期有长有短。

如四、五年级的数学项目活动"制作《巧算宝典》"(如图 2 所示),这是一个长周期项目活动,按教材的重组单元进行活动,活动从四年级第一学期开始,一直到五年级第一学期结束。学生在这两个年级的四个阶段系统地学习巧算方法,从整数推广到小数。活动结束后,教师还留给了学生更大的空间,告诉他们,等到他们到了六年级(上),学习了分数的计算,可以继续丰富这本巧算宝典。

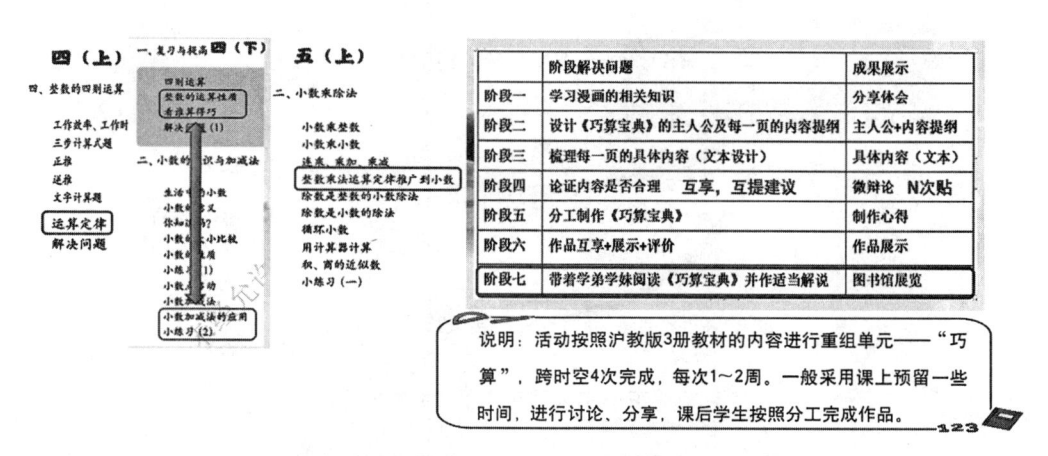

图 2　四、五年级数学项目活动"制作《巧算宝典》"

(2) 指向学法的数学项目活动

这里的"学法"指的是围绕某一种数学学习方法进行的活动,一般以学期、学年或学段进行活动,均为长周期项目活动。

以三至五年级的三元反馈法为例,它在各年级的活动要求是不同的,这是一个阶梯式、螺旋上升的超长周期的数学项目活动。三元反馈指学生的课前、课中和课后反馈的统整,三年级主要是课中反馈和课后的语音反馈,四年级主要是课中和课后反馈(语音或文本),五年级就课前、课中、课后全线贯通。学生通过专家的学习法,发现积极反馈、个性梳理、表达分享等,可以很好地促进自己的学,起到事半功倍的作用。

(二) 数学项目活动的设计实例

"王小东求职记"是五年级第一学期的数学项目活动，以第三单元"平均数"为设计原点，播散出去，活动涉及的核心知识点是单元难点"平均数的计算和应用"，还涉及这一学期其他的知识要点，也关注学生沟通、表达等通用能力的培养，如图3所示。

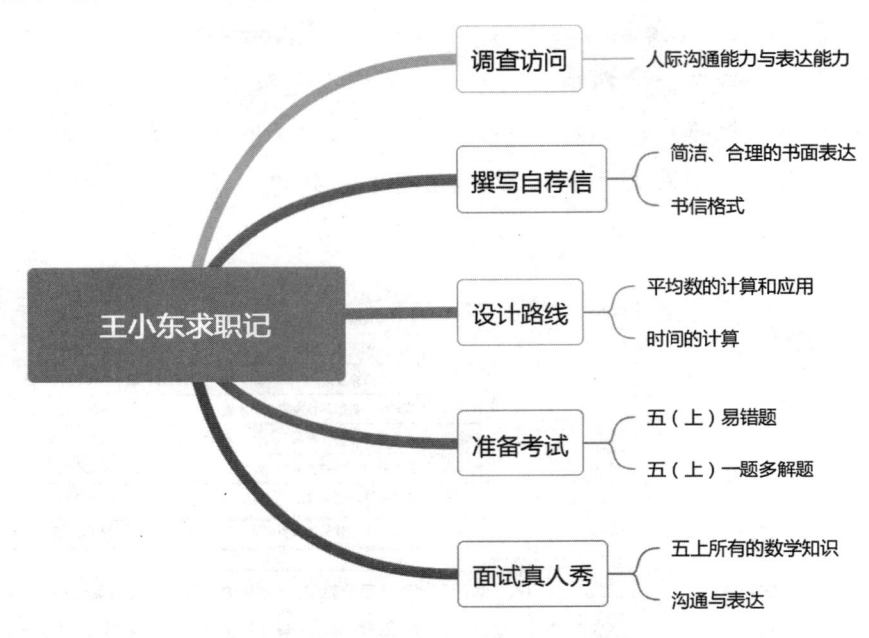

```
                    ┌─ 调查访问 ──── 人际沟通能力与表达能力
                    │
                    │                ┌─ 简洁、合理的书面表达
                    ├─ 撰写自荐信 ──┤
                    │                └─ 书信格式
                    │
王小东求职记 ───────┤                ┌─ 平均数的计算和应用
                    ├─ 设计路线 ────┤
                    │                └─ 时间的计算
                    │
                    │                ┌─ 五（上）易错题
                    ├─ 准备考试 ────┤
                    │                └─ 五（上）一题多解题
                    │
                    │                ┌─ 五上所有的数学知识
                    └─ 面试真人秀 ──┤
                                     └─ 沟通与表达
```

图3 "王小东求职记"的活动内容设计

这是一个长周期数学项目活动，活动几乎横跨了整个学期（如图4所示），除课堂8课时外，小组同学充分利用校园内的空闲时间，化身成了王小东本人或王小东的友情协助者，沉浸活动之中，竭尽全力帮助王小东做好各项应聘准备工作。

1. 营造环境，在"身临其境"中形成动机与期望

数学项目活动离不开环境的精心设计，在一个真实的场景中学生关注如何完成任务，获得胜利或实现目标。在这个环境中，学生会主动调动自己全部的注意力与思考力，关注当下正在处理的任务。活动一般都由三个阶段构成：入项阶段、实施阶段和出项阶段（如图5所示）。在这三个阶段中，以一个沉浸式学习大环境贯穿，并辅以生发的多个分情境，持续激发学生的探究欲望，使学生一直在学习状态之中。

驱动型问题：要想成功应聘实验东校的小学数学老师，他该做哪些准备呢？

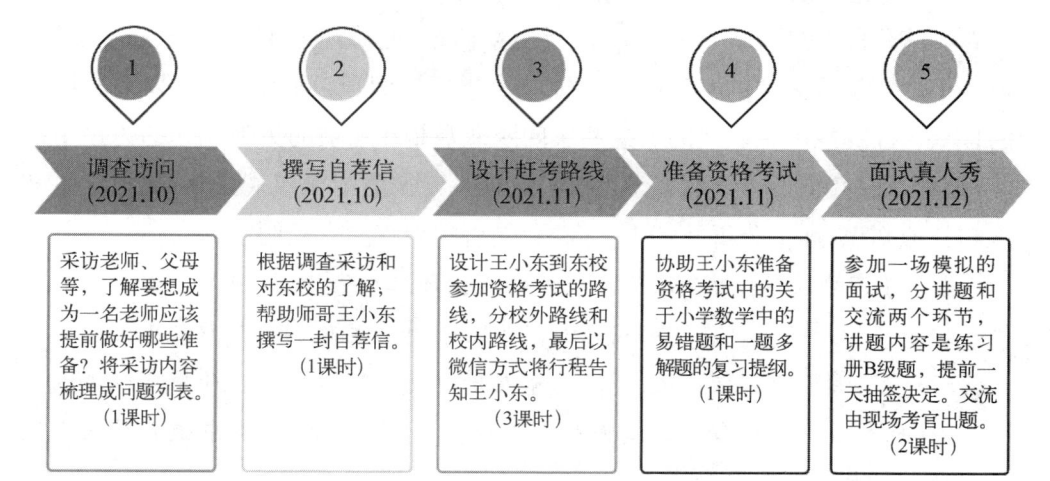

1 调查访问 (2021.10)	2 撰写自荐信 (2021.10)	3 设计赶考路线 (2021.11)	4 准备资格考试 (2021.11)	5 面试真人秀 (2021.12)
采访老师、父母等，了解要想成为一名老师应该提前做好哪些准备？将采访内容梳理成问题列表。(1课时)	根据调查采访和对东校的了解，帮助师哥王小东撰写一封自荐信。(1课时)	设计王小东到东校参加资格考试的路线，分校外路线和校内路线，最后以微信方式将行程告知王小东。(3课时)	协助王小东准备资格考试中的关于小学数学中的易错题和一题多解题的复习提纲。(1课时)	参加一场模拟的面试，分讲题和交流两个环节，讲题内容是练习册B级题，提前一天抽签决定。交流由现场考官出题。(2课时)

图 4　"王小东求职记"活动流程

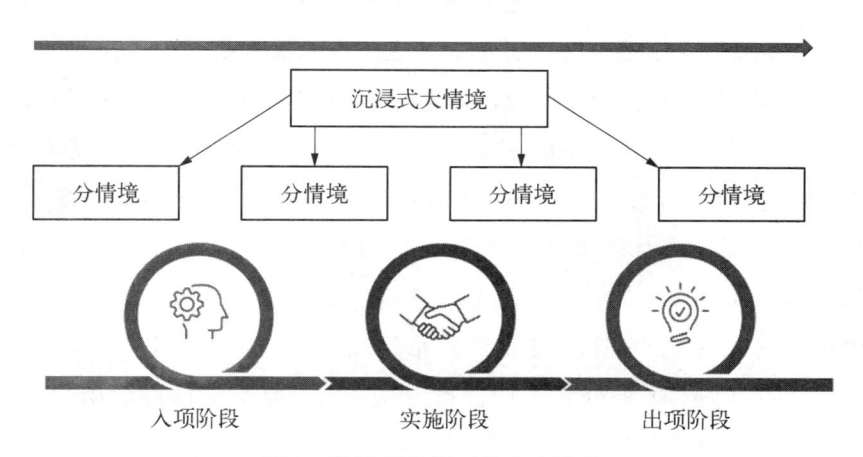

沉浸式大情境
↓　↓　↓　↓
分情境　分情境　分情境　分情境

入项阶段　　　实施阶段　　　出项阶段

图 5　数学项目活动的三个阶段

（1）入项阶段——沉浸式体验专家的会议模式

入项阶段，也称破冰阶段，激发学生学习的初始动机、渴望，奠定合作基础，是数学项目活动中的准备阶段。一般数学项目活动的入项阶段都至少有一场头脑风暴，学生习惯的日常课堂中的讨论，问题指向小而窄，大多数有标准答案；但是头脑风暴比一般的课堂讨论更具仪式感，问题指向更大、更宽，时间也会更长，且具发散性、创新性，与专家的会议模式很相像。小组成员利用这一次头脑风暴，进行破冰交流，思维碰撞，增进了解，为问题解决打下扎实的协作基础，是学生"身临其境"的开始。

(2) 实施阶段——沉浸式模拟专家的工作模式

实施阶段，也称作巩固迁移、拓展衍生阶段，是数学项目活动的核心阶段。每一个数学项目活动的实施阶段都由几个子问题组成，问题之间可以是并联式的、串联式的，或串并联式的。这些子问题通常是在入项的头脑风暴的讨论中萌芽，师生达成共识后形成的。学生沉浸式模拟专家的工作模式，利用数学学科知识和其他知识，逐个分析并解决子问题，最后顺利解决大问题。

如：子问题2——考试路线之校外路线设计

这个子问题是串联在头脑风暴和采访活动之后呈现的：王小东马上要参加资格考试了，考场就设在东校。"我的家在世纪大道附近，8:30开始可以进入考场，那么我大概几点从家里出发呢？乘坐什么交通工具到实验东校呢？"王小东的问题引发大家的探究。

绿色出行？出租出行？还是父母的私家车出行？学生一致选择绿色出行，有的说："节俭是美德，他还没上班呢，没有工资。"有的说："他已经长大了，不能依靠父母了。"还有的说："地铁的时间比较确定，公交车的话有很多不确定的情况，考试是不能迟到的。"……于是，"高德地图app"查询、网络查询、询问师长，各种方法，学生沉浸在问题解决中，像专业人士一样不停讨论、设计，有的甚至拿出2到3种方案进行比对，最后确定性价比最高的方式，既考虑时间因素，还考虑经济因素等。

(3) 出项阶段——沉浸式体验专家考核的模式

出项阶段，也称反馈阶段或成果发布阶段，可以按子问题的顺序分几次出项，也可以一次性出项，有时也可以并行。这个阶段是数学项目活动的出彩亮相阶段，学生沉浸式体验专家的考核模式，多内容、多途径发布成果（见表1）。

表1　数学项目活动成果发布的内容与途径

成果发布	发布内容		
	文稿类	策划书、邀请函、自荐信、路线图、漫画本、倡议书、采访单、新闻稿……	
	数字类	语音、小视频、录像、微课……	
	手创类	模型、手工制作……	
	演出类	舞台剧、小品……	
	……	……	

续表

成果发布	发布途径	班　级	班内宣讲、班级壁报、班级微信群（钉钉群）……
		校　级	校内公共区域布展、阶梯教室展示、校广播电视台展示……
		社　会	公众号微推、社区展示……
		……	……

2. 培养能力，在"潜移默化"中发展核心素养

杜威强调，教学不是直截了当地注入知识，而是诱导儿童在活动中得到经验与知识。学生经历沉浸式数学项目活动，在原有的认知结构的基础上不断地升级自己的大脑系统，编织知识的大网，多元能力"润物细无声"地得到培养。能力是核心素养的具体表现，能力的提升能"潜移默化"地推动核心素养的发展。

（1）培养知识迁移能力，发展"学会学习"的核心素养

迁移能力就是在一个情境中学到的知识迁移到新情境中的能力。学校教育的目标之一：为学生能够灵活地适应新的问题和情景而做准备，从课堂向日常环境迁移是学生在学校学习的最终目的[①]。数学项目活动中的情境都是学生熟悉的、感兴趣的日常情境，学生通过观察、讨论后提出驱动性问题及各级子问题，如何顺畅地将数学教材情境中学会的知识迁移到新情境中，进而分析并解决问题呢？

首先，教师需要引导学生学会"W－L－H"的思考模式（如图6所示），让每一个学生都能成为积极的思考者。

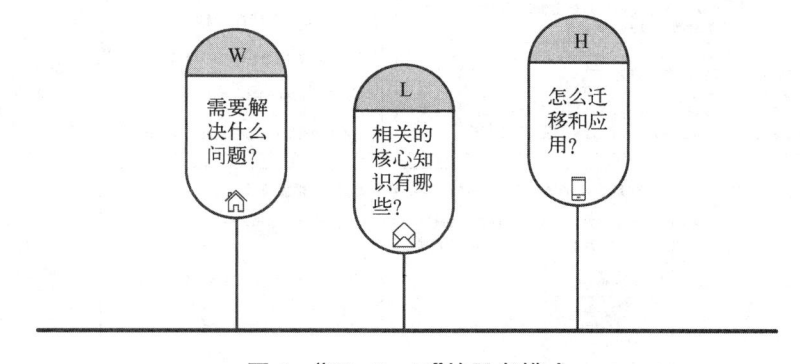

图 6 "W－L－H"的思考模式

---

① ［美］约翰·D.布兰思福特，等.人是如何学习的[M].上海：华东师范大学出版社，2020：69.

如：子问题2——考试路线的设计之校外路线设计

学生的"W-L-H"的思考模式：W——王小东采用什么交通，多少时间和多少钱到达考点。L——五上第六单元中的"时间的计算"。H——如何迁移和应用？"时间的计算"的教材学习目标是：① 能区分时刻和经过时间，会独立计算出某一时刻或经过时间。② 通过学习，学生能直观了解和辨别时刻与经过时间的关系。③ 培养学生合理利用时间、珍惜时间的习惯。学生在此基础上，进行了学习迁移，即从一段路程的计算迁移到几段路程的连续倒推，计算每一段路程中的出发和到达时刻以及经过时间，还要充分考虑实际生活中可能的突发情况。学生在安排出行工具时，基本都是建议绿色出行，结合时间成本和财力成本，设计合理且节俭的出行方式。

其次，教师需要按需给予学生一定的支架，让每一个学生都有毅力持续地沉浸其中去解决问题。

如：子问题2——考试路线的设计之校内路线设计

学生的"W-L-H"的思考模式：W——王小东从校门到教室需要多少时间？L——五上第三单元平均数的应用。H——如何将课内关于平均数的知识迁移到求职情境中，体会平均数的现实作用。这里的"L"学生其实并不能自然发现，因此教师按需依次给出图7的设计，作为解决问题的支架。

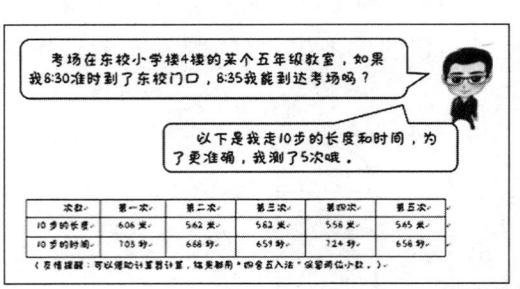

图7 校内路线的设计

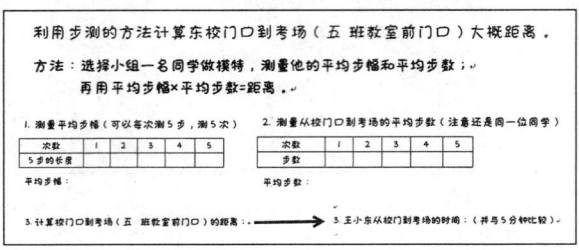

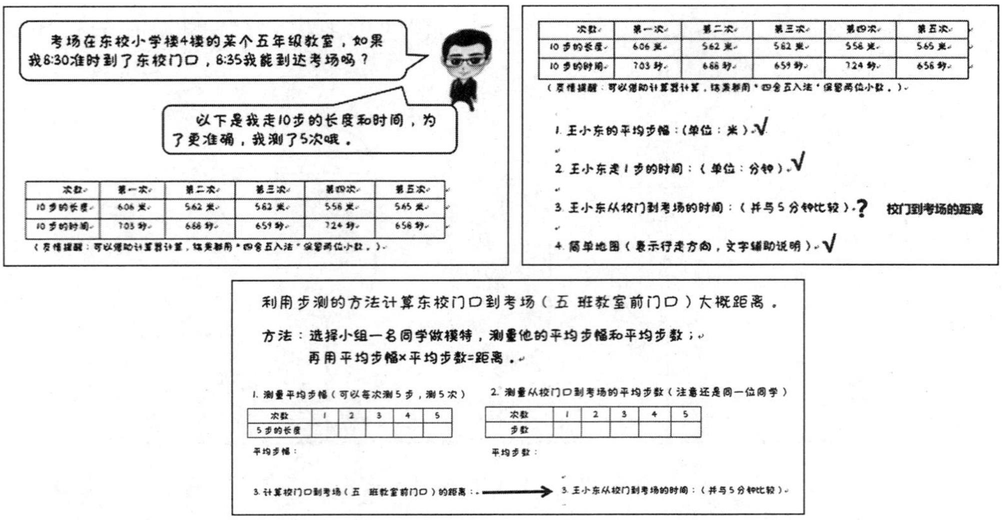

探索学习过程和学习迁移,是理解人如何形成其重要能力的关键[①]。引导学生学会"W-L-H"的思维方式,并按需给予一定的支架,可以有效培养学生的知识迁移能力,发展"学会学习"的核心素养。

(2) 培养反思质疑能力,发展"科学精神"的核心素养

荷兰著名数学教育家费赖登塔尔教授指出:反思是数学思维活动的核心和动力。反思质疑能力可理解为对一切事物、观点都要持疑问态度,多问"为什么",随即去探索答案,当答案得出之后再对整个思考过程进行思考,以确保前面思考的理由真实、推论合理。沉浸式数学项目活动中,教师营造学习共同体的课堂文化,鼓励并引导学生学会反思和质疑。随着培养的有序推进,量变产生质变,学生的反思质疑能力会从有意识状态转化为无意识状态,当产生无意识状态的反思质疑能力时,学生的核心素养才有了真正的发展。

阶段一,教师连锁发问的方式可以有意识地激发学生的反思与质疑。

如:在子问题2——考试路线之校内路线设计(校门口到考场的路程计算)。

在这个环节中,师生共同讨论实验的方法时,教师连续发问:组内为什么只能选择一名同学多次操作,为什么不能换人测?为什么建议多次测量?只测1次好吗?每一次测量的步数不一样可以吗?……最后计算出这位同学步幅的平均值。还需要多次测量这位同学走到校门口的时间,取平均值。最后利用公式"步幅×时间=路程"计算出校门口到考场的路程。

阶段二,学生无意识地产生反思质疑,并自发探索应对策略。

如:在子问题2——校内路线设计(计算王小东从校门口到考场的时间)。

阐述了如何测量并计算出校门口到考场的路程,接下去就需要通过王小东的步幅计算出时间了。分环境设计中,数据进行了前后调整,如图8所示。

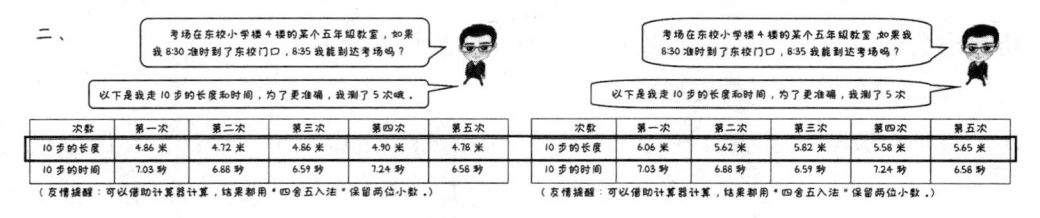

图8 王小东10步长度的前后数据调整

---

① [美] 约翰·D.布兰思福特,等.人是如何学习的[M].上海:华东师范大学出版社,2020:45.

学生根据第一版数据计算出王小东的步幅约等于 0.48 米,有学生比对了教材上小胖的步幅也是 0.48 米,提出了疑问,王小东作为一个大学毕业生,应该比五年级的小胖同学高很多,步幅也会大一点的。于是学生将数据进行了调整,调整后王小东的步幅约等于 0.57 米,这时还有学生质疑,觉得应该更大一些,有同学建议回家测测爸爸的步幅,再来回看王小东步幅的合理性,这个建议让数学的理性精神得到了很好的诠释。

数学是一种精神,一种理性的精神[①]。数学项目活动让学生感受数学推理无可争议的真理性,发展批判思维、培养求真求实的态度。通过揭示数学知识的产生过程来培养学生独立思考、勇于探索、敢于质疑、大胆创新的意识和习惯,这些就是数学理性精神最生动的表现。反思质疑能力的培养推动学生的理性精神的发展,理性精神是学生核心素养——科学精神的重要表现之一。

三、数学项目活动的思考

(一)"头脑风暴"的量变与质变

在数学项目活动中,"头脑风暴"是一次很好的建立知识勾连和团队默契的机会,全组同学围坐在一起,大家锁定相同的目标,一起讨论、碰撞甚至争吵,最后达成共识。这个过程是需要教师精心设计与辅导的。风暴前,教师需营造良好的风暴氛围:像专家一样围桌而坐,PPT 显示需要讨论的问题,小组成员事先沟通好会议角色等。风暴中,可以给定一些方向,留足充分的讨论时间,或者讨论中适时地给出建议,甚至直接参与到讨论中。风暴后,及时组织好分享汇报,各组之间互相评价,不断优化各组的方案。"头脑风暴"是一种能力,需要教师舍得时间让学生尽兴,只有在这样一次次的规范训练后,学生才能累积丰富的讨论经验,量变才会慢慢变成质变,效率和质量也才会随之提升,小组成员间的默契指数也会升级,从而为后续的实施打下坚实的知识基础和合作基础。

(二)教师的适时介入与退出

教师在数学项目活动与数学课堂教学中的角色定位是不一样的。在课堂教学中,虽然教师也会尝试更多的教学方式,但是讲授法还是目前最常用的,学生跟着教师的指引,层层递进地学习知识,教师是课堂的主导者,学生往往是被动

---

① [美] 莫里斯·克莱因.西方文化中的数学[M].上海:复旦大学出版社,2005.

的学习者。但是在数学项目活动中,讲授法只有很少的机会使用,启发、合作、探究、互动等各种方式成了主角,教师是活动的引导者,学生是活动的主角。因此在数学项目活动中,教师要明确自己的定位,做"拎得清"的老师,根据小组活动的情况,适时地介入与退出:能力强的小组,教师就尽可能地退出,不介入;能力中等的小组,教师要根据他们的需要及时地介入与退出,介入只是点拨,是稍加指引,当小组成员已经明白解决方法了,教师就立刻退出;能力弱的小组,教师就要多多介入,有时需要给予他们更多的支架,辅助他们顺利完成活动。

(三)评价的巧用与活用

《义务教育数学课程标准(2022年版)》提出,发挥评价的育人导向作用,坚持以评促学、以评促教。数学项目活动中的评价有着举足轻重的作用,如果教师能够巧用和活用评价,就可以提升项目活动。出项阶段的评价是成果性评价,是对活动的整体性评价,根据学生的活动报告、产品、演讲、方案设计等一般采用量表式进行定量评价,评价维度要多元,评价主体要多样,有时也可以结合观察式和访谈式了解更多的细节,进行一些定性评价,这是评价的巧用。实施阶段的评价是过程性评价,这个过程中的评价要灵活,可以根据需要进行多次,一般采用观察式、访谈式,要根据评价中呈现的问题给予学生充足的时间讨论修正,并将学生的积极变化及时反馈,这是评价的活用。评价不是目的,评价只是手段,评价过程也是学习的过程,发挥好评价在数学项目活动中的积极作用,可以助力项目活动的顺利实施。

基于教材的初中英语项目化学习支架的实践研究
——以 7BU8 A more enjoyable school life 单元项目为例

上海立信会计金融学院附属学校　俞　凤

《义务教育英语课程标准(2022年版)》指出,教师要引导学生结合个人生活经验和社会生活需要,围绕特定主题,由真实的问题或任务驱动,自主开展项目学习,实现学以致用、学用一体①。英语作为外语,学生不可避免会遇到语言表达能力无法满足项目探究思维深度这一障碍。因此,适时搭建多元学习支架为英语学科开展项目化学习提供了新思路。本文以 7BU8 A more enjoyable school life(令人愉悦的校园生活)单元项目化学习为例,呈现学习支架在项目化实践中的促进作用。

一、基于教材的单元项目设计概况

(一)项目缘起

根据上海牛津教材的编写,每一个模块主题下设三个单元,这三个单元的话题与模块主题紧密相关。我每开启一个新模块,都会跟学生一起浏览单元话题,建立模块主题与单元话题之间的联系。七年级下册第二模块的第三单元主题是 A more enjoyable school life。学生在翻看内容时说:"第一课就是通过调查了解同学们的意见,这有点像我们每年的少代会提案。只不过我们的少代会提案是我们自己拍脑袋想出来的,这是调查出来的。"学生漫不经心的讨论却促使我带领学生开启第三单元进行项目化学习的念头。结合一年一度的少代会,你会在少代会上向校长递交什么提案呢?怎样的提案能够真正体现同学们的真实需

---

① 中华人民共和国教育部.义务教育英语课程标准(2022年版)[M].北京:北京师范大学出版社,2022:41.

求,进而营造更加令人愉悦的校园生活呢?

(二)项目设计

驱动性问题:What proposals would you like to make for the annual congress of Chinese Young Pioneers in our school? 为了营造令人愉悦的校园生活,你会在少代会上向校长递交什么提案呢?

项目主题:根据驱动性问题及教材单元话题,明确项目学习的主题是"To make proposals for the annual congress of Chinese Young Pioneers in our school"。

项目目标:学生以小组为单位自主合作探究,通过调查问卷或者访谈的形式收集改善校园生活的建议,并在组内就其可能性、可行性和重要性进行讨论,最后通过科学统计方法确定最终要上交的提案。

第八单元有两条线,一条是通过图片、情景、对话等丰富的资料和多样任务呈现教学内容,促进学生语言能力、思维品质等核心素养的发展,另一条线则是引导学生学会使用调查或访谈等科学方法提出体现同学们真实需求的改善校园生活的建议,激发学生热爱班级、热爱校园的情感。通过项目化设计,驱动性问题融合了单元教学目标,确保学生在真实解决问题的过程中,学习语言知识,运用语言知识,渗透学科核心素养的培育。

二、搭建项目化学习支架,促进项目实施

"What proposals would you like to make for the annual congress of Chinese Young Pioneers in our school?"是学生校园生活中真实出现的问题,也是学生在英语学科学习过程中联系生活实际产生的,问题本身的真实性和学生期待解决问题的迫切性驱动着学生愿意主动探究。学生在项目推进的过程中,能够调动所学知识和能力,以自主合作的方式解决问题。这一过程强化了学生对核心语言知识的运用,提升了思维品质和提高了解决问题的能力。但是对于刚接触项目化学习不久的师生来说,在探究的过程中还是不可避免地遇到了一些障碍。Wood 等研究者认为,教师想要进行有效的教学指导,至少应该拥有两个理论模型:一是任务或问题及其如何完成的理论;二是学习者的表现特征理论[1]。学习

---

[1] Wood D, Bruner J S, Ross G. The role of tutoring in problem solving[J]. Journal of child psychology and psychiatry, 1976, 17(2): 89-100.

支架作为有效教学的重要支撑,是在学习任务和学习者相互作用的动态过程中生成的。因此,学习支架的搭建不仅帮助教师顺利找到指导学生开展项目化的方法,也为学生顺利过渡到新的学习方式提供了很好的支撑。

(一) 以问题为导向构建任务型支架

在项目实施之前,孩子们很兴奋,热情高涨,颇有要干一番大事业的感觉。对于怎样的提案才是一份基于真实需求的提案,孩子们的想法很多。通过讨论,他们也发现了一些问题,如学生提到采访的时候可以不局限于自己班级,可以调查整个年级。孩子们处于有想法但没章法的境地,教师很有必要通过问题设置引导学生思考:递交提案的目的是什么?如何得知同学们的真实需求?学生们的需求都包括哪些校园生活的哪些方面?是不是每一个建议都是可行的呢?这些问题将研究内容按照研究的进程进行了梳理,形成一系列任务支架。每一个子任务的解决都能促进学生语言表达能力的提升和思维品质的发展,增强学生对于美好校园生活的热爱。

根据分解后的任务,师生可以共同明确项目学习方案。在正式实施项目前,教师要带领学生一起学习项目方案,做好入项准备,包括明确小组成员,确立小组长,制定小组学习公约以及解读项目实施目标和最后要呈现的成果形式。如表1所示,学生只有非常清楚地明确了各阶段的项目要求,才能更好地进行实践探索,并在活动中运用目标语言,训练语言能力,提高思维品质,落实学科核心素养。

表1 7BU8 项目化学习方案

内 容	课时	活 动 内 容
入项	1	1. 明确本次项目化学习目的和要解决的问题以及最终提案海报要呈现的板块。 2. 明确小组成员,制定小组计划和小组公约。
About the survey	1	运用 What changes would you like to see in our school? I'd like to …设计调查问卷或者访谈,做好数据收集工作。
Group discussion on the suggestions collected	1	1. 针对收集到建议运用 it would be + *adj.* to do sth 结构在小组内就其可行性、可能性和重要性进行讨论。 2. 将收集到建议分类归纳为校园生活的哪些方面,并做第二次调查问卷或者访谈。明确哪一条是最为迫切要解决的建议。

续 表

内　容	课时	活　动　内　容
Drawing the bar chart & Writing the survey report	1	1. 在第二次调查问卷的基础上绘制柱状图，清晰明了呈现同学们的真实需求。 2. 学习如何撰写调查报告，掌握调查报告撰写关键要素。
Modification	1	指导学生根据评价表，调整海报，明确成果汇报要求和评价维度。
出项	1	成果汇报并以小组为单位进行反思总结。

（二）整合教学内容构建策略型支架

策略型支架是指在项目进行中，选择有效的方式和途径如提供范例、微课等多种策略，帮助学生顺利开展项目。在本次项目实施中，教师根据学生的能力以及活动进展，对教学内容进行了优化与调整。

整合教学内容，为学生顺利开展项目提供必要的语言支撑。按照单元教材编排，本单元共有四课时内容。前两课时为阅读课，学生学习目标语言开展改善校园生活建议的调查，并进一步运用目标语言撰写调查报告。第三课时为听说课，学会表达对他人建议的看法。最后一课时为写作课，主题为 *Changes of the classroom*。通过写作活动，学生能够正确使用反身代词，撰写关于改善班级环境的报告。首先根据项目研究的需要，本单元最后一课时与项目主题偏离，因此最后一课时不作为本项目研究的内容并对其他课时内容进行整合。根据学生开展项目的需要，重组后的教材内容安排如下：第一课时为阅读课，主题为 *My ideal school*，通过学习 Kitty 如何使用核心句型 What changes would you like to have? 进行采访，收集改善校园生活的建议。本课时内容的学习为学生完成第一个子任务即调查或者访谈提供了必要的语言支撑。第二课时调整为听说课，学生学会用 it would be + *adj.* to do sth 的句型结构表达对他人建议的看法，通过听说活动的设计，就"一个更有乐趣的学校生活"做了更为深入的讨论。第三课时为写作课，主题为 *How to write a survey report?* 指导学生进一步运用目标语言收集信息、绘制柱状图并撰写调查报告。本课时对调查报告的撰写进行了细致讲解，同时提供了优秀范例，帮助学生理解和掌握调查报告这一文体特征，为学生撰写自己的调查报告提供了写作方法指导。

(三)依托动态评价构建元认知支架

元认知支架是指学生对于自己认知过程、结果的思考和监控。项目化学习是一个长程设计,教师的评价设计和及时引导能够有效推进项目的顺利实施。因此,评价始终伴随着项目化学习的整个过程。教师要根据项目实施的不同阶段明确不同指向的评价方式和要求。要将评价量表的设计融入项目的实践活动中,真正成为指导学生明确成果要求和动态调整改进成果的工具。本次项目中的评价主要指向两大方面:项目过程中学习内容的评价(见表2)和成果展示评价(见表3)。项目过程中的学习内容评价帮助学生关注语言知识的学习,以自评的形式开展。而成果展示评价不仅关注语言表达,还涉及海报内容、汇报时的流利程度、时间掌握情况以及小组成员参与情况等多项指标,以自评和他评的方式开展。通过多维度评价,逐步提高学生的语言能力、思维品质等核心素养和培养学生团结协作的能力。

表 2　学习内容自评表

1. Can I use "What changes would you like to see in our school? I'd like to …" to get information?	☐ yes　☐ no
2. Can I use "It would be + *adj.* to do sth" to express my opinion in my group?	☐ yes　☐ no
3. Can I draw a bar chart to analyze the data we collected?	☐ yes　☐ no
4. Can I write a survey report according to the bar chart?	☐ yes　☐ no

表 3　成果展示评价表

评价维度	评分标准	自评	他评
海报内容	内容完整;紧扣主题;数据支撑	☐ yes　☐ no	☐ yes　☐ no
语言表达	语言规范;表达准确;符合逻辑	☐ yes　☐ no	☐ yes　☐ no
流畅程度	脱稿讲演;表达流畅;结构清晰	☐ yes　☐ no	☐ yes　☐ no
时间控制	时间把握准确,在规定时间内展示	☐ yes　☐ no	☐ yes　☐ no
组员合作	小组成员相互配合,积极参与	☐ yes　☐ no	☐ yes　☐ no

表2的设计是针对学习内容的自评表,学生在学习必要的语言知识可以对照自评表了解自己的掌握情况,自评表可以直观地反馈学生对于核心知识点的认知过程,便于学生及时调整学习策略,从而为项目更好地推进打好必要的语言知识和技能基础。成果展示评价表(表3)包括自评和他评,评价维度指向学生可以达到的目标,而评分标准指向的是学生成功标准的具体内容。评价表既是小组成果展示的终结性评价,同时也过程性地引导学生在项目进行中不断思考和调整,最大限度地聚焦评价维度中的方方面面和评分标准,语言能力、思维品质以及学习能力都得到相应的提高和训练,有利于落实英语学科核心素养。

(四)借助书籍、视频和网址丰富资源支架

在英语学科内开展项目化学习,学生经常会面临这样一个问题:思维已经达到一定的深度和广度,但是却无法恰当流畅地使用规范的英语表达出来。语言能力无法满足思维深度的矛盾,需要教师就特定的主题及时给予丰富有效的资源支架。如就单元话题,为学生提供"单词银行",学会利用身边的书和教材资源。其次教师可以向学生推送一些权威网站,用于搜索近义词、反义词以及常用搭配和例句等,鼓励学生常翻词典(工具书)、多看外刊和文学作品,并能按照主题做好阅读记录,这样可以潜移默化地提高学生自主学习的能力。

三、实践成效与反思

(一)实践成效

在本次实践中,学生根据项目主题,运用核心句式结构设计调查问卷或者访谈不同年级的同学,收集大家改善校园生活的建议,同时根据收集到的建议进行组内讨论,发表自己的看法,进行数据分析,制作柱状图或者饼状图,最终完成小报制作和PPT制作,准备成果展示口头汇报。在整个过程中,学生的学习都是主动式合作探究。学生的语言能力得到极大锻炼。从学生在成果汇报时展示的PPT、提案海报以及learning diary可以看出,学生真正运用了语言结构进行调查和访谈,最终得出了最迫切需要向校长递交的提案。为了展示本组成果,组员们利用课后时间认真对着镜子练习口语。这使孩子们的语言能力得到了大幅提升。实践表明,在项目学习过程中,学生会反复使用到或者听到特定的词汇,核心词汇和句型的输入与输出量大幅增加。英语学科项目化学习可以增强学生的口语输出,提高语言能力。

学生的自主学习能力也得到了锻炼。在对收集到的提案就其可行性、可能性和重要性三个方面讨论时，书本上的词汇已经没法满足学生的表达需要，因此学生经过查询词典，自主学习并使用，极大地扩充了词汇量。除了上述提到的自主查阅词典外，学生在做访谈时，因为新冠疫情的关系，有的采用Wechat、QQ等社交媒体，有的则用钉钉在线课堂，实现线上面对面采访的效果，孩子们在采访的过程中会用录音和视频等可视化的学习手段。在成果展示汇报时，这些录音和视频资料直观地展示了项目化学习的过程，使得本组的提案更有说服力。学生们在learning diary中写道：本次项目化学习使我们认识到自主学习能力的重要性，当我们一个团队合作完成一项任务时，这种成就感是无法用语言表达的，这种学习方式和学习体验也是传统课堂无法做到的。

（二）实践反思

对于教师而言，英语项目化学习在单元教学中的实施为我们提供了一个全新的视角。基于教材开展项目化学习最本质的目的是通过项目这个载体促进语言知识的学习和提高语言运用的能力。因此，我们在开展项目的过程中需要处理好以下关系，从而真正促进学生在真实问题情境中自主合作学习，提高英语学科核心素养。

1. 平衡语言学习与驱动性任务，在项目中落实单元教学目标

在学科内开展项目化学习，要坚守学科底线。按照现行的教学模式，教师既没有额外的课时用于开展项目学习，还要兼顾学业质量。于教师而言，挑战更大，体现在教师解读单元内容、确定单元目标以及项目实施与单元内容整合的要求更高。教师要在精准解读单元目标和有效整合单元教学内容的基础上，根据真实情境中的驱动性问题，带领学生进行主动积极的实践探究。教师在项目实施的每一个环节都要有预设，并且能根据项目的进展及时给予动态指导。

2. 适时提供不同类型的支架，在项目中促进语言运用

英语学习的最终目的是运用语言知识，促进语言交流。因此，我们在项目化实施过程中，为学生搭建学习支架，要时刻关注语言学习和项目互动之间的关系。本案例中分解后的驱动问题是：（1）如何询问他人关于改善校园生活的建议？（2）如何表达对于收集到建议的看法并在组内进行初步分析和讨论？（3）如何撰写调查报告，确定最终的提案？根据分解后的任务，整合教材内容，我们建立了子问题与分课时之间的关系，为学生自主合作开展每阶段的任务搭建了有效

的任务支架、策略支架、元认知支架和资源支架。这些不同类型的支架要在项目开展过程中适时提供，真正起到帮助学生自主开展项目，促进学生在项目化学习中用语言开展学习。

3. 转变观念，重新认识师生在课堂中的地位

要转变观念，重新定位师生在课堂中的地位。项目化学习强调以"学生为主体，教师为主导"的一种新型学习共同体，改变了以往课堂教师为主体的教学方式。从最开始的驱动性问题的讨论，到项目目标的确定，到驱动性问题的分解，项目子问题的确定以及每个阶段学生要完成的任务和相应的评价标准的制定，都是要师生共同商量制定的。在项目化的学习过程中，学生的主体地位得到充分体现，学生参与课堂的主动性和热情也大大提高。

首次在学科内基于单元教材开展项目化学习，让我们看到了教与学的方式的转变。这一实践过程真正实现了以学生为主体，在教师的引导下课堂学习方式发生了变化，自主学习和合作学习使得学生由被动地接受教师对知识的讲解转化为积极主动寻求解决问题，并在真实解决问题的过程中运用语言知识，真正体现语言的语用功能。英语项目化学习在单元教学中的实施为我们提供了一个全新的视角，甚至为英语教学研究打开了一扇门。如何在日常教学中常态化实施项目化学习？以及根据《义务教育英语课程标准（2022年版）》要求如何基于英语学习活动来设计不同的成果等问题是今后我将进一步探究和摸索的课题。

PBL 教学法在初中地理线上教学中的应用

上海市浦兴中学　张　超

【摘要】 新冠病毒疫情防控期间，线上教学成为重要的教育方式。随着教学环境、方式的改变，学生的"学"和教师的"教"都面临着挑战。为了更好地提高线上教学质量，结合初中地理学科特点，笔者引用了以项目为主线的 PBL 教学模式。本研究以 PBL 教学法在地理线上教学中的实践为例，通过剖析其在地理教学中的具体实施环节及关键要素，探究教学策略，旨在为地理线上教学的创新发展提供思路与参考。

【关键词】 项目化学习　初中地理　线上教学

线上教学作为教育服务的重要组成部分，是信息化社会推动网络技术与课堂教学深度融合的时代要求，尤其在疫情反复与防控常态化的背景下，线上教学凭借其"跨空间式教育"的优势，则显示出其应用价值。而总体上，目前我国中小学线上教学仍处于发展阶段，在教学质量和模式构建等方面仍存在不少挑战，如何有效使用线上教学法发挥线上教学优势、保证教学质量则成为教育工作者亟须探索的问题。本文以 PBL 教学法在初中地理线上教学中的应用为例，旨在从具体的教学案例出发，阐述其特征与启示，以期更好地发挥 PBL 教学法的优势，提升地理学科线上教学的效果。

一、PBL 教学法的内涵

PBL（Project-based Learning）被译为"项目化学习"或"基于项目的学习"，是一种以学习者为中心、基于"问题"的教学形式。关于项目学习，薄全锋曾论述道："其核心精神是以真实任务驱动学习自觉性，营造师生合作创造空间，体验学、思、做结合的乐趣。"[①]巴克教育研究所、达林-哈蒙德、克拉斯克等人也对其

---

① 薄全锋，潘思强.基于项目学习的教师培训策略[J].教育，2017(13)：8.

进行过概念界定,他们都强调这些要素:真实的驱动性问题、在情境中对问题展开探究、用项目化小组的方式进行学习、运用各种工具和资源促进问题解决、最终产生可以公开发表的成果。[1]

PBL教学法,采用项目化的教学方式,教师设定项目,学生围绕该项目进行探索,为了成功地完成项目,学生必须整合自己在各学科和领域的知识和生活经验,与团队成员进行沟通与合作。在这个过程中,学生们所发展出来的技巧和能力,是传统教学模式无法触及的。通过PBL教学法,实现学生高级思维和认知能力的发展,实现"从学习理解到应用实践再到迁移创新的进阶梯度"。[2]

二、PBL教学法在地理学科线上教学中的意义

项目化学习可以基于学科而又超越学科[3],落实到地理在线教学的PBL模式,则要求教师运用线上各类工具平台,将项目化的设计要素融入地理学科,以地理学科为载体,聚焦学科关键概念和能力,用项目化的形式呈现出来,此教学法的运用对于新时代中学生线上的地理学习具有重要意义。

(一)提升学习自主性和灵活性

由于学科特性及"副科"的传统认知,地理学科的学习在学生心理上极易产生枯燥、缺乏趣味性的消极印象,因而学生后期缺乏学习地理的兴趣和动力。PBL教学通过项目具体情境和案例,创新地理教学方式和教学内容,促进学生在学习过程中带着地理问题进行思考学习和自主学习,加上辅以线上教学,解决了传统教学时间、地点限制的问题,教师与学生之间形成积极互动的氛围,则能够有效激发学生学习地理的兴趣,营造出轻松愉快的学习氛围,更利于学生释放天性,提升学生地理实践力。

(二)发展学生综合能力素养

随着新课改的推进,单一的学科知识越来越不能满足中学生的培养需求和时代发展要求,学科之间的融合联系逐渐成为研究趋势。PBL教学的实施则能

---

[1] 夏雪梅.项目化学习设计:学习素养视角下的国际与本土实践[M].北京:教育科学出版社,2018:8.
[2] 王磊.学科能力构成及其表现研究——基于学习理解、应用实践与迁移创新导向的多维整合模型[J].教育研究,2016,37(9):83-92.
[3] 夏雪梅.项目化学习设计:学习素养视角下的国际与本土实践[M].北京:教育科学出版社,2018:127.

够实现源于地理单科知识而又融合其他知识,体现学科综合性;线上运用此教学法,能够方便快捷地通过网络获取多种学习资源,不仅符合当代学生的行为习惯,更能在项目问题解决过程中无形地发展学生的信息搜集、问题提炼、资源整合能力,训练其问题解决、跨学科学习、团队合作、批判性思维等综合能力。

三、基于 PBL 教学法的地理线上教学实施

PBL 教学法在地理线上教学中的应用,其本质是结合地理学科特点,以问题为导向,以学生为中心。实施过程主要分为:项目实施前的核心知识和驱动性问题的确定;项目实施过程中的学习实践设计;项目实施后的成果展示设计;全程系统性评价反馈机制的建立。

(一)项目实施前的准备

1. 学情分析

线上教学与线下教学的区别在于学习方式的转变,而始终不变的则在于以学生"学"为中心的课堂教学理念,因此无论实施何种教学方法,教师都应"心中有学生"。任课教师可从班主任等多渠道了解学生平时表现,注重班干部带头作用及个别学生的特殊情况。线上教学实施的准备初期,教师应通过问卷、个别谈话等方式开展调研,及时了解学生的学习基础及线上教学的学习需求,包括了解学生线上学习使用的工具、答疑的方式偏好、对线上课堂互动的态度等,充分了解学生对于线上学习的担忧及期望,因材施教。

例如,七年级的地理学习主要是中国地理及中国区域地理,在此过程中教师主要帮助学生直观地认识国家自然地理和人文地理。在此之前,笔者通过调研了解到学生在七年级前已基本具备学习中国地理的知识框架和区域地理的研究方法。基于此,"中国区域篇"部分的项目化教学才具有一定的可实施性。

2. 项目主题和任务设计

项目实施的全过程,教师都应围绕一个能够引导学生自主学习的"驱动任务"。传统教学模式中主要是由教师讲授,难以充分激发学生学习地理知识的兴趣和求知欲,尤其是对线上教学来说,师生本就处于"空间离散"的状态,学生注意力极易转移,因此设计一个能吸引学生自主学习的项目主题则显得尤为重要。教师在熟练掌握线上教学平台和通信软件的前提下,则要做到从学科核心知识出发,设计生活化、有参与感的主题。毋庸置疑,教师应在此前深入理解所教单

元的知识点，科学把握地理知识体系，只有这样设计出的问题才能够更好地帮助学生"承上启下"，帮助学生在自主实践中构建学科知识体系，做到融会贯通。

根据对应的课程标准和教材等确定项目目标和框架问题，同时借助并整合网络教学平台和资源，确定项目所指向的核心知识，从生活实际出发，引导学生积极探索。例如，学习中国区域地理过程中，通过设置核心问题——选择自己最想带同伴"云导游"的中国区域（省份），教师可以利用多媒体为学生创设相关情境，例如在线上播放《地理中国》《航拍中国》等纪录片片段或展示操作智能的电子地图，让学生围绕"区域'云导游'"这一任务开展讨论，引导学生从地理位置、地形、气候、农业、工业、交通等方面查阅资料、创造作品，也可结合历史、生命科学等其他学科知识，尽可能地使学生通过项目化学习来强化创造能力、综合思维能力、问题解决能力，同时也激发学生对于地理知识的探索欲与求知欲。

主题的选择可以有很多方法，教师可以在日常教学中选择有关教学主题，也可以是和学生一起进行"头脑风暴"探索出的多个主题，只要是能够使得学生在生活、学习中得以进步与运用，就说明该主题的选择是有意义的。所有学生可以使用同一主题，也可以使用分组别的不同主题，教师可结合教学目标尽可能多地提供学生可选择的主题。

（二）项目实施组织

1. 自由分组

关于项目化学习的阶段，众多研究者都曾对其有过论述，包括本德的六阶段论[①]等。在这些论述中，研究者都一致地重视项目小组团队的组建，因此线上项目化学习实施启动的第一步，即项目小组的组建。结合学校线上教学的情况划分项目学习小组，小组成员由学生自由结合，再由教师根据学生特色进行部分调配，保证小组中的异质性，使得各个小组都能够合理搭配，从而充分发挥小组成员的优势，保证学生在完成项目过程中均有获得感。比如，疫情防控期间，地理学科采用同年级合班式线上教学，因此相比于之前的以班级为单位，该项目化教学分组中，学生能够更大范围地实现跨班级自由组合，每小组4—6名成员展开合作学习。

---

① 本德（Bender，2012）等将项目化学习分为六阶段，分别是导入与团队计划、初步探究、二次探究等。

2. 合作学习

小组形成后,鼓励学生自主制定项目任务书,安排各自的任务,合作开展学习。例如,七年级某一小组选择重庆市作为"云导游"学习核心任务,不同班级的6名学生利用微信群、钉钉、腾讯会议等平台,进行了组长推选、任务书撰写、思维导图制作、PPT制作等工作,从查找资料、记录信息到结果呈现,共同完成了项目学习。小组成员之间通过"在线共享文档"共同针对文稿提出修改及补充建议,探究如何更好地呈现重庆市区域介绍。小组合作探究不仅锻炼了学生的人际交往与沟通能力、组织协作能力,更深层次地通过解决项目问题、创造并完善作品,使学生提升了学习的积极性和主动性。

3. 成果展示

项目小组成员围绕已设定的驱动性问题,通过学习实践产生作品、产品、报告等成果,可以是多种形式,但需要体现个人与小组在项目学习过程中对于核心任务的深入探究与理解。当然,学生在项目化过程中生成的材料,例如活动任务书、人员分工、实施步骤、项目方案、个人学习日记等都可以作为成果的佐证材料。仍以"中国区域篇"为例,笔者在教授这一部分内容时,将课时的前15—20分钟,作为项目化学习成果展示时间,项目成员带着自己的作品在线上直播或通过展示自主录制的视频,向大家介绍自己选择的"云导游"中国区域(省份),过程中项目成员需记录其他同学的意见和观点。如果线上教学学生较多,教师就可以让学生小组之间互相展示,包括学生提交的作品、报告或感悟,借此以引导学生思考与讨论。这样不仅能让被展示的小组成员更有动力,同时促进其反思,也能够让其他学生汲取精华,学习经验。

4. 在线答疑

项目实施过程中各小组按照计划执行任务,教师可以进入不同群组观看学生讨论进度,及时给予科学的指导与评价,在学生自主探索的同时,保证适时、合理的互动与答疑,其中教师要牢记"互动不是虚伪的问答"[1]。师生互动的深度和广度受限是后疫情时代制约线上教学效果的主要问题之一,因此如何利用线上教学平台实现"互动课堂"是所有一线教师都需面对的挑战,无论是知识点的讲授还是学生在项目化学习过程中的成果展示、问题答疑部分,良好的师生互动

---

[1] 薄全锋,潘思强.基于项目学习的教师培训策略[J].教育,2017(13):10.

都是不可缺少的条件之一。在项目化学习过程中,师生应善于利用腾讯会议"眼神交流""举手发言"、钉钉"答题卡"、微信群投票等互动工具和分组工具;利用投射效应吸引学生学习,例如通过融入手势和常看摄像头等,也可以与学生分享自己所掌握的信息文献检索知识、线上资源、时间管理方法等。

(三)全程性评价反馈机制的建立

项目化学习要求教师在学习实践的整个过程中进行评价,其中内部评价和外部评价、过程性评价和结果性评价都是不可缺少的部分,最终都旨在推动学生积极反思,帮助其拓展思维;同时教师也能够对学生个体情况有更深入的了解,从而优化线上教学设计,正如薄全锋先生所言"让师生都能增值"[1]。

1. 同伴互评

小组可通过微信或QQ自建群组进行讨论。为保证讨论的有效性,教师一般也要加入群聊,旁观成员讨论,必要时给予指导。小组讨论、互评可通过"腾讯文档""一起写"、QQ群直播的"排麦连麦"等工具实现,除了能够实现在线讨论外,有些平台还能实时显示每个成员书写的内容,了解每个组员对于任务完成的贡献度。在所有小组成果展示后,可通过选择题或微信里的投票小程序功能发起投票,评选"优秀项目组"。

2. 学生自评——K-W-L量表

K、W、L分别代表"已经知道什么"(know)、"还想学习什么"(want)、"最终学到了什么"(learn),在PBL教学法中应用K-W-L量表,能够帮助学生围绕项目目标,从生活出发带着问题探究地理知识,了解自己的困惑点和学习目标,也能在一个项目结束后,促使他们梳理知识体系,在脑海中形成解决类似问题的关键结构,以此实现举一反三的良好闭环。同时,撰写反思笔记和心得也是学生自我评价的方式之一,通过整理自身在项目化学习过程中的所获和不足,不断内化与改善,这种学习习惯的习得比获得知识点本身更为可贵。

3. 教师反馈

教师全程地鼓励思考、及时反馈是确保项目化学习效果的关键条件。从笔者具体的实践出发,例如在微信群组织小组成员讲解自己在完成项目过程中的任务分工、遇到的问题、难题等以及自己是如何找到解决方法的,教师适时总结

---

[1] 薄全锋.项目化学习教学指导手册·设计篇[M].上海:科技教育出版社,2021:160.

反馈,指出有待改进之处,总之要尽量为学生创造一个无限接近教室氛围的云讨论小组。另外,每一次课堂小组结束讨论前,教师要求各组形成"下一次讨论要解决的问题/目标",包括课下小组个人要完成的个人任务、建议阅读的资料等。成果展示时,汇报人虽可由小组分工确定,但汇报时一般也会抽选其他成员进行模块展示,以调动每一个组员的参与;并在设置过程性评价量规时,将组员平时在项目学习群的讨论参与情况纳入"优秀项目组"的评选指标中,鼓励学生发散思维。项目实施结束后的结果性评价,则不仅是对学生最终学习成果的评价,更应以促进学生在新情境中的迁移、应用能力为目的,例如强调学生"项目化学习收获"的反馈等。

四、反思与展望

审视当下,项目化学习从实际案例出发,结合线上网络交流平台的使用,为学生独立探究、合作交流提供了契机,为教师提升线上教学质量提供了机遇,但同时也存在着一些不足。

(一)线上教学应用 PBL 教学法的优势

教师应是"学生主动建构知识时的指导者,而不是理论知识的灌输者"[1],在线上教学引入 PBL 教学法,为学生积极创设贴近生活实际的情境,创新线上教育教学方法,能够将教师的"单向教"转变为学生的"做中学",促进学生独立探究、思考,形成积极、活泼、生动的地理课堂,激发学生学习地理的热情和兴趣,同时有助于培养学生对地理学科知识的理解、创新和应用能力。加之便利的网络环境也能拓宽学生获取知识的渠道,实现信息资源的快速获取和共享,让学生真正成为教学的"主人"。

(二)线上教学应用 PBL 教学法的不足与展望

由于线上教学本就存在师生互动受限、学习过程难以监督等问题,且初中阶段的学生总体上自主学习意识相对薄弱,因此在实施该教学法过程中,会出现有的学生逃避任务、不参与讨论等情况。为保证学生投入项目学习中,教师应在项目实施前对学生做好学情分析,针对不同情况的学生给予不同指导,对缺乏信心

---

[1] 陈巍,陈国军,郁汉琪.建构主义理论的 PBL 教学体系构建[J].实验室研究与探索,2018(2):183-188.

和兴趣的学生给予及时的关注和鼓励；在实施过程中，由于师生、生生互动缺乏面对面的真实感，因而无论是线上的课堂还是课余的交流，都应重视与小组成员的视频互动答疑，另外通过召开项目准备会、合理设计主题、明确多元考核量表等方式充分调动学生参与的积极性，增强他们的交流意愿，并监督实施状况，确保学生参与率和线上教学质量。

  无论是何种教学方法，其实施与完善都是循序渐进的过程，加强教师的理论学习，提升信息化、实践性等综合技能是提升在线教学质量的前提之一。尤其在线上运用PBL教学模式，教师需将知识点与实际生活相结合进行主题设计，这就要求教师自身在掌握基本的教学技能外，注意在日常教学和生活中进行反思与积累，多考虑为学生创设一些"开放式问题"，不一定需要在一节课中有一个定论的答案，但需能够引起学生的讨论与思考，或是需要学生进行多学科联合思考的一些问题，例如在学习"世界分国篇""天气与气候篇""人口、资源和环境"时，"为什么有些地区或国家在经济上比别国强""社会各界应如何应对气候变化""为什么人们要信仰宗教""什么导致的资源短缺"等都可以作为项目学习的主题，教师多积累、多思考，才能为学生提供更多的项目主题。此外，教师也需要不断提升信息化水平，灵活运用多种线上教学工具，充分利用教育网站等网络数字资源，正确引导学生使用手机或网络新媒体，与学生互进、分享学习资源，为学生提供更好的学习体验。评价作为PBL教学中的关键部分，需要学习者本身、同伴和教师等多方努力，作为教师方则应不断深入教学法研究，优化测量评价，同时在过程中做好自我评价与反思。

  综上所述，为了保障学生在项目化学习过程中的学习效果，实现学科知识与综合素养的融合，教师应在教学实践中继续探索、反思、优化、改进项目化学习中各个阶段细节，促进其更好地实施，提升线上教学实效。

红色音乐文化育人路径的思考
——以小学音乐五年级《深深的祝福》第一单元为例

上海市浦东新区张江镇中心小学　陈　双

【摘要】 小学音乐教学中,红色音乐的引入对于培养学生的爱国情怀有着积极的作用。本文以五年级第一单元的音乐教学为例,探究了音乐课堂中红色音乐文化的育人路径,并针对该案例的实践过程进行具体分析,通过赏、唱、舞、创四个递进式的维度开展教学,以期为实现德育、美育有机融合的小学红色音乐教学带来启示。

【关键词】 融合　音乐育人　红色经典歌曲　爱国情怀

《义务教育艺术课程标准(2022年版)》(以下简称《标准》)强调,艺术课程要培养的核心素养是艺术课程育人价值的集中体现,是学生通过艺术学习形成的正确价值观、必备品格和关键能力。音乐课堂教学不但要完成最基本的美育任务,还要强化德育渗透,引导学生在欣赏、感受音乐之美的过程中实现健康成长。《标准》对音乐教学的听赏作品做出如下要求:熟悉和热爱中华民族的音乐创造成果,探究其独特风格和文化内涵,增强民族自豪感,坚定文化自信,培养爱国主义情怀,能以开阔的视野体验、学习、理解世界其他国家和民族优秀音乐文化,树立平等的文化价值观,拥有尊重文化多样性的人文情怀。基于此,本文将以五年级第一单元《深深的祝福》为例,探讨小学音乐课堂如何通过红色歌曲推动德育与美育的有机融合,引导学生在感受、表达、创造中华文化的过程中,树立爱国意识。

一、背景介绍

五年级第一单元是《深深的祝福》,教学内容包括四首红色歌曲,分别是《我和我的祖国》《祝福祖国》《妈妈教我一支歌》《雨花石》。其中,每一首歌曲的教学目标有所不同,具体如图1所示。

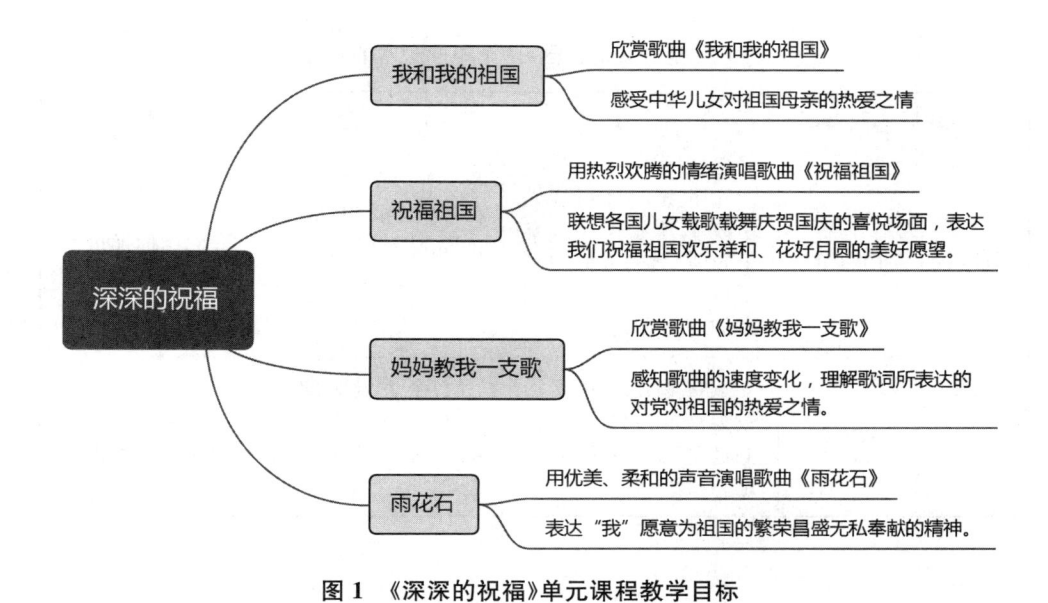

```
                     ┌─ 欣赏歌曲《我和我的祖国》
         ┌─ 我和我的祖国 ─┤
         │           └─ 感受中华儿女对祖国母亲的热爱之情
         │
         │           ┌─ 用热烈欢腾的情绪演唱歌曲《祝福祖国》
         ├─ 祝福祖国 ──┤
         │           └─ 联想各国儿女载歌载舞庆贺国庆的喜悦场面，表达
深深的祝福 ─┤              我们祝福祖国欢乐祥和、花好月圆的美好愿望。
         │
         │           ┌─ 欣赏歌曲《妈妈教我一支歌》
         ├─ 妈妈教我一支歌 ┤
         │           └─ 感知歌曲的速度变化，理解歌词所表达的
         │              对党对祖国的热爱之情。
         │
         │        ┌─ 用优美、柔和的声音演唱歌曲《雨花石》
         └─ 雨花石 ─┤
                  └─ 表达"我"愿意为祖国的繁荣昌盛无私奉献的精神。
```

图 1 《深深的祝福》单元课程教学目标

二、红色音乐育人路径

本案例的单元课程通过赏、唱、舞、创四个递进式的维度开展教学，以下就具体实践过程进行阐述。

（一）赏——感受红色文化

1. 赏红歌之异同

任何一首经典歌曲都是经过历史选择出来的最有价值的、最具代表性的、最完美的作品，是最能代表这一个时代的歌曲。经典歌曲烙上了歌曲创作时的时代特征，是当时社会生活和精神的写照。本单元重点欣赏歌曲《我和我的祖国》。该歌曲有多个版本，其中又以李谷一和王菲演唱的版本最为大众所熟悉。李谷一的歌声嘹亮、气势恢宏，体现了对生活、对国家的情感；王菲的演唱虽没有李谷一那般高亢，但能让人感受到对当今幸福生活的满足和对祖国那份欣喜的爱，这种爱是欢快而又轻盈的，宛如飞舞在蓝天下，流淌在山水间。两个版本从欣赏的角度来看，呈现出截然不同的特点，如表 1 所示。

在教学中笔者选择了上述两个版本，利用其呈现出的不同特点，引导学生从多角度赏析两者的异同，使学生从歌曲中充分感受祖国日新月异的变化。通过对比歌曲的两个版本可以发现，虽然歌曲在时代背景、群像展现等方面存在差异，但爱国情怀始终不变。

表1 《我和我的祖国》两个不同版本的对比

演唱者	演唱时间	时 代 背 景	MV 展示呈现	歌 词
李谷一	1984年	20世纪80年代,处于改革开放初期。整个80年代的人们想到了自己一生与祖国同在的努力和奋斗	20世纪80年代的重要时刻的记录(通过人物群像展现集体的力量)	你用你那母亲的温情和我诉说
王菲	2019年	人民物质文化生活较为富足,感受到更多的是对当下生活的满足感	七个关键时期的小人物的故事(小人物在时代洪流中的奋斗)	你用你那母亲的脉搏和我诉说

2. 赏红歌之韵律

著名教育家苏霍姆林斯基指出:"音乐教育不是音乐家的教育,而首先是人的教育。"音乐教学要让学生在听觉感知的基础上对音乐的情绪与情感、音乐表现的要素、音乐风格有一定的认知和判断,并联系音乐的相关文化进行分析和理解,进而更好地领会音乐所表达的情感和意义,获得丰富的情感体验和审美体验。"曲调"是一首歌曲的灵魂,高品质的歌曲离不开动人心弦的曲调和旋律,让学生感受到音乐曲调的内涵,真正做到将音乐课堂与学生的生活实际相结合①。

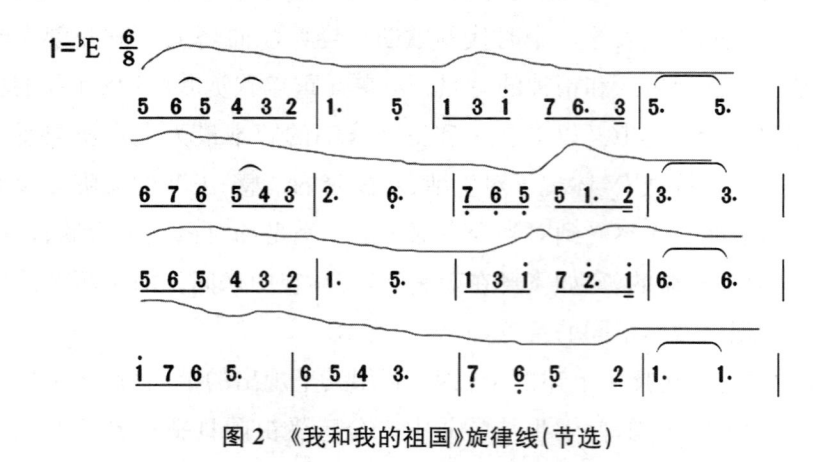

图2 《我和我的祖国》旋律线(节选)

---

① 郎北.润物细无声——小学音乐课中的德育渗透[J].吉林教育,2019(44):78-79.

例如,《我和我的祖国》是6/8拍,大调式,两段体,歌曲摇曳荡漾的韵律感,有连绵和舒展的感觉。据此,笔者选择在歌曲的主歌部分带领学生哼唱,以此感受第一、第二乐句较为平稳的旋律,同时引导学生体会歌曲中的语调,感受我与祖国就像那浪花一般,我中有你,你中有我。第三乐句的旋律起伏较大,仿佛我和祖国一刻也不能够分割。第四乐句旋律下行回落,生动地表现出了我与祖国不可分割的依恋之情。

3. 赏红歌之画面

在教学中,根据音乐学科的情感特点,以"情"为纽带,达到以情育人的目的。情感是人们对某种事物的爱憎、好恶的态度,它对道德行为起着巨大的调节作用[①]。一首歌曲,可聆听,可联想,更可观赏。感受歌曲可通过多种渠道,是需要多感官一起加入的。因此,在教学中可向学生介绍作者创作的背景,把收集到的图片、文字通过多媒体展现在学生面前,用生动形象的方式,深化音乐教学中的育人功能。

在学习《祝福祖国》这首歌曲时,为促进学生展开教学赏析,笔者借用多媒体教学设备为学生构建相应的教学情境,如图3所示。教学中,通过中华人民共和国成立70周年时各族人民国庆大联欢的场景,将学生带入56个民族合家欢的情绪中,使学生自然而然地体会并声情并茂地唱出对祖国深深的祝福。

图3 《祝福祖国》教学多媒体课件图例

又如,《我和我的祖国》在主歌部分的情绪委婉而抒情,教师提问:"聆听歌曲之后你的眼前浮现出歌曲中哪些画面?表达了怎样的情感?"学生说我仿佛看见了高山、村落、河流、炊烟……这些虽然平常但十分美好的景物,表达了我对祖国

---

① 马玉芳.小学音乐课教学中如何对学生进行德育渗透[J].中国校外教育,2017(03):154.

最朴实的情感。复听歌曲时教师播放视频,通过音画结合,调动学生的积极性,让学生充分展开想象……提出思考:"你看到了什么?"有的学生说,我感受到海风轻拂,看见了碧波荡漾的美景,有的说我看到了巍峨的高山、雄伟的长城,有的说我闻到了花香……畅享在美的画卷中,激发了学生最朴实的爱国情怀和民族自豪感。

再如,在教授《我和我的祖国》中的乐句时(如图4所示),通过画面让学生感受到炊烟袅袅和小小村落的宁静、安详,知道在演唱时要用柔美的声音演唱,更能准确表达歌曲的意境。

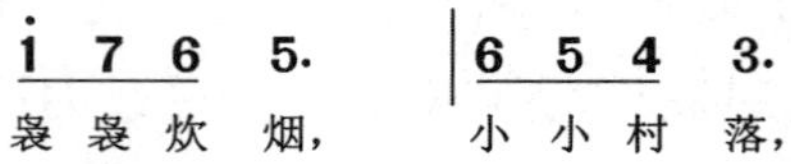

$$\dot{1}\ 7\ 6\ 5.\ |\ 6\ 5\ 4\ 3.$$
袅 袅 炊 烟,　小 小 村 落,

图4　《我和我的祖国》简谱节选

(二)唱——表达红色文化精神

演唱歌曲时不仅是为了学唱一首歌曲,更重要的是学习歌曲本身包含的丰富内容,理解歌词所表达的意思和情感,理解歌曲背后的内涵和创作背景,促进学生核心素养的发展。

例如,《祝福祖国》这首歌曲整体风格是热闹、欢腾的。歌曲可以分为两个部分,前半部分的旋律每句都是从较低部分音区开始的,并且跳跃上扬,同时节奏活泼,律动感强。前半部分分为四个乐句,前三个乐句节奏相同,旋律由低到高上扬,再由高到低回落,音乐情绪在起伏中变化,赋予朝气与活力。人声作为歌唱艺术的表现工具,具有独特的优越性,人的嗓音可以直接地表达音乐作品中的思想情感,表达内心情感世界。

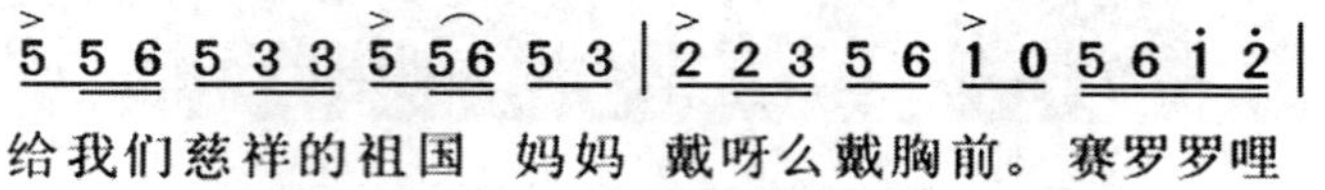

$$\dot{5}\ 5\ 6\ 5\ 3\ 3\ \dot{5}\ 5\ 6\ 5\ 3\ |\ \dot{2}\ 2\ 3\ 5\ 6\ \dot{1}\ 0\ 5\ 6\ \dot{1}\ \dot{2}\ |$$
给我们慈祥的祖国　妈妈　戴呀么戴胸前。赛罗罗哩

图5　《祝福祖国》教学简谱部分节选

第四个乐句节奏变得更加密集,重复的前八后十六节奏,感觉情绪更加热烈、高涨,并且加入了重音记号,有力地推动了情感的表达,就像各族儿女对于祖国妈妈的爱,就像千万条小河汇聚成江河湖海。

歌曲的最后一个乐句以衬词收尾,把情绪推向高潮。到底怎样表达这样的情感更完美呢？学生们展开了热烈的讨论，有的学生说演唱时强而有力，有的学生表示摆个漂亮的造型，有的学生的回答至今让我感动，他说歌曲表达了56个民族祝福祖国的共同情感。

打击乐器"铃鼓"是新疆小朋友喜欢的小乐器，最后加入铃鼓等小乐器演奏，有少数民族的特色，感情表达更加完美。整节课在热烈的气氛中进行，学生情绪高涨，教师也深受感动。

只有通过对音乐所表现出的情感有了一定的感受，才能引发情感上的共鸣，使德育的渗透得以"润物细无声"地进行。促使学生形成积极向上、乐观豁达的好品格。

（三）舞——律动红色力量

音乐的旋律是抽象的音乐艺术，而舞蹈则是具象的音乐艺术，两者之间相辅相成。在音乐教育中适当加入形体表达，可以让学生更加具体地理解歌曲所要表达的精神实质。

例如，在故事性较强的歌曲《妈妈教我一支歌》的学习中，当唱到"没有共产党就没有新中国"时让学生用雄赳赳、气昂昂的踏步，挥动紧握的拳头，表现出坚强的品质和对党的坚信。当唱到"这支歌从妈妈心中飞出，这支歌伴随着……"时，孩子们的手自然而然从胸口提起，缓缓伸向远方；最后唱到"这支歌世世代代永不落"时，学生们高举双手表示对祖国美好未来的憧憬。

（四）创——传承红色文化信念

音乐教育能使学生通过不同的音乐体验和行为展示，凸显音乐的创造性特征。音乐合作学习的教学过程不仅是一个认知过程，更是一个创造美的过程。一方面，在充满合作精神的群体交往中，学生能够逐渐理解他人、欣赏他人；另一方面，从学习到创造的过程也体现了学生音乐素养的提升。

以《我和我的祖国》为例，在学生对作品有了比较深刻理解的基础上，教学过程中采取小组合作活动的形式，使学生能够以各自喜爱的方式来创作、表现自己对歌曲的意境的理解。在学生的交流、讨论中，有的小组以悠扬的钢琴声为主旋律，有的小组成员手中挥舞着五星红旗，踩着小碎步，有的小组创编了歌舞，有的小组创作了配乐诗，有的小组绘制了一幅画……最后大家把各组创作的不同艺术表现形式以快闪形式展现出来：明亮柔美的钢琴声划过舞台，深情的歌声缓缓而来，有的学生挥舞着五星红旗，有的学生跳起婀娜的舞蹈，有的学生捧出了壮丽山河的美景图,台下的同学们也情不自禁地跟着一起哼唱旋律,脸上洋溢着幸福的笑容,将自己的祝福送给亲爱的祖国。学生饱含热情的合唱,坚定的神情,展现了新时代少年传承红色经典的决心以及朝气蓬勃、乐观向上的精神风貌。

三、成效与反思

经过本案例的教学实践,笔者针对红色音乐的育人功能做出如下简要分析与反思。

(一)红色音乐陶冶情操,促使学生形成健全人格

在吟唱红色音乐作品时,学生能够从激昂奋进的旋律、震人心魄的气势中感受到无穷的力量。红色经典音乐让人心潮澎湃,让人热泪盈眶,让人在歌声中成长,让人把爱国爱党之情转化为奋斗的力量。红色音乐之所以经典,就在于它们融入了中华民族的血脉,与我们的情感同频共振。一首首红色经典,唱响了时代的主旋律,鼓舞着一批批优秀的中华儿女奋勇前进。学生是祖国的未来和希望,思想政治教育与红色经典歌曲发挥着思想教育的育人功能,增强了学生的爱国意识,激发了学生为国家的发展而努力拼搏的思想情感;使学生在心里埋下一颗种子,要在党的领导下为祖国的繁荣富强贡献自己的力量和智慧。

(二)化抽象为实象,探索多元教学形式

为使学生更主动积极地参与红色经典音乐文化的学习中,教师需要提高创新意识,将红色音乐作品中"看不到"的画面形象展现出来,结合互联网,开展红色课堂。在学习一些红色经典歌曲时,教师可引导学生观看有关红色影视片段,激发学生的学习兴趣,在开放式的学习氛围中感受红歌所蕴含的革命力量。同时,教师将红色歌曲中的生活内容提炼出来,增进学生对红色歌曲的亲切感。在红色歌曲教学赏析中,借助多媒体,为学生带来更加丰富的学习资料,帮助创设学习情境,调动学生的主观能动性,增进学生对红歌内容的欣赏和体会,让学生在课堂上得到充分的锻炼,如音乐鉴赏与表达能力等。

(三)开展音乐实践活动,创造当代红色之美

学习的最高层次是内化所学知识,将学到的知识运用于实践中,在实践中感悟,又通过实践传递知识文化。红色音乐教学的目的亦是如此。红色音乐资源无处不在,除音乐课上面向全体的课程外,可根据学生需求,结合课后服务、社团等多种方式,为学生提供丰富的课程。例如,在学校的合唱、中国舞、口风琴等课程中,将红色教育元素融入其中,以将音乐课堂所学的知识技能内化于心,筑牢红色思想之根。此外,还可利用各种节日、纪念日、少先队、校园文化艺术节等,在校内举办红色文化活动,通过校内的演出进行宣传,从而展现并弘扬红色音乐文化精神。

虽然红色音乐所产生的社会背景早已消失,但其所蕴含的文化艺术内涵在新时期展现出更强大的生命力,红色音乐必须肩负起时代重任,引领大众文化的走向。为了更好地培养德智体美劳全面发展的社会主义建设者和接班人,我们以红色文化为核心,以音乐艺术为载体,在音乐教学中引导学生传唱红色歌曲,让学生在欣赏或演唱歌曲中潜移默化地接受音乐形象的感染和熏陶,让学生在情操、品格、心灵上受到有益的影响,提升学生的人文素质,从而真正发挥红色音乐文化的培根铸魂功能。

过程之"究","探"其渊薮
——新课标背景下"综合与实践"作业初探

上海市施湾中学 胡 圆

《义务教育数学课程标准(2022年版)》(以下简称《新课标》)在内容上新增了"综合与实践",旨在从数学角度发现、分析、解决现实生活问题,进一步诠释课程育人的重要性,对发展学生的核心素养提出更高的要求[1]。"综合与实践"具有问题性、综合性、实践性、过程性和现实性等五个基本特征,主要包含三大类:融入数学知识学习的内容、主要体现数学知识与方法综合的内容、主要凸显跨学科实践的内容[2]。据此,结合新中考综合素质评价对学生创新精神与实践能力的注重,我校数学教学与时俱进,紧跟时代的步伐,在教学目标、教学内容、教学小结、作业布置等方面都有所调整,尤其是设计了以解决核心问题为导向,以探究性学习模式为实施载体,以多元展示形式为成果总结的一系列单元跨科时作业。作业以一学年为单位,基于学生现有认知,聚焦小的实践点,围绕国庆节、春节和劳动节等节日确定研讨主题,并与其他学科知识进行融合,在"探"与"究"中应用学科知识,深思问题本质,发展逻辑思维,感悟自然世界的奇妙。

一、缘起:此"探究"与彼"探究"

近年来,课堂教学采用探究性学习的研究非常多,通过模拟情境中的问题,经历辨别、分析、类比、验证等可视化操作过程,体验性和感悟性地获得知识和技能的学习方式。与此不同的是,"综合与实践"的探究将新课标对数学课程目标的核心素养内涵"会用数学眼光观察、数学思维思考、数学语言表达现实世界"渗透其中,从而进一步落实立德树人的任务。

---

[1] 中华人民共和国教育部.义务教育数学课程标准(2022年版)[M].北京:北京师范大学出版社,2022:77.
[2] 史宁中,曹一鸣.义务教育数学课程标准解读(2022年版)[M].北京:北京师范大学出版社,2022:237-238.

(一)"综合与实践"的"探究"特征

1. 问题情境性

"综合与实践"问题多来源于学生学习过程中的质疑与反省。比如学习前对已有知识回顾时生成的疑惑,学习中对其他观点产生的疑问,学习后知识与方法迁移类比再次出现的新问题等。为了更好地理解,教师会把这些问题置于情境中,让学生在情境中感受,自然地生成分析策略与解决方法。

2. 知识跨学科性

"综合与实践"关注数学与科学、信息技术、经济、金融、地理、艺术等学科领域的融合。在实际问题的解决中,加强学生对综合性知识的理解,学会全面地观察与分析,发展"四基四能"。

3. 过程长周期性

"综合与实践"作业的时间较长,具体体现在:(1)围绕一个主题可以在不同时期开展不同探究活动;(2)活动的实施需要经历很多环节,每个环节所需时间相对较长;(3)某类作业的设计目标之一是培养学生在学用结合的过程中对待学习的持久性,比如阅读体会类作业等,因此耗费时间较长。

4. 成果多样性

"综合与实践"注重整个问题生成、分析、解决的系统性,成果展示也是其中一个重要组成部分,形式丰富多样,比如从社会实践考察角度得出的调研报告、从数学方法提炼角度录制的微视频讲解、从多学科知识整合角度形成的报告分享交流会等。

(二)"综合与实践"的"探究"与传统探究性学习类比

传统探究性学习是指学生在教师指导下,为获得科学素养以类似或模拟科学探究的方式所进行的学习活动[1]。传统探究性学习是以科学概念或原理为基础,重视探究过程,强调探究的无穷性。与"综合与实践"的探究特征相比,它们均以问题为出发点,以类似科学探究的方式学习知识,但"综合与实践"更看重探究在知识应用里产生的价值,评价体系重视过程与结果的统一,是学科育人方式转变的探索点之一。此外,问题来源、知识框架、德育渗透等方面也有所不同,如图 1 所示。

---

[1] 刘建军."探究学习"的两种实践模式辨析[J].上海教育科研,2022(2).

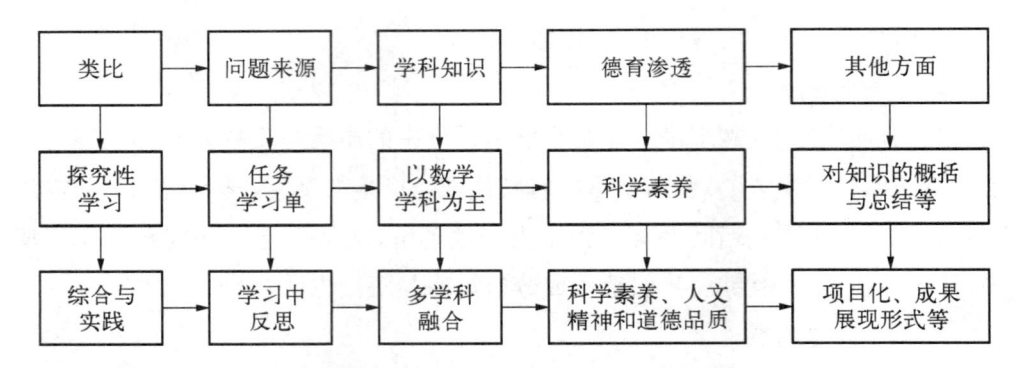

```
┌──────┐   ┌──────────┐   ┌──────────┐   ┌──────────┐   ┌──────────┐
│ 类比 │──▶│ 问题来源 │──▶│ 学科知识 │──▶│ 德育渗透 │──▶│ 其他方面 │
└──┬───┘   └────┬─────┘   └────┬─────┘   └────┬─────┘   └────┬─────┘
   ▼            ▼              ▼              ▼              ▼
┌──────┐   ┌──────────┐   ┌──────────┐   ┌──────────┐   ┌──────────┐
│探究性│──▶│ 任务     │──▶│以数学    │──▶│ 科学素养 │──▶│对知识的  │
│ 学习 │   │ 学习单   │   │学科为主  │   │          │   │概括与总结等│
└──┬───┘   └────┬─────┘   └────┬─────┘   └────┬─────┘   └────┬─────┘
   ▼            ▼              ▼              ▼              ▼
┌──────┐   ┌──────────┐   ┌──────────┐   ┌──────────────┐   ┌──────────┐
│综合与│──▶│ 学习中   │──▶│ 多学科   │──▶│科学素养、人文│──▶│项目化、成果│
│ 实践 │   │ 反思     │   │ 融合     │   │精神和道德品质│   │展现形式等│
└──────┘   └──────────┘   └──────────┘   └──────────────┘   └──────────┘
```

图 1　"综合与实践"的"探究"与探究性学习的类比图

（三）"综合与实践"作业模式

经过上述对"综合与实践"的探究性进行分析，确定"问题提出—提升认知—合作探讨—整理总结"四步的"综合与实践"作业模式，体现出有效的教学活动是学生学和教师教的统一。学生在教师引导下为完成作业任务提出问题；学生设法从书本、网络上寻找旧知或获得新知来分析问题，不断提升自己对问题的认知程度；学生再与其他合作者探讨，对问题的解读进一步诠释，对提出的方法进一步优化；最后，梳理探究过程收获的内容，包括知识、规律、方法、技能、情感体会等。

二、实施：过程之"究"，"探"其渊薮

在"综合与实践"作业的实施过程中，对每个思维阻碍点要深"究"，从而"探"求出问题的本源。"综合与实践"作业的四步模式下，"问题提出"究任务的核心，"合作探讨"究问题认识的不足及优化方案，而"提升认知"探究相关知识，为问题解决做好铺垫，"整理总结"最终探得问题本质。下面三个案例皆以国庆节为切入点，具体说明"探"与"究"在作业实施中的表现。

（一）"究"解法，"探"思想之源

一节阅读拓展课《二次不尽根与简单连分数》结束后，教师发现学生能够掌握将某些无理数写成无限连分数形式的方法，但是仅限于记忆与模仿的初等认知，浅见地就"题"论"法"，没有深层次思考解法后面蕴含的数学思想。因此，课后的综合与实践作业确定以"数的不同呈现形式"为探究主题，案例《"数"迎国庆》由此设计。

首先，结合学生课堂中产生的疑惑，教师指导学生围绕主题进行思考，分解

出多个小问题，形成探究任务单。

问题1：尝试几个无理数写成无限连分数形式，发现什么规律？

问题2：是否存在一些有理数也可以写成连分数的形式呢？

问题3：回顾之前学习的知识，还有哪些数可以在形式上有不同的呈现？

问题4：逆向思考连分数如何转化成有理数或无理数形式？举例说明。

学生查找资料独立思考，对部分问题形成自己的见解，从而提升自身认知。对不能解决的问题做好记录，为后续的探讨交流做铺垫。

其次，小组成员开始讨论，他们总结出无理数和有理数写成无限连分数形式的关键之处，并且在课本上发现无限循环小数转化成分数用到方程法。但是在方程法的理解上遇到阻碍，以 $10.\dot{1}$ 的转化为例，说明争论的焦点。

设 $0.\dot{1}=x$，那么 $10.\dot{1}=10+x$，等号两边同时扩大10倍，$101.\dot{1}=100+10x=101+x$，解得 $x=\dfrac{1}{9}$，$10.\dot{1}=10\dfrac{1}{9}$；

争论点1：扩大10倍后，小数点相应移动，为何小数部分的表达形式仍然相同？

争论点2：如果方程法可行，那么如何运用到无限连分数的转化？

从争论点可以看出，学生思考的深度已经接近问题本质，但是无法突破。教师及时引入"无穷思想"，还列举求圆面积的割圆术形象地说明，疏通阻碍点，帮助学生明确方法的适用性。

最后，学生对探讨内容进行梳理，形成探究性报告，包括：（1）整理教材中涉及数的不同呈现形式的内容，并总结规律，标明注意事项。（2）对解法本质——无穷思想——用一些实例进行解释，比如 $0.\dot{9}=1$，从个人角度谈谈自己的想法。（3）时值国庆佳节，选取了几个与国庆节有关的数为例，对"无限连分数的形式能用单独的无理数来表示"进行阐述，也为祖国送上自己特别的祝福。

综合与实践作业《"数"迎国庆》的实施，学生学会通过举出大量实例，在体验与感受中发现规律，感悟从特殊到一般的数学思想；能够发现自身思维的不足，并以问题的形式呈现；通过自主查找资料或请教他人积极解决，类比和逆向思维得到发展。

（二）"究"画法，"探"知识之源

学生在学习知识的过程中重视积累，忽视内化，能力与素养的发展受限。以绘制国旗的创作类综合与实践作业为例,学生多是仿画,对图形大小、形状、位置等不关注,只是从自己感受出发,没有形成系统的方法,创作的作品没有说服力,认知始终处在低阶。因此,作业的关注点不仅在画法的提炼,还要说明画法的准确性。这需要学生具备对知识的整合与应用的能力,学会用关联的眼光观察思考问题。

开始,学生经过谨慎思考后认为国旗是国家的象征,制作国旗是一件很严肃的事,国旗的长度、五角星的位置等都要认真考虑。于是围绕"做什么""怎么做""正确性"进行思考,提出问题。

问题1:国旗的标准是什么?

问题2:如何按照规定比例确定五星红旗的长与宽?

问题3:如何按照规定比例确定五角星的相对位置?

问题4:如何在规定的位置上画出五角星?

问题5:如何验证所画五角星是正确的?

分析问题时,学生学习国旗的国家标准(GB12982-2004),了解黄金分割比的知识,知道五星红旗的宽约是长的0.67倍,了解长宽比及五星所处位置都接近黄金分割比,认知程度有所提升。

在探讨过程中,学生从标准出发,提供画国旗的方法,并应用比例、平面直角坐标系、平移、全等三角形等知识进行说理。但是绘制五角星以及确定其位置时产生分歧,对方法的准确性提出疑问。教师向学生介绍圆的相关知识,将黄金分割比与圆的知识进行整合,帮助学生突破难点,统一画法。

步骤1:根据比例性质,在A4纸上确定所画国旗的长与宽。

步骤2:借助平面直角坐标系数学工具,将绘画区域纸分成多个大小一样的网格,依据平移规律确定五个五角星的中心位置。

步骤3:先由三角形内角和与外角性质算出五角星的每个角的度数,利用圆的对称性画出其中一半,再对称出另一半,从而画出五角星。

步骤4:用全等三角形和圆的性质验证绘制的五角星的准确程度。

国旗不仅有实物外在的形象之美,也有数学气息的内涵之美。因此,有学生也用数学知识讲解国旗之美。比如:用比例中项界定黄金分割比的概念,用一元二次方程的解法算出黄金分割比;用相似三角形的性质找到五角星的黄金分割点等。

学生创作作品中，"标准"意识增强，学会从画法中发现知识内涵，加深对知识的结构化理解，初步感知理论（知识）指导实践（画旗）的意义，从而不断发展自主学习能力，促使数学学科素养和美育品质的形成。

（三）"究"测法，"探"建模之源

数学概念抽象且枯燥，通过引入数学实验活动能化抽象为直观，变静态为动态，让数学思维可视化。可是，实验中学生只关注具体操作，死记硬背测量方法，玩得不亦乐乎，到数据分析和回顾总结时都很茫然。造成这种现象的原因是学生对数学模型在解决实际问题中的作用认知不深，不会借助数学模型对实验过程进行分析，不会通过数学模型对实验方法进行梳理。因此，实验活动类综合与实践作业注重数学建模基础上的实验设计，依据建模理论预测可能遇到的困难，指导测量技能的准确性。

学习测量河宽的方法时，教师指导学生发现相似三角形模型，有学生提出能否将该模型用于测量其他物体，由此确定"基于相似三角形模型测量旗杆的高度"的实验主题。为了便于实验活动顺利开展，学生首先提出问题。

问题1：基于相似三角形模型测量旗杆的方法有哪些？

问题2：这些方法的原理分别是什么？

问题3：这些方法需要测量哪些数据？如何测量？需要准备哪些工具？

问题4：测量时可能遇到哪些困难？设想如何解决？

学生从相似三角形基本图形角度思考，设计影子测量法、镜子测量法和身高测量法，如图2所示。由于一开始对数学模型把握到位，学生对问题2和问题3都能通过画图、列式等独立解决，从而强化对测量方法的认知。小组内对于问题4也展开激烈讨论。学生通过数学模型发现各个量之间的关系，围绕测量环境、工具手法、个体差异等方面对可能遇到的困难进行分析，还考虑到数据的不稳定性可以通过多次测量进行改善。

前期工作的充分准备为后面的实践活动打下坚实的基础。实践中，学生不仅体验到乐趣，还能察觉测量每一步需要注意到的细节，实验报告整理时就变得有话可写。同时，学生在实验中又有新的体验与发现，边实验边探讨促进学生之间的合作，情感交流得以加强。

由于此次作业是先找数学模型的源头，再从中生成方法用于实践。尽管教师的指导在前，学生的应用在后，但是整个实践活动更显得充实与紧凑，学生对

影子测量法　　　　　镜子测量法　　　　　身高测量法

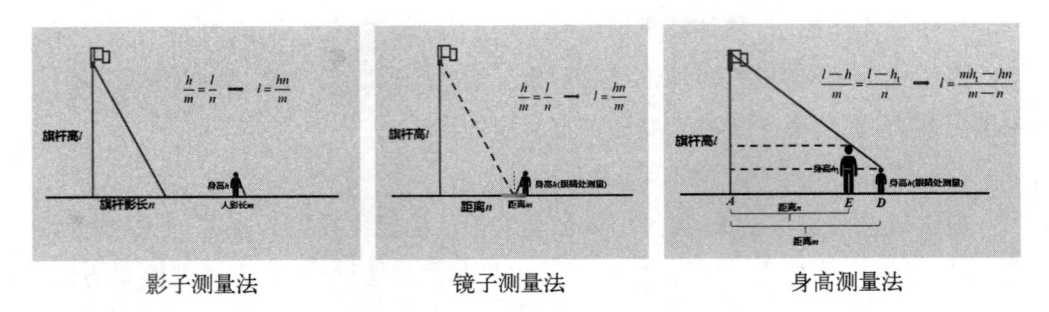

图 2　以相似三角形建模的测量法示意图

实验框架成竹在胸,对每步之间的关联都有清晰认识,思考能力在操作中也得到锻炼。

三、反思：走向综合学习的"探究"

数的表现形式、绘制国旗和测量旗杆高度三个综合与实践作业都是从形成问题解决的策略入手,探究解决方案的本质。这些实践凸显素养时代下学习方式的变革对发展学生综合能力的提升,不仅是学科知识与技能的综合,更是学习前、中、后对自身行为与结果的综合反思。

（一）紧扣主题，整合知识的"探究"

知识的整合,既要对旧知进行梳理,找到解决问题所需知识,又要针对无法解决的部分去学习新知,还要在学科间发现知识的融合才能解释清楚的问题。因此教师指导学生整合知识的方法一般是先围绕主题,筛选出相关知识,再针对问题,关联知识,对已掌握知识加以巩固,对新知进行阅读性的自主学习。我们实践中还发现,从与旧知的联系点入手发现新知,解决问题中学习新知,对新知理解有很大帮助。

（二）学以致用，注重技能的"探究"

三个案例都是将所学知识用于解决实际问题,解决实际问题过程中关注学习技能的形成与发展。比如数的表现形式通过大量数例的运算尝试,发现规律,总结归纳。这种探索技能在以后的知识学习中可以继续发展,不断通过实例论证获得经验。基于经验进行总结与思考,有助于形成自己独立的见解。作业中所体现出的技能除了问题探索,还有对新知的学习、对方案的设计、对作品的创作等。

(三)合作学习,反思自我的"探究"

实施中也借鉴项目式学习的经验,采用小组合作的形式,选出组长,能力强的学生带领能力弱的一起探究。但是合作学习的前提是学生事先经历过独立思考过程,对问题有一定分析后,小组探讨自身还存在的困惑和对成员提出的方法进行优化。这种合作学习过程其实是一种贯穿始终的反思过程,独立思考对自身看待问题初步反思;合作探讨对同伴想法进行反思;实践操作对集体智慧产生的结果后续反思,形成自己的主张,巩固思维结构。

新课改的价值定位是构建"五育"课程体现,培养"有理想、有本领、有责任"的时代新人,"综合与实践"作业是推进的途径之一。本次"综合与实践"作业的初次尝试有收获也有困惑,今后还要围绕其他节日继续开展有关活动,将数学知识与金融、信息技术等结合起来,能够为学生创设真实的活动体验,进行必要的学习经验积累,形成扎实的学科思维方式,发现具有个人特色的做法,同时也为广大一线初中数学教师开展以培养核心素养为目标的教育教学活动提供参考。

第五辑

追求多元融通的新实践

初中语文线上教学的实践探索与反思
——以名著导读《鲁滨逊漂流记》为例

上海市东沟中学 沈莉霞

【摘要】 为保证疫情防控期间的教学进度和质量,线上教学应急而生。笔者探究了适合初中语文教学的线上教学模式,对线上教学提出了四个阶段,即课前准备、线上教学、作业批改、评价反馈,并以名著导读《鲁滨逊漂流记》为例进行教学实践,根据教学进程和实施效果得出经验理解其积极意义,最后提出对于现代教育线上教学的一些"冷思考"。

【关键词】 线上教学 名著导读 线上教学四阶段 线上教学的经验和意义 线上教学"冷思考"

一、线上教学产生的背景

2020年伊始,一场疫情防控战在全国打响,教育领域的"防疫战"也拉开序幕。为保证防疫期间的教学进度和质量,教育部号召"停课不停学",一场前所未有的在线教学在全国范围内全面铺开。一时间,在线教学像是按下了"快进键",在短时间内促成了传统教学的教学秩序被重新建构。一些在线平台的迅速崛起,在线课程的开发利用,在线课堂模式的转变都不再只是小规模与零星的"渐进式"尝试,为应急而生的在线教学已然如"星星之火"迅速在整个教育领域燃起。

二、线上教学的实践探索——以名著导读《鲁滨逊漂流记》为例

线上教学是以班级为单位组织授课和双向互动,以直播课或录播课为主,采取"直播/录播+线上答疑"的形式,课后辅导可以采用点播或线上答疑形式的一种教学模式。它的出现是以信息技术为载体,将传统课堂教学的面授模式与网络信息化教学有机结合起来,将一对多的教与学模式放在网络平台上。

线上教学模式主要有两类：一是以录播为主，采取"录播＋线上答疑"的形式的课堂模式；二是以直播为主，采取"直播＋线上答疑"的形式的课堂模式。就是将课堂的触角从课堂内延伸到课堂外，从线下教学延伸到了线上教学，具体包含课前准备、线上教学、作业布置及批改、评价反馈四个组成部分。①

（一）课前准备阶段

《鲁滨逊漂流记》是统编版六年级下学期的名著导读推荐书目之一。本次名著导读的导学目标是以"读书方法指导"为抓手，分为"借助思维导图，树立情节""放飞想象，把握内容""探究人物形象，理解小说主题"三个专题探究。本文采取线上教学模式进行实践初探。

在教学准备时期，确立了张蕾芳译文版本，明确线上教学终端：钉钉群为师生授课群，晓黑板为调查讨论群。

在教学内容上，通过阅读单反馈、小组交流汇报、阅读感受等方式收集了解学生在情节、人物形象和主题探究三个方面的阅读基础情况。

针对上述课前准备，本次《鲁滨逊漂流记》的教学设计，以任务化教学为前提，通过多种形式的探究，帮助学生掌握名著阅读的方法。教师根据学生的实际阅读情况，制订阅读计划，找寻媒体素材资源，设计阅读阶段任务单，制作微课。

（二）线上教学阶段

名著阅读是一个阶段性的阅读过程，因此有必要确立好阅读计划。在第一阶段的"走进《鲁滨逊漂流记》"的课时中，教师课前将制作好的有关故事内容的flash、PPT等资源上传到钉钉平台，学生进行在线浏览。在学生自主学习完成之后，教师与学生确立阅读时段和阅读章节（或页码），为后续第二阶段的阅读进程做准备。

在确立阅读计划后，教师可提前发布阅读任务，在线上进行问题讨论，交流阅读任务的完成进度和情况，同时设置难度各异的知识性问题，了解学生对本章节的掌握情况。教师在网络平台上统计学生的答案情况及讨论区内容，选取有针对性的问题进行答疑，也可对优秀作业进行展示。

---

① 李斌.线上线下混合式教学模式的实践与思考——以单人单岗"出纳"实训为例[J].新疆广播电视大学学报，2018（4）：5-9.

（三）作业布置及批改阶段

在作业布置方面，线上教学主要采取书面作业上传为主的形式，辅以其他多媒体作业的摄入。传统的书面作业仍以探究型问题的阅读任务单为主，在学生反馈的内容之上，梳理人物形象，分析主题特色和语言形式的不同。这些问题的探究在阅读进程中可以辩论会、讨论区等形式挖掘学生的思维深度，并形成文字感受。而多媒体作业形式的摄入，更多的是提高学生对于名著阅读的兴趣，鼓励学生践行自主学习的愿景。比如"趣配音"活动，"为不同阶段的鲁滨逊设计微信头像和个性签名"等，不仅提升了阅读兴趣，也发挥了部分学生的信息技术所长。

多种形式的作业布置，可以调动学生对于整本书阅读的兴趣，在两个月的阅读周期中，做到不仅对情节梳理了如指掌，对人物形象多元解读，对主题性探究深入全面，更重要的是保持阅读名著的兴趣，培养阅读的习惯，使之成为终身受益的阅读理念。

（四）评价反馈阶段

教学评价是依据教学目标对教学过程和结果进行价值判断并为教学决策服务的活动。教学评价是研究教师的教和学生的学的价值的过程。本次《鲁滨逊漂流记》的教学评价反馈，不仅有教师对学生学习成果的评价（包括课前准备的导学单、课中的讨论答疑和课后的阅读任务单），更可借助网络平台了解学生对教师的评价反馈。此处着重介绍学生对教师的评价。

我们采用问卷调查法来了解学生对教师的评价。因网络权限和授课情况所限，调查对象仅限于教师执教的班级学生，共76人。问卷分为四个部分共10题，涉及学生基本情况（1题）、学生行为倾向（3题）、学生满意度（4题）、学生收获（1题）及建议（1题）。我们采用问卷星软件进行问卷发放和结果统计，学生完成问卷后提交，最终收到有效问卷76份。

通过问卷分析，我们了解到：

学生行为倾向调查显示，91%的学生赞成使用线上教学模式学习课程，在使用频率上有84%的学生经常使用线上教学，并有超过70%的同学会鼓励身边的同学参与线上教学的学习；不可忽视的是，仍然有不少同学在关于线上教学课程内容的使用频率上选择了"一般"。具体情况见图。

学生满意度调查中显示，超过六成的学生对线上教学模式的课程内容、教学方式、师生交流、作业设置表示"非常满意"，如图2所示。

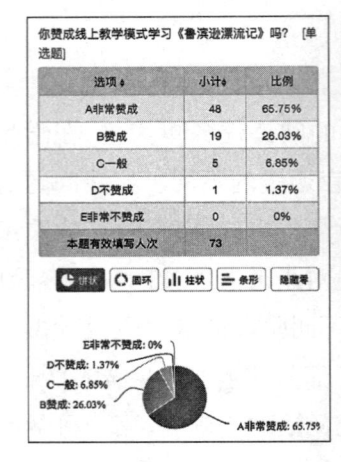

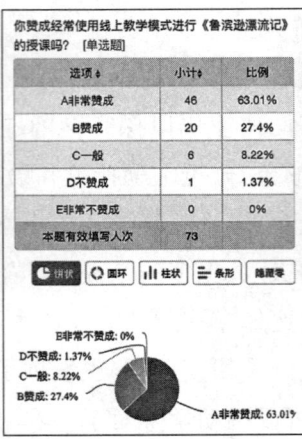

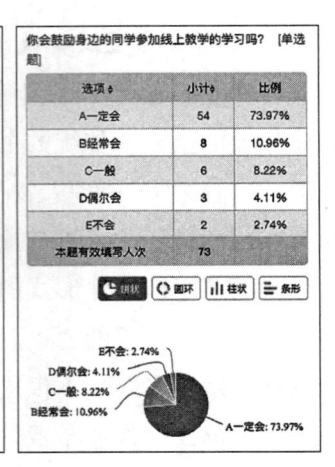

图 1　线上教学认可度

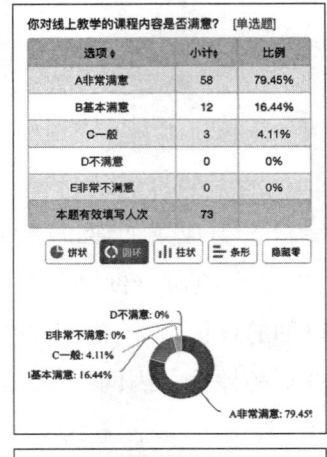

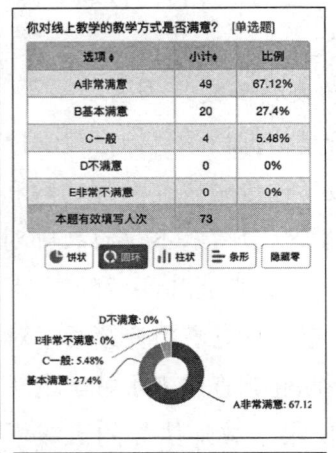

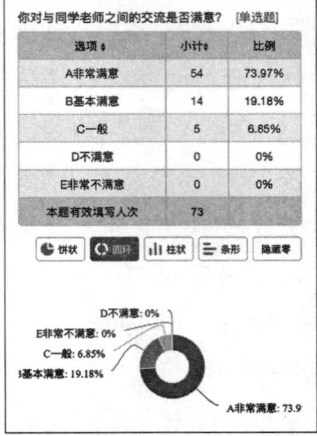

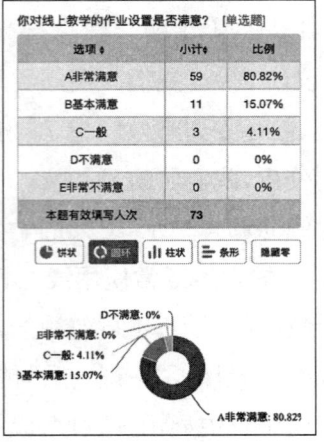

图 2　线上教学满意度

学生收获调查中显示,大部分学生在提高兴趣、养成习惯、习得方法、提升学习能力、拓展知识面等方面均有所收获,其中提高阅读兴趣尤为突出,如图3所示。

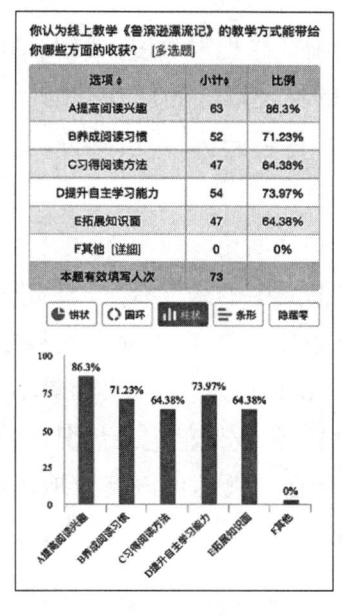

图3 线上教学收获

图4 学生对线上教学的建议

学生在线上教学模式的建议中显示,对于增加互动性,补充课外拓展,运用思维导图以及维护网络稳定度上都提出了相应的建议,如图4所示。

三、线上教学的经验与积极意义

通过上述名著阅读的线上教学实践,我们不难发现,线上教学有其不可忽略的积极意义。

首先,教育资源的多元化,突破了传统的教学模式的单一性。学生在长达两个月的名著阅读过程中,可以借助各类媒介形式去探索所需的教育资源,且资源可以共享。比如在了解人物经历的过程中,有的学生就找到了鲁滨逊在荒岛求生过程中的各个版本的动画版链接,且与书中的经历做了一一匹配,与教师、同学一起询查纠错,进行了一场"原著"与"改编"的较量。

其次,学习形式的灵活化,突破了时空距离的局限性。在问卷调查中,学生反馈最明显的是学习形式有所改变。特别是对线上教学模式的课程内容、教学方式、师生交流、作业设置方面，超过六成的学生表示"非常满意"。其中作业设计的改变最能体现线上教学学习形式的灵活性。有指向思维训练的"阅读任务单"和"思维导图"，有指向分析人物性格变化的"人物成长线"的个性签名设计和头像设计，也有精彩语段的赏析，通过趣配音的配音过程来学习人物此刻内心戏如何，感受人物的情感指向等。学生对于传统的作业形式固然在一如既往地积累着和补充着，但他们利用小说阅读的兴趣通过比较阅读、辨析阅读，能够更好地融入其中。

最后，评价形式的双向化，突破了传统评价的片面化。线上教学因为受模式所限，对于学生考核的评价并不再靠一纸成绩，需更多的是综合全面地进行评价上的"双基"[1]。每一个阶段的线上教学都可以设定不同的评价形式和标准，可以是自评、互评、小组评、师生评等不同的形式。也可以是口答、书面等不同形式的考量。教师可以通过平台了解学生的在线时长、作业保存记录情况，甚至是预设答案，一键统计得出学生的正确率和错误率所在。教师可以高效地了解学生的学习情况，学生也可以及时查看教师的评价反馈。

四、线上教学的"冷思考"

后疫情时代线上教学多元化模式以其"人人皆学、处处能学、时时可学"的优势成了时下新型的教育模式。然未来的学习是否会被线上教学逐步取代？线上教学是否会改变现有的"教育生态"？网课教学之后教师的作用会不会被取代？新的教学模式的成效如何？这种新模式下的教学形态仍有许多问题值得我们思考。

（一）线上教学是否会取代传统教学逐步成为新的教学模式？

华东师范大学终身教授祝智庭在《未来学习的近景是混合学习，远景是智慧教育》一文中就这个问题写道："我们认为，对于基础教育而言，在线教育的作用是有限的，无论现在还是今后它都无法完全替代课堂教学。"[2]

今天的多元化线上教学是后疫情时代的常态化产物。虽说它集合了许多优秀教师教学智慧的结晶，但那也是"别人家的资源""别人家的老师"，对于超过一半的学生而言，网络教学分配给"我"的资源太少。以上海市教委的线上"空中课

---

[1] 梁蔚莹.从夯实"双基"到培养"核心素养之变——简析近二十年语文课程目标发展演变之路[J].新课程教学（电子版），2022(02)：7-9.

[2] 祝智庭.未来学习的近景是混合学习，远景是智慧教育[J].上海教育，2020(9)：22-24.

堂"为例,它采用了"双线师资"的教学模式,即"市级教师+本校教师"的模式将课时分为两部分,在面向大众的基础上,择优选择线上教学的教学授课方式,并且又鼓励学校结合学生学情进行针对性的授课,给予个性化的辅导和查漏补缺。

由此可见,线上教学不论是目前还是将来很长时间内都不能完全取代线下课堂教学,它将以更合适的方式呈现在任何一个教学环节中,依托网络资源成为备课、预设、反馈、评价的有效途径。① 比如,它可作为前置环节,为线下教学的有效性开展做铺垫,也可通过线上反馈,对知识体系有难度或者错误率较高的内容进行提炼,为问题化教学提供答疑的前提,但真正的课堂实践、分层教学的实施或是联结人与人方面的"软情境教育"还是有漫漫长路要走的。

(二)线上教学模式是否会改变"教育生态"?

相对于传统教学而言,要在短时间内改变长期顽固的教学痛点——教育公平——并不是一件易事,而在线教学的特点就是异地、同步、实时、分散,在线教学能够让任何人在任何时间、任何地点以任何终端获得想要的教学信息,实现异位分散式学习服务的全覆盖。② 每个学生都能在网上选择适合自己的方式,这样看来,教育"以人为本"的教学理念似乎越来越趋于公平,薄弱学校的学生也能享受到市级优秀师资精心准备的优秀课程,其资源的公平性在网络平台的加持下得到了合理的体现,那么是否学生就得到了好的教育了呢? 教育的公平可以体现吗? 教育的生态可以改变吗?

事实可能并非如此。2019 年 6 月,第 44 次《中国互联网络发展状况统计报告》显示:我国互联网的普及率为 61.2%,网络的通达问题首先是制约这种在线教学的一大原因。即使是已经实现网络覆盖率 95%以上的长三角地区,互联网也仅仅是提供了一种教育方式,家庭的物质条件、成员结构、孩子的学习动力、学习基础、学习方式、学习能力、自我管理能力,教师的教育教学理念、教学方式、专业精神、专业能力等因素,都或多或少地成了现阶段"在线学习"模式马太效应的诸多根源。

今天我们进入了信息化的时代,从人才培养与教育发展的角度而言,都迫切需要全新的教育内容和教育方式。可是,"互联网+"教育的模式有可能使教育

---

① 杜世纯,傅泽田.混合式学习探究[J].中国高教研究,2016(10):52-55.
② 汤敏.未来教育,用在线学习实现教育公平[J].上海教育,2020(9):22-24.

更公平,但也可能使之更不公平。教育领域的马太效应可能会因为在线教育的模式得到一种蜕变,但能否真正改变教育,或是发生教育的变革,谁都不好说。

(三)网课教学之后教师的作用是否会被取代?

后疫情时代,有人异想天开地提出疑虑:网络教学中教师的作用是否会被取代?

北京师范大学资深教授顾明远先生在《这次抗疫战斗给教育改革提供了契机》一文中这样提到:教育必须有两个因素,一个是教师,一个是学生。只有学生没有教师,只能说是自学,不能说是教育。机器可以改变教学模式,但不能培养人,而教师是塑造生命、塑造心灵的人。所以教师是不可缺少的,学校也是不可缺少的。[1] 诚然,在线教学改变了传统的教学模式,将以教师为主导的灌输式的"教"变为以学生为主体的浸润式的"学"。

在线教学对教师提出了更高的要求,教师的作用体现在帮助学生设计最适合他们的教育方式。从教育发展史上看,教育是一个不断分工细化的过程。未来大多数教师将由上课为中心转移到以辅导为中心,设计有针对性的内容帮助学生解决问题,在传统的知识性技能传授上大量依托信息化、大数据、人工智能去做,而将"因材施教"的理念贯穿于个别辅导之中,将更多的时间精力运用于"人"的提升。除了提升个人专业的学科素养,基本教学技能的掌握之外,仍需时刻应对新型教学模式的研究和学习。[2] 比如制作微课的能力,教学直播或录播的能力,视频拍摄与剪辑的能力,等等。这些能力看似与本专业关系牵连不大,这是当下适应信息化时代产业的教师们需要突破的传统思维,切莫故步自封,成为时代的"井底之蛙"。同时,从长远看,网络化教学的应用将逐步推向课堂外,甚至是课堂内的世界,由此而来的信息压力也将对教师的教学产生一种自我学习的推力。教师的角色也发生了改变,成为设计者、引导者、帮助者,甚至是与学生共同学习的伙伴,不再是知识的权威,也不是知识的唯一载体,而是与学生共同构建成为一个真正的学习共同体。

(四)新的模式的成效如何,归根结底看的还是学习者

从上述调查问卷来看,虽然大部分学生都支持并认可线上教学模式,但也从

---

[1] 顾明远.这次抗疫战斗给教育改革提供了契机[J].上海教育,2020(9):16-17.
[2] 陈烨楠.线上之学有点"难"[J].上海教育,2020(9):92-93.

一部分数据中不难看出，学生对于这种新型教学模式的不适应和距离感。线上教学需要学习者，特别是基础教育阶段的学生有较高的学习自觉性，能合理规划时间，且也需要具备一定的自主学习能力。显然这部分的能力恰是预初年级的学生所欠缺的。因此，如何在网课学习的大背景下保持学习的成效，关键还是看学习者本身。

综上所述，在初中语文线上教学中，教师需要对多元化的教学模式展开深入探索，正视线上教学的不足和创新，尊重学生的实际需求，抓住教学契机，探究出适合学生发展的新道路，为提升学生的语文综合素养提供有力支持，锐意寻求线上教学的新突破。

以多元阅读促进小学生体育课自主学习能力的提高

上海市浦东新区杨思小学　王弘业

布鲁纳的学习理论认为：传授现成的知识不是教师的主要目的，因为各种知识是无限多的。学生在学校的时间也就是短短十多年的时间，根本不可能全部掌握有关学科知识。只有在学校期间培养学生主动、积极的学习态度和兴趣，帮助其掌握学习的方法才能解决这一问题。授人以鱼不如授人以渔，这个渔就是方法，就是根本。马克思主义哲学也强调，方法是研究一切的基础。因此，教师要重视培养学生学习的主动性，让学生用自己的头脑亲自获得知识。但由于学生在学习过程中，不会一下子就变得主动自觉，这就需要教师做好教学组织和教学引导，让学生自己去思考、发现，同时获得知识、获取学习的方法，养成良好的学习态度。

一、培养学生自主学习能力的意义

学生的自主性是指作为学习主体的学生在教师的教授、指导和引导下所表现出的积极态度和有独立性和创造性的学习行为，而学生的自主学习能力在很大程度上影响着教育质量。但是，传统的教育教学理念以及教学方法偏向"灌输式"等因素，制约了学生自主性的发展。《体育与健康课程标准（2022年版）》提出，要注重教学方式改革，从"以知识与技能为本"向"以学生发展为本"转变。所以，在当前的小学体育教育过程中，我们应重视学生的自主学习能力的培养。经过实践发现，基于课程标准的多元阅读对于培养学生的自主学习能力有很大帮助。多元阅读能不断提高和完善小学体育教学，使学生能够发挥主观能动性，积极参与体育课程的学习。

二、体育与阅读的关系

阅读就是人们利用一定环境认知记录信息的过程与活动，其核心是"认知"。

阅读不是一种机械被动地获取、诵读记录信息的活动,而是积极主动地认识、解知记录信息的活动①。因此,阅读的本质属性集中体现为"认知性"。而多元阅读指的是,从阅读内容到阅读形式两个层面的丰富性。

体育与健康课程不仅涉及体育领域的理论与方法方面的内容,还涉及生理、心理、人际关系、健康、环境、娱乐等实际活动方面的内容,具有鲜明的综合性。从课程性质来看,体育是运动认知性课程,主要通过人体本体感觉形成的认知。

从这个角度来看,体育与阅读的关系,即是认知与实践的关系。"知"指的是认知、观念,认知包括感知觉、意识和注意、记忆、思维,整个是一个逐步上升逐步整合的过程;"行"指的是行为。学生只有经历由不知到知、由知到懂、由懂到行、知行统一的过程,才能够建立终身体育意识,掌握终身体育方法,形成终身体育习惯②。马克思主义哲学指出,实践对认知具有决定作用,认知反作用于实践。体育主题阅读,能够指导、促进体育锻炼,提升体育教学的有效性。

三、多元阅读在体育课堂中的实践

（一）读教材内容,为自主学习做准备

一般情况下,课前预习发生在文化课学习活动之中,小学体育教师很少会组织学生在课前预习体育知识与体育技能。这就在无形中减少了以学生为中心的自主学习行为,无法很好地调动学生的运动积极性。造成学生在课堂上学习效率下降,也容易因为不了解而形成安全隐患。因此,学生应在课前先预读教材内容。

教材是课堂教学中重要的教学工具。但在体育课中,体育教师往往忽视了学生对于《体育》教材的使用。教材里有很多的情景设计、动作口诀、插图、安全提示、体育小知识等内容,以教材中"支撑与悬垂"单元为例,教材中将倒悬垂、支撑移动、爬墙手倒立、靠墙手倒立等动作用插图配文字的方式展现出来,学生看到之后就会在脑中形成初步的动作概念,在插图旁边还标上了"在练习中,双手手掌与器材的摩擦,容易造成手掌的疼痛,在这时最需要同伴的鼓励,一起战胜这些困难"。这些鼓励性的话语,激励学生在保证安全的情况下进行自我尝试。

---

① 张怀涛.阅读的本质属性与主要特征[J].高校图书馆工作,2013,33(3):26-29.
② 刘林,刘诚香.基于"知情意行"干预模型的大学体育教学改革探究[J].体育科技,2018,39(05):44-46.

当然在实践过程中也会遇到一些问题,有些学生的自觉性不够,往往口头上答应,但实际上却并没有行动,导致预习的效果不够好。这就需要教师在平时的课堂中不断强调,提高学生对于课前阅读教材内容的重视。

实践表明,事先预习过的学生在课堂上会更积极、更主动,表现欲更强。学生在课前读教材的过程中,培养了独立思考的能力和自我学习的习惯以及敢于尝试的勇气。他们对于所学的内容有一个初步的概念,在正式上课时可以更早更好地进入学习状态。

(二)读教师示范,提高自主学习效率

小学生处于生理和心理发展的初期阶段,抽象思维与理解力还不完善,不能仅仅通过理论讲解来掌握相关知识和技能。因此,通过教师示范可以让学生模拟正确的体育姿势,方便学生的学习。教师示范的直观性、感染性等特点,容易调动学生的积极性,让学生主动参与到体育教学中。

运动技术传习是体育课堂教学的本质特征。因此,动作示范是体育教师的"看家本领",而且要准确地演示给学生观看。通过阅读教师示范动作,学生能在头脑中建立较为清晰的运动表象,使在预习过程中还比较模糊的动作概念变得清晰。这是学生学习与掌握运动技能的基础条件,缺失了这个环节,学生的学习就会失去依据和样板。以"地滚小皮球"为例,学生通过读教师示范,就能对标准动作有直观的感受,再通过教师引导式的提问,如"谁来描述一下王老师的动作是怎么样的?"来引发学生的思考。学生通过阅读教师示范、伙伴之间的相互讨论,就能够自我总结出一些初步的动作特点,如:两脚前后站立,手持球由后往前用力扔球等。相比教师单方面灌输的教学方式,学生经过"阅读→思考→自我总结"这样一个过程,就能把所学的动作记得更牢,做出来的动作也更标准,他们的自信心也就更足。学生通过阅读和观察教师的示范,有效地提高对技术动作的认知和理解,为他们的技能学习指明了方向。

(三)读示范视频,辅助进行自主学习

在体育课上,倘若学生在练习过程中不需要教师时时刻刻的监督,他们自己就能自觉、刻苦地完成练习任务,那么学生的自主学习能力就得到了提升。但是,由于上课时间有限,教师不可能做很多遍的示范动作,学生通过一次示范不能完全看清楚教师的动作,但又不敢举手问,而教师在学生练习时没法时时刻刻守在每一个学生面前进行指导,具有很大的局限性,那么利用好信息技术则能很好地解决这个问题。

以五年级"蹲踞式跳远"为例,本课主要解决如何在空中形成蹲踞姿势,重点是"起跳有力,屈膝收腹成蹲踞"。在进入分组练习阶段后,学生可以在大屏幕上不断地观看教师事先录制好的示范视频,视频里还附上本课的重点。学生在组内练习时,如果对动作不清楚时,就可以立刻看大屏幕上的提示,理清动作概念,加深动作印象。几个小伙伴之间也能互相提醒、互相保护、积极改进、共同提高。

一方面,学生因为在体育教学中引入现代信息技术而获得耳目一新的体验,上课积极性提高,思维因兴奋变得更加活跃,课堂效率自然得到提高。另一方面,利用现代信息技术辅助体育教学,学生通过教师对示范动作的慢放、局部放大等处理,可以看清动作细节。当然,教师对学生的练习动作进行视频录像回放,也能让学生更快更好地改正错误的动作并掌握动作要领。

(四)读同伴动作,提高自主学习能力

能否通过观察同伴的动作不断地进行自我反思和总结是反映学生是否具有学习自主性的重要特征之一。古语有云,"学而不思则罔",说明在学习过程中,只是纯粹地学习而不进行思考或反思,就会变得迷惑而无所得。由此可见,反思和总结的能力在学生的学习成长过程中起着十分重要的作用。于是,在体育课堂中,学生们会进行自评和他评,这样能"以评促学,以评促教",还能促使学生不断反思不断进步。在整个过程中,学生提高了观察能力、交流能力和自我解决问题的能力。

例如在二年级"立定跳远"的教学过程中,学生们在完成一次练习之后到指定地点担任观察者和点评者的角色,根据示范视频中教师的示范动作和重难点提示,观察小伙伴是否做到了本课重点"起跳有力、落地平稳、屈膝收腹成蹲踞"并及时给出评价。当学生练习一段时间后,学生就会要求进行展示。在展示的过程中,其他学生会仔细观察,找一找优点和缺点,并相互讨论,然后积极举手回答。当学生观察教师的示范时,通常由于教师的权威性,不太敢发表意见。而当学生之间互相观察的时候,他们就敢于提出自己的想法。例如立定跳远,当上前展示的学生在落地时没有站稳,学生立刻举手回答,是由于他在落地时没有做到屈膝缓冲造成的,落地时应该脚后跟先着地,并且人要完全蹲下去。在学生互相评价的过程中,有些学生对于评价重点的把握不够准确。这就要求教师对技术动作的解构要清晰,设定的评价标准要具体,要契合课堂的重难点,达到以评促学的目的。

通过这样一个阅读→交流→反思→提高的过程,大部分学生就可以避免很多常见的问题,而其中学生之间的互评不仅能够给予学生自己及时的反馈,还能激发学生的潜能,最大限度地调动学生学习积极性。通过读同伴动作以及学生之间的自评、互评,了解自己处于什么样的水平,清楚自己该达到什么样的目标,给学生一个进步的方向,利于学生技术动作的进步,提高观察能力和表达能力以及自我学习能力。

(五)读体育赛事,养成良好体育品德

由于课业的压力,很多学生在下课后与体育的联系就切断了,这也严重制约了学生对于体育的兴趣。在我的鼓励下,学生们会在闲暇时间去观赏一些自己感兴趣的体育赛事。学生们在练习技能的同时欣赏到这些技能在真实的比赛场景中是如何运用的,对他们来说是一种莫大的刺激和感官上的满足,这不仅拓展了他们在体育方面的知识,开阔了视野,而且还不断对体育产生了浓厚的兴趣,进而更好地进行体育锻炼,养成了健康行为,树立了良好的体育品德。

这里的读也可以理解为欣赏。欣赏,即享受美好的事物,领略其中的趣味。体育欣赏就是在听或观看体育赛事、体育表演、体育活动等的过程中,体验体育"运动美"的一种感知活动。比如,体育教学中比较难的田径跳跃项目中跳高的动作、翻滚的技巧等都很难让学生看清楚这些高难度动作中的细节,体育教师可以在教学过程中找一些相关的课件或者动作分解的视频供学生欣赏和学习。这些欣赏视频可以通过非常立体的形象、逼真的视觉听觉体验充分调动学生的学习兴趣,吸引学生的注意力,进一步激发学生学习体育的主观能动性。在体育课堂中加强随堂欣赏带来的价值是传统体育教学手段无法做到的。

因此,在小学体育教学过程中融入"读体育赛事",对于提高小学体育课堂的教学效率,激发学生体育热情,提升学生体育素养,培养终身体育的习惯有着深远的意义。

四、体育教学的变化

随着时代的发展,体育教学的观念和思想也在不断地进行着更新和迭代。新课标提出要从"以知识与技能为本"向"以学生发展为本"转变。现在的学生接受知识的渠道比较多,具有鲜明的个人特征和时代烙印。他们喜欢探索新鲜事物,接受新知识的能力比较强。作为体育教师在教学时,应做到采用不同的教学方法和教学手段,冲破传统的教学模式,避免思维禁锢,提出"创新"教学。寓教于趣,以丰富多样的教学方法和手段,激发学生的积极性、自觉性和创造性,使学习由被动变主动[①]。要想不断提高教学水平,体育教师必须在对专业产生稳定的兴趣上,扩大知识面,进行必要的知识更新,以适应不断发展的新形势的需要。

五、结论

现代教学论指出,在教学过程中学生是一个自主性的存在,教师要在发挥其主导作用的同时,重视学生自主性的培养与发挥。而在体育课堂上融入对于多元阅读的尝试能够很好地达到这一目的,教师要为学生提供主动学习的条件,把课堂时间交给学生,帮助学生从被动地接受学习转向主动学习,要教会学生掌握主动学习的"工具"。

杨思小学学生在体育教师的指导下,先初读教材中的文本,再读课上教师的示范动作,这是阅读的认知能力;随后读视频,把其内化为自身要掌握的动作,这是阅读的理解能力;之后去读同伴动作以及体育赛事,其实是辨别体育动作标准与否,从体育赛事中学会欣赏,感受体育给人带来的美好和快乐,这是阅读的辨别能力和应用能力。这五个阅读环节正是阅读能力的不断递进,涵盖课前、课中和课后。教师在课堂中对学生"多元阅读"的指导,使学生能将其运用到实际生活中去,体现了学生自主学习的能动性,为学生终身体育打下了牢固的基础。

---

① 苗科.浅谈新形势下体育教师教学之转变[J].课程教育研究:学法教法研究,2015,0(18):239-240.

大概念视域下的初中语文
单元整体教学设计关键要素

上海市浦东新区教育学院附属实验中学 赵妍妍

【摘要】本文详细阐释了大概念视域下的初中语文单元整体教学设计的五个关键要素和基本路径：先进行课程标准和课程内容分析，在了解学情的基础上确定单元大概念；然后在大概念视域下对单元内的知识进行有机整合；明确单元主题，创设单元情境，提出单元目标，搭建单元任务，组织学生开展自主积极的言语实践。

【关键词】大概念　教学设计　单元主题　单元情境

  培养学生语文核心素养在教学中落实的关键在于教师。然而要改变教师知识点碎片化传授的教学习惯和大量讲解分析的教学模式并非易事，因此亟须有切实的突破口和推进路径[1]。大概念导向下的单元整体教学就是重要的突破口之一。大概念并非学科课程的某一具体知识性概念或名词，而是集中反映学科本质，具有相对稳定性、共识性、统领性等共性，能将离散或琐碎的不同主题和知识实现"有意义"地"粘连"，从而帮助学生以"专家式思维"阐释和预测较大范围物体、事件或现象的某种有组织、有结构的"核心概念""知识模型"或"学科大图景"[2]。

  在大概念视域下，通过单元教学的重构和整体设计，整合优化学习内容，不仅可以改变传统课时教学容易出现的碎片化、零散化的问题，促进学生知识结构化、系统化的意义建构，还可以帮助学生进行深度理解，深化语文学科核心素养，培养其在真实情境中解决实际问题的能力。

一、语文学科大概念的提炼路径

  聚焦到初中语文学科上，如何提炼与筛选语文学科大概念呢？在语文实践

---

[1] 储春红.基于统编初中语文教材的大单元教学整体设计与实施[J].上海课程教学研究,2021(09):24.
[2] [英]温·哈伦.科学教育的原则和大概念[M].韦钰,译.北京:科学普及出版社,2011:7.

中,常用的大概念的筛选和提炼主要有以下几种路径。

(一)借助语文课程标准

教育部颁发的课程标准是我国教学的基本纲领性文件。它提出了面对所有学习者的课程基础要求。学科课程标准是提炼大概念的重要途径。在掌握教学规范的基础上,把握课程标准中不断出现的高频词汇,从高频词汇中提炼大概念。

义务教育语文课程培养的核心素养,是学生在积极的语文实践活动中积累、建构,并在真实的语言运用情境中表现出来的,是文化自信和语言运用、思维能力、审美创造的综合体现。① 在语文课程中,学习者的逻辑思维、审美创造、文化自信等均以语言运用为基础,并在学习者的个人语言经验发展过程中得以实现。

如七年级下第六单元主要写探险精神,教读课文有《伟大的悲剧》《太空一日》,自读课文是《带上她的眼睛》以及文言文《活版》,另有写作,要求语言简明,还有名著导读,介绍《海底两万里》。课程标准里反复提及培养学生的阅读方法,梳理文章主要内容。因此,我们可以根据核心素养的要求,将本单元的大概念提炼为,浏览时要抓住主要信息,概括内容要点,厘清故事情节。

(二)通过深入分析教材

学科大概念是教材编写的基础,统领教材的编写。但是学科大概念不同于单元大概念,单元大概念更加具体。深入研读教材主要是关注单元导语,分析单元课文的特点以及关联。

如统编版《语文》六年级下第二单元,单元导语写道:阅读本单元课文,看看作者是如何感受和体会生活的。学习本单元,可以采用朗读的方式,从整体上感知和把握文章的主要内容,感受其中蕴含的情感,学习作者表达情感的主要方式。② 然后分析单元课文。本单元人文方面的内容主要突出表现学生对时间的真意实感;语言要素则表现在"让真情自然流露,体会文章怎样表达情感"的语文知识和"在习作时,选择印象最深的感受写出真情实感"的语文能力上。"情动于中而形于言",生活中人们受到外物的影响,内心有所触动,情感发生变化,于是诉诸笔端,将这些情感、意绪真实自然地记录下来,往往会十分打动人。在这个单元里,我们便多次领略了这样的真情流露。分析该单元教材后,我们懂得了可

---

① 中华人民共和国教育部.义务教育语文课程标准(2022 年版)[M].北京:北京师范大学出版社,2022:4.
② 教育部.义务教育教科书(五·四学制)语文六年级下册[M].北京:人民教育出版社,2018:23.

以把心里想说的话直接写出来，抒发自己的情感，如《匆匆》《别了，语文课》；也可以把情感融入具体的人、事或景物之中，在叙述与描写中自然而然地流露出来，如《那个星期天》《学奕》。基于此，归纳整理出本单元的大概念为：关键词句及其中的细节描写处处体现出作者的情感表达。

（三）基于学生认知水平

大概念的确定，必须清楚学生的学习能力，并分析他们现有的认知基础，语言学习情况以及运用语言的能力。以学生的认知水平来架构大概念，就需要教师在课堂教学前先做好学情调研，同时还要对语文的课程标准和教材都能达到相当熟悉的程度。如此，才是真正意义上教师基于学情开展的教学。

比如，在提炼七年级下第三单元的大概念时，我们发现从阅读方面说，七年级的学生已经掌握了一定的方法与技巧。特别是对于现代文，初步读懂文义并不难。在写作方面，学生在七年级上的学习中已经学习了记事写人要抓住特点，思路清晰，突出重点，体现人物精神等，本单元要在此基础上进行深化。鲁迅先生的文章，学生们读起来有一定的难度，其中的"吃福橘""说'长毛'"，以及阿长那些"麻烦的礼节"都是学生不易读懂的地方，教师要引导学生认识到阿长的身份特征，读出荒诞可笑背后的苦难与希冀。需要注意的是，学生自己阅读理解不到的内容才是教师重点要教的部分。以《卖油翁》为例，学生能够理解文本蕴含的"熟能生巧""戒骄"之类的道理，但是欧阳修真正的写作意图还需要细细揣摩。要引导学生质疑，如作者"酌油之技"与神射手的"百步穿杨之技"，真的能够等量齐观吗？

一个单元中可以教授的知识很多，教师根据学情选择适宜的学习内容非常重要。根据以上分析梳理归纳出的本单元学科大概念为：关键词句及其中的细节描写蕴含着深层意蕴，可以有效刻画人物，以此统领整个单元的教学设计。

二、大概念视域下单元主题的确定

教师通过对课程标准、教学内容的把握以及学生特点的剖析，就可以确定单元的教学主题。确定单元教学主题，要以大概念为指导，构建与教学内容之间的联系。在确定单元主题时，教师还要关注学生核心素养的发展，并充分考虑学生现有的知识水平、思维能力等。

大概念视域下的单元主题指向的是一种主题式教学方式，是教与学任务、活动的概括。这和常说的"人文主题"不是一个概念。如七年级上已经明确指出的"四季美景""至爱亲情"等都是人文主题。人文主题是组织学习资源的依据,主要是针对阅读篇目的内容而言的,而单元中的写作板块、综合性学习等内容不具有涵盖性。如八年级上第五单元是说明文单元,本单元除了阅读篇目外,还包括:(1)写作——说明事物要抓住特征;(2)口语交际——复述与转述;(3)名著导读——《昆虫记》科普作品的阅读。整体来看,本单元内容主要是探寻语言文字所记录的文明印记的过程,因此将该单元主题确定为"紧扣特征传文明"。

需要注意的是,大概念与单元主题往往是不一样的。单元主题可以从选文题材中产生,从学生的生活中产生,从时事热点中产生,更多的是"因地制宜"结合学生兴趣,结合立德树人等,有很大的随机性,相对容易获得。而大概念必须是主题背后蕴含的深层次的学科内容。[1] 但并不是说两者没有任何联系,有时候单元主题和学科大概念也有交叉,如写作中的主题要围绕"真情",同时要关注"读者意识",但大概念的范畴里就是"写作要有真情""写作要有读者意识"。

单元整体教学设计应以单元主题为引领,使知识情境化;而单元整体设计则需以大概念为锚点,才能使知识结构化,以促进学科核心素养的落实。[2] 可见,只有在大概念视域下确定单元主题,才能真正促进学科核心素养的落实。总之,单元主题为单元任务的创设提供环境,为大概念提供了教学内容结构化的线索。因此,教师应以大概念为逻辑起点[3],设计教学情境与问题;学生则要以大概念为联结真实世界的桥梁,完成知识的理解、能力的迁移,从而实现大概念视域下初中语文单元整体教学的学习。

三、大概念视域下单元情境的创设

单元情境引领下的活动任务是实现基于学科大概念的初中语文整体单元教学目标的有效载体。因此,在基于学科大概念的初中语文单元教学设计中,教师要创设情境,设计活动任务,使整个单元教学设计的实施具有一定的支架。[4]

---

[1] 李斌.大概念与主题的概念辨析[J].中学语文教学参考,2022(7):48.
[2] 衡很亨.利用大概念优化英语学科大单元整体教学[J].中小学外语教学(中学篇),2022(9):4.
[3] 李卫东.检视大概念、主题、学习任务群与学习项目——基于知识观的视角[J].课程·教材·教法,2021(6):82-88.
[4] 宋士丽.基于学科大概念的初中语文单元教学设计研究[D].信阳:信阳师范学院,2022:57.

谈到情境，这对语文教师来说并不陌生。在传统语文单篇教学中，教师往往会"创设情境，导入新课"。但大概念视域的单元情境的创建，和以往单篇课文中教师所创建的新课文导入情境并不是一回事。这里所说的单元情境，是指联结学生思维与课堂中文本信息的真实语文场景。

首先，大概念视域下的单元情境贴近学生的真实生活并满足其当下学习内容的特定场景。这样的场景构筑起他们所处的生活环境和学校课堂知识间的桥梁，让学生的学习变得有趣且有意义。其次，创造真实情境，就必须改变现行教材中以学科知识理论为基础的学习内容安排方式，调动学习者的生活实践和知识基础，通过认真挑选并创造一种学习者比较熟悉并与该单元内容相对适切的场景来调动他们的积极性和参与活动的热情，并使他们沉浸在作品之中，增加对作品的理解。最后，真实情境并不只用于单元学习的导入，而是统领了整个学习单元中的语言语用场，并使其成为单元中学习行为的真实载体。

真实的教学场景给学习者创造了一个完成语言实践的具体场景、条件与环境。在课程整体教学的语境中，这样的教学场景既贴合学习者的语言实践，又适应于单元教学的主题。如八年级上第五单元的四篇作品分属艺术类和自然科学类。对本单元内容的学习，也是探寻语言文字所记录的文明印记的过程。因此，到博物馆里去"寻找文明的烙印"是一种真实的学习体验，透过"进入人文科学博物院""进入自然博物馆"一类的学习活动，构筑起了生活和教学资源之间的桥梁，把语言学习者带到了他们比较熟悉的语言运用场景。在教师的引导下，学习者们充分调动已有的经验，并主动联系教材内容，给本单元的说明对象制作名牌，有助于游览者进一步地了解事物，同时又能用正确、流利的说明文语言对它们加以阐述。在此过程中，学生让生活与文本学习形成了联系，学习者的思维和情感也得到进一步的提升，也使学习过程产生了现实的价值和深刻的意义。

四、大概念视域下单元目标的制定

大概念视域下的单元整体教学设计，需要从明确预期的学习结果开始。预期的学习结果主要包括三个方面，即学生能理解学科单元大概念；掌握必备知识、形成关键能力；能主动地将所学知识迁移到真实生活问题的解决中来。

以往的教学设计都是以对学科知识的应试能力为基础导向的，大概念视域下的单元整体教学则以对学科的核心素养培育——让学习者具备"解决真实世界问题的能力"——为根本宗旨。不同课型承载不同的教学任务,学习者要在教读课中学方法、自读课上用方法。教师在课堂上要进阶式推进学习,逐点落实单元目标。

如七年级下第三单元主要写凡人小事。角度课文有《阿长与〈山海经〉》《老王》《卖油翁》,自读课文有《台阶》,另有写作——抓住细节,还有名著导读——《骆驼祥子》介绍。本单元的大概念是关键词语及其中的细节描写具有深层意蕴,可以有效刻画人物。对于本单元的内容,教师可以围绕与大概念相关联的两个核心问题展开设计:小人物身上有着怎样的人性光辉?如何寻找关键词句?如何理解关键词句蕴含的深层意思?可以在这两个学习支架下制定本单元的学习目标:了解不同叙事文体的基本特征,学会从标题、详略安排、角度选择等方面把握文章重点,学习把握文章结构层次的能力;关注细节描写,揣摩人物心理,把握人物形象特点,体会凡人身上闪光的品格;结合文体特点和作者的叙事风格,有感情地诵读,理解作者情感态度及文本深层意蕴;练习"抓住细节"的写作方法。

五、大概念视域下单元任务的搭建

基于创设的真实语境,设置具有挑战性的任务,并通过活动推进语文教学。这是大概念视域下进行语文单元整体教学设计首要探究和解决的问题。而其中所提及的"任务"就是"事情",而"活动"就是"做事情"。基于语文核心素养的整体教学任务实质上就是让学生找到事儿做,并找到能对培养学生语文素养有价值的事情做。大概念视域下的单元教学设计正是想把一个具有语文价值的教学任务群,在真实的单元情境中连缀出一个个的教学活动任务群。

阅读说明性文字,重点在于熟悉叙述语言的文本特征,了解叙述语言的文体特征、常用的表示方式以及叙述内容的特点。传统的教学实践往往是以知识和技能作为突破口,学生学起来很枯燥,教师似乎也教不出文章的特质。大概念视域下的单元整体教学设计关注学习者的核心素养的发展,强调基于真实问题和情境的学习,让学生在真实的语言实践中提高语文素养。接下来就以八年级上第五单元为例,搭建学习任务框架。

本单元内容包括:《中国石拱桥》《江南园林》《蝉》《梦回繁华》四篇文章;写作:说明事物要抓住特征;口语交际:复述与转述;名著导读《昆虫记》。

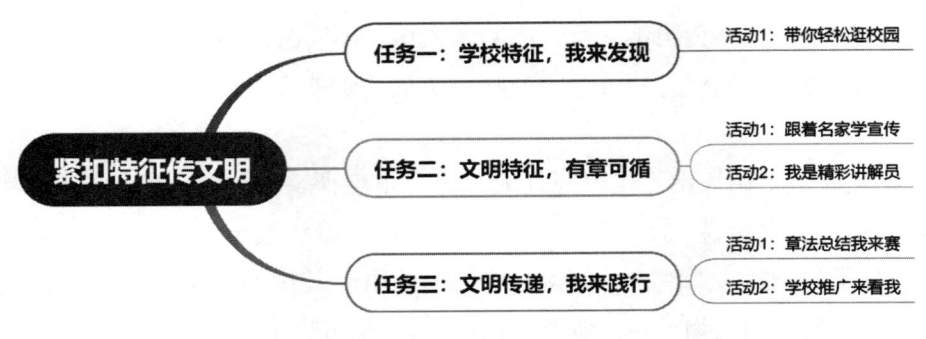

```
紧扣特征传文明 ─┬─ 任务一：学校特征，我来发现 ── 活动1：带你轻松逛校园
              │
              ├─ 任务二：文明特征，有章可循 ─┬─ 活动1：跟着名家学宣传
              │                          └─ 活动2：我是精彩讲解员
              │
              └─ 任务三：文明传递，我来践行 ─┬─ 活动1：章法总结我来赛
                                         └─ 活动2：学校推广看我
```

图 1　八上第五单元任务框架

本单元所搭建的三项学习任务，通过真实情境，把文本内容与现实生活打通，极大程度上走出了说明文教学浅表式思维的惯性，向着高级思维更理性地传达说明文的科学内涵、思维方式与价值内涵。

值得一提的是，活动探究单元本身就是以任务为起点，以项目活动为主体，整个单元的学习通过活动任务实现听说读写的融合，其基本编排方式按照"课文学习—实践活动—写作表达"进行。下面以八年级上第一单元为例，搭建单元学习任务。本单元包含三个任务和一个口语交际，分别是新闻阅读、新闻采访、新闻写作，以"讲述"为主题的口语交际。这三项任务共同构成了一个系统，阅读部分主要是让学生了解和把握新闻的体裁、特点等基础知识，为新闻写作创造条件和抓手，而新闻采访为新闻写作提供了内容，新闻写作则是把前面的两项任务紧密结合起来。

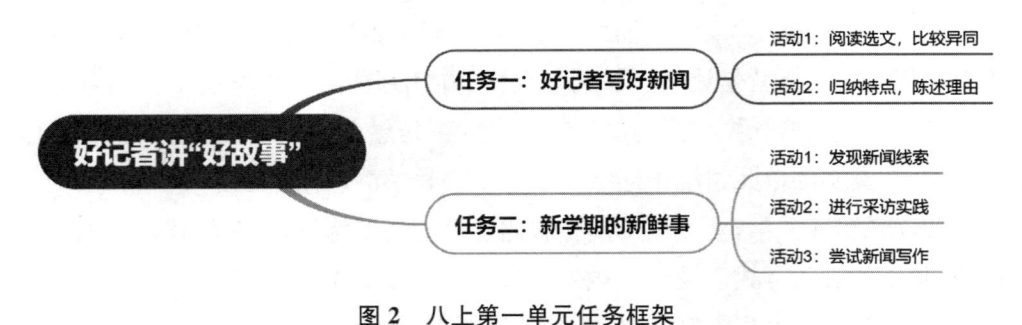

```
好记者讲"好故事" ─┬─ 任务一：好记者写好新闻 ─┬─ 活动1：阅读选文，比较异同
                │                         └─ 活动2：归纳特点，陈述理由
                │
                └─ 任务二：新学期的新鲜事 ─┬─ 活动1：发现新闻线索
                                        ├─ 活动2：进行采访实践
                                        └─ 活动3：尝试新闻写作
```

图 2　八上第一单元任务框架

本单元任务框架的设计，基于对单元文本的精准把握，基于对学情的充分了解。教师们在整个教学活动中，变当堂讲授为全程引导，变掌控教学为引导学生自学，变重视结果为注重过程。

综上所述，理顺大概念视域下的初中语文单元整体教学设计的关键要素，就为顺利开展大概念视域下的单元教学提供了支架，也为单元评价提供了依据。

儿童哲学视域下绘本阅读课程建设的实践研究

上海市三灶学校　富士英

【摘要】 小学是儿童品德和行为习惯、生活态度、认知能力发展的重要时期。针对小学的办学目标、儿童身心发展的特点，学校开设儿童哲学绘本阅读课程是德育的有效路径。从具体实践上看，拓展课是儿童哲学绘本阅读课的主阵地。除此之外，还将本课程引入班主任校本培训之中；儿童哲学绘本阅读课还成为家庭教育的有效延伸。

【关键词】 儿童哲学　儿童绘本　生命教育

江苏省锡山高级中学校长唐江澎说："好的教育应该是培养终身运动者、责任担当者、问题解决者和优雅生活者，给孩子们健全而优秀的人格赢得未来的幸福，造福国家社会。""让幼儿园孩子养成整理东西的习惯，远比让他们早识字重要；让孩子们多读书，远比让他们做阅读理解题重要。"如何通过儿童绘本阅读培养学生核心素养呢？笔者在近20年的小学德育工作中，探索建设"儿童哲学绘本阅读课程"，以儿童绘本阅读启智润心。

一、核心概念界定

（一）儿童哲学

基于儿童的成长，启发儿童对自己日常生活中遇到的问题进行思考、对话、探究和澄清，以发展儿童智慧和丰富儿童精神世界的哲学。儿童哲学理论鼓励儿童通过自主探索，反思和质疑来发展思维，形成道德责任感、人生观和价值观。"儿童哲学的内涵可以有广义、中义及狭义之分"，包括以培养学生之思考技能和养成思维习惯为目标的狭义儿童哲学，以提升儿童的整体哲学素质为目标的中义儿童哲学以及研究儿童整个精神世界的广义儿童哲学。[①] 本文中的"儿童哲

---

① 高振宇.儿童哲学导论[M].桂林：广西师范大学出版社，2020：37.

学绘本阅读课程",指向其狭义的内涵。

(二)儿童绘本

儿童绘本是外来语,即图画书。该词语取自日语中图画书的叫法"えほん"的汉字写法"絵本",顾名思义就是"画出来的书",指一类以绘画为主,并附有少量文字的书籍。绘本不仅是讲故事、学知识,而且可以帮助孩子全面建构精神世界,培养多元智能。

(三)生命教育

生命教育是直面生命和人的生死问题的教育,其目标在于使人们学会尊重生命、理解生命的意义以及生命与天人物我之间的关系,学会积极地生存、健康地生活与独立地发展,并通过彼此间对生命的呵护、记录、感恩和分享,获得身体和心灵的和谐,事业成功,生活幸福,从而实现自我生命的最大价值。面向儿童的生命教育应该成为全面关照生命的多层次的人本教育:它不仅教会儿童珍爱生命,更要启发儿童完整理解生命的意义,积极创造生命的价值;不仅告诉儿童关注自身生命,更要帮助儿童关注、尊重、热爱他人的生命;它不仅是惠泽人类的教育,还应该让儿童明白生命是平等的,让其他物种和谐地共生一片蓝天下;它不仅关心今日生命之享用,还应该关怀明日生命之发展。

二、儿童哲学视域下绘本阅读课程建设

(一)课程目标

儿童哲学与绘本阅读课程是以儿童绘本为载体,旨在发展我校儿童的思维能力、学习能力,培养其主动思考、独立思考的习惯,达到逻辑推理技能的整体提升,让他们学会提问、倾听、思考、表达、选择,最终重新建构对生命甚至是对整个世界的认知,培养他们的批判性思维、创造性思维、关爱式思维、合作式思维能力和品质。[①]

批判性思维,思考自己为何这样想、别人为何这样想等。创造性思维,探究能不能有原创性的想法,因为哲学强调的是能否创造出属于自己的东西。关爱式思维,当进行团体性讨论时,是否顾虑到别人的感受。合作式思维,能否参与群体活动,大力协作,相互激荡出各种火花,甚至通过协商达成某种共识。

---

① 潘小慧.儿童哲学的理论与实践[M].桂林:广西师范大学出版社,2020:32.

儿童哲学注重提升儿童对"哲学大观念"的理解力，实现认识上的进步，即不断逼近可能的真理；且促成儿童在情感态度价值观上的变化，特别是其情商的各个层面上的发展；最终实现儿童在行为习惯和实践方式上的改变。我校小学儿童哲学教育的课程目标是，引发学生思考，开发学生的智力，并制定了儿童哲学教育课程的一级目标——认识生命。

在一级目标"认识生命"确定的基础上，我们又制定了二级目标，包含五个方面的内容，意在通过对儿童哲学教育课程的学习使学生能认识自己，悦纳自己；知晓教养规则，人际交往；知道担当责任，能关注自然；懂得关心长辈，感恩他人；能直面死亡，坦然接受不幸。

（二）课程内容

1. 多种资源整合化

我们动员一切可以动员的力量：整合绘本资源，包括教师推荐、家长推荐、学校图书补充、同学交换；优化师资力量，选择德才兼备的教师、家长、公益组织中的优秀志愿者讲好故事；也请出色的学生自主登台讲绘本故事；强化后勤管理，请图书室、后勤管理人员协助，在班级的图书角、校门口的图书亭，特意为不同年级学生摆放不同的绘本。

2. 绘本阅读主题化、序列化

为了帮助学生逐步建构精神世界，促进其心智发展，我们根据年段特点，以培养学生的认知能力、观察能力、沟通能力、想象力、创造力为纬线，以情感道德发育的培养为经线，结合学校德育系列的目标，为各年级设计了阅读序列表（见表1）。

表1　各年级阅读序列

年级	主题	目标	推荐书目
一年级	生命的起源	认识自己，悦纳自己	《小威向前冲》《我是女孩　我弟弟是男孩》《我宝贵的身体》
二年级	生命的成长	教养规则，人际交往	《别想欺负我》《我有友情要出租》《是谁送的呢》
三年级	生命的高峰	责任担当，关注自然	《动物绝对不应该穿衣服》《喂，小蚂蚁》《妖怪山》

续表

年级	主题	目标	推荐书目
四年级	生命的衰弱	关心长辈,感恩教育	《外婆变成了老娃娃》《爱心树》《猜猜我有多爱你》
五年级	生命的死亡	直面死亡,坦然接受	《活了100万次的猫》《獾的礼物》《爷爷变成了幽灵》

3. 活动组织形式多样化

组织不同类别、不同层次的教师召开绘本阅读指导交流会,切磋、优化、总结、交流,在互助中成长成熟,如以年级组的班主任为单位、以青年班主任工作室的部分教师为单位,也可以是几个志趣相投的教师,或初当班主任的几位新教师,精心组织,使得不同层次的教师都有获得感。以班级为单位组织学生开展绘本阅读活动、亲子沙龙阅读分享会等。评价方式可以是师评、生评、互评、家长评等。

表2 绘本阅读评价表

绘本名称:《 》				
自 评	☆☆☆☆☆	互 评	☆☆☆☆☆	家长评	☆☆☆☆☆
我的建议			家长建议	
我的感受	(写一写、画一画)			

(三)实施路径

1. 校内授课与校外探究相结合

本课程在我校小学阶段实施,采用校内授课与校外探究相结合的形式,校内以学校的班会课为主线,以儿童哲学绘本阅读课程为载体,以"家长微课堂"辅之;校外以"家庭绘本坊"、社区阅读沙龙和"沃岭助学"公益组织为载体开展活动,是学校学习活动的补充与提高。

绘本《我爸爸》以孩子的视角描绘了他眼中的父亲,将抽象的父爱化于形,通过一幅幅风趣幽默的图画将伟大的亲情直观地展现出来,那么有趣,那么真实。周芊妙同学的爸爸是一位援藏干警,常年不在家,她很想念爸爸。于是,她的妈妈孙佳雯通过亲子阅读,像朋友一样和孩子交流,与孩子一起温习和爸爸相处时每个平常日子里的温暖和爱,促进和构建了更和谐的亲子关系。

① 导入

在出示绘本封面之前,先问孩子,你的爸爸是怎么样的?你喜欢你的爸爸吗?

(出示绘本)看,今天我们一起读《我爸爸》。看看这个封面上的爸爸,他穿了什么颜色的衣服?和你的爸爸一样吗?我们一起仔细看看,爸爸到底是一个怎样的人?

② 分段欣赏故事

分段阅读和提问的方式可以让孩子理解画面和故事内容,感受爸爸的勇敢和温暖。

"我爸爸什么都不怕!连坏蛋大野狼都不怕。他可以从月亮上头跳过去,还会走高空绳索。在运动会的比赛中,他轻轻松松就跑了第一名。爸爸真的很棒!"提问:"故事中的爸爸做了哪些很勇敢的事情?"

"我爸爸吃得像马一样多。"提问:"故事中说爸爸像什么?""你觉得你的爸爸像什么?"

通过问答的方式,我们为孩子营造一种自由的阅读氛围,鼓励孩子大胆揣测和想象,勇敢说出自己的想法。

在朗读故事的时候,我还会用抑扬顿挫、语速的急缓转变带领孩子走入"故事"的情节中。同时在朗读中,我还会和孩子一起模仿书中人物的表情和动作,及时对故事内容进行反馈,提高孩子阅读的兴趣。

③ 游戏拓展

读完绘本之后和孩子交流,她心中的爸爸是怎么样的。通过自己的语言说一说,画一画,贴一贴,抱一抱,更好地促进孩子和爸爸之间的沟通,让彼此更贴近一点,因为爱需要及时表达。

通过绘本的学习,孩子感受到了父爱、母爱、亲情的爱,了解了爱就在自己的身边,我们会成为所爱的样子,是爱成就了我们每一个人。

2. 学材开发与课程教学相结合

任课教师全员全程参与学材的开发与编制工作,运用绘本学材组织课堂教学实践,并不断对课堂教学内容进行调整与完善,以提高学材的编写质量与课堂教学实践能力。笔者在给一年级学生教《咏柳》一课时,结合课文插图点拨,学生将画面描述得栩栩如生。结合插图,学生的观察和想象能力得到发掘,热爱大自然的感情也得到培养。

到了二年级以至五年级之后,学生对插图仍然爱不释手。如学生看到《秦陵兵马俑》一文中的兵马俑插图,他们看图写话作业中的佳句频出:有的面带微笑,似乎沉浸在胜仗的喜悦之中;有的怒发冲冠,好像随时要扑向敌方,把敌人撕成两半;有的一脸稚气,一看就知道是刚入伍不久的新兵;有的一脸深沉,神色严峻,不愧为入伍多年的老兵;有的张弓搭箭,好像正在等待将军发号施令;有的龇牙咧嘴,满脸怒气,好像要为牺牲的兄弟报仇;有的紧咬牙关,神态庄重,好像正在考虑如何将敌人打得屁滚尿流;有的左手拿刀,右手拿盾,好像做好了随时开赴战场的准备。

在读图、说图中,学生的想象力、情感认知水平都得到发展。鉴于以上课堂实践,笔者精心选择插图较多的读本作为教学补充,特别为低年级的学生专门选择了绘本。

3. 模块与主题学习相结合

本课程五个主题分别对应一至五年级,分别是:生命的起源(认识自己,悦纳自己);生命的成长(教养规则,人际交往);生命的高峰(责任担当,关注自然);生命的衰弱(关心长辈,感恩教育);生命的死亡(直面死亡,坦然接受)。它们紧紧围绕人之诞生、成长、发展,对自然之起源、演变的人文探究,是一种对"生"之灵动的体验,对生命之爱、敬、畏、惜的涵养和向生活的回归,引导学生重新构建对生命的认识,培养他们的批判性思维、创造性思维、关爱式思维和合作性思维。

教了几轮五年级,笔者总会看到这样的情形:在面对小升初时学生出现分化,种种思想苗头出现在班级中。有的因家境一般而沮丧,有的因学习困难而厌学,还有的因家庭特殊甚至发展到厌倦生命。

针对这情况,笔者以《活了100万次的猫》为例,将绘本阅读深度融入生命教育之中。

以下是笔者在五年级进行绘本阅读教学的情景:

第一个环节:激趣导入,初识虎斑猫。

展示绘本的封面,学生谈对这只猫的第一印象,引入绘本名字。

第二个环节:阅读绘本,了解虎斑猫的生命经历。

研读虎斑猫讨厌所有人、喜欢自己及改名的原因。

第三个环节：体验生命的意义。

讨论虎斑猫活不过来的原因，表演绘本"遇见白猫"，讨论生命的意义。

学生在这次绘本阅读中，认识到生命的起源，找到自己的"白猫"——生命的价值，懂得要想方设法地在生命中创造价值，要竭尽全力，乃至舍弃生命。

在这样的绘本阅读课上，学生黯淡的眼神发亮了；这样的课后，学生的周记中流露出昂扬奋进的情绪。甚至在毕业多年的学生心中扎下了深根：一个男生，考上重点高中后回校向笔者报喜时说："老师，您知道吗？我太爱听那只虎斑猫的故事了。我觉得一个人不应该只在意生命的长度，还应该关注生命的宽度。活着的时候好好珍惜拥有的一切，死的时候就会变得很坦然。"没想到当时的尝试对学生的影响竟然如此深远，这也进一步激发了我们扩大绘本阅读课效益的决心。

三、绘本阅读课程成效

（一）开发了生命化教育班会课程

歌以咏志，文以载道。在前期各位学生、教师、家长以及其他社会组织的努力下，课程开发组的教师们着手编纂了一本校本教材《依托儿童哲学绘本，开发生命化教育班会课程的实践研究》，一方面是本次课程实践研究的成功总结，另一方面也希望将更好的儿童绘本哲学教育传播出去。

（二）巩固家校联系，促进亲子关系

在疫情防控期间的线上教学中，家长的督促对孩子们掌握知识有着至关重要的作用，而同时孩子们也会把作为"监督者"的家长放置在对立面，所以我们倡议并发起了"家庭绘本坊"项目。让孩子们和家长一起选择绘本，一起阅读感悟，在欢快轻松的氛围中增加亲子感情。用绘本内容指导孩子感谢家长，反思自己的不足，也让家长学习到怎样做一个更好的引导者。我们也鼓励扩大"家庭绘本坊"，让孩子们与同班或者同小区的朋友们一起分享学习，这也引燃了孩子们交换学习资料的新热潮，节约的同时却收获了亲子融洽、朋友亲密无间、知识增长的效果。"学而不思则罔，思而不学则殆"，所以我们也开创性地举办"家长微课堂"活动，引导家长们过一把"老师瘾"。这需要家长们事先选取并研读合适的绘本教材，在导师们的帮助下向孩子们授课。同时我们也知道"三人行必有我师"的道理，开展报名参赛的模式，组建"小先生"课堂，让孩子们转变角色成为小老师,把自己学到的绘本知识和心得体会分享给同学,再一次增加了同学们学习的热情,也巩固了对知识的掌握,更为教师教学提供了新的思路。

(三)调动社会资源,助力课程开发

"得道者多助",绘本阅读活动开展本就是对当前儿童哲学教育空白的一次有益实践。我校作为一所乡村学校,能力有限,为此我们联合"沃岭助学"公益组织打造绘本课程,他们能有效弥补学校教育模式较之于社会组织教育所存在的不足。

华东师范大学心理与认知科学学院刘俊升教授团队,为课程开展的数据收集、分析、加工保驾护航。在多方社会资源统筹协作下,不仅收获了课程研究的胜利果实,也证明了多资源协同在儿童绘本哲学教育中的重要性。

(四)促进教师课程建设理念的转变

绘本阅读课与传统学科的教学不同,要求教师从多种角度引导儿童进行探究,若教师不具备一定的哲学素养是很难胜任此项工作的。对此我们邀请华东师范大学专家示范、组织集体备课、试教磨课等途径,不断总结、完善课堂实践的策略,提高教师在课堂中的应对能力,有效解决课堂生成问题,如此夯实根基,教师们掌握了新的教学技术,也开拓了思路和眼界,为以后的教学生涯奠定了又一个维度的基础。

绘本中要读的绝不仅仅是文字,而是要从图画中读出故事,进而欣赏绘画。绘本教学最初让不少教师感到困难,教师们反映没有绘画基础、哲学太高深等。有关教师通过有针对性的培训活动解决了这些困惑。首先本课程不需要教师传授绘画技术,不会转变学科,而是作为一种拓展课程。其次,哲学学习是终身的,教师需要和孩子们一起学习,一起成长。然后我们也通过课题研究的方式,在骨干教师的引领下,手把手提升青年教师的教育教学能力,使其具备培养学生综合能力的素养——学会培养孩子的认知能力、观察能力、沟通能力、想象力、创造力,关注孩子的情感发育,能培养孩子良好的道德品质和行为习惯,能在潜移默化中对学生产生影响,从而提升教师的哲学素养,促进授课教师的专业成长。

(五)学生德智体美劳全面提升

经过长期的实践、修改、完善,我校的绘本阅读课程已经成为学校特色课程,并成立了专门的儿童绘本社团。学生说起绘本对自己心智的发展,无不感慨万千。有的说绘本课是自己最好的成长伙伴,课余时间里,边角时间里,随手翻阅绘本都是赏心悦目的一件事。有的说,从绘本中得到的启迪是终生难忘的,那些深奥的道理,科学的知识就藏在灵动的画面里,绘本是自己生命中无言的老师。乡村学生的书桌上、书架上不再是单调的几本作文书、练习册,绘本走进了家长的视野,成了他们亲子的读本,由购买绘本扩展到其他的书籍,阅读成了家庭精神文化生活的重要组成部分。

课堂上,学生们乐于讨论,在德智体美劳等各种创意活动的开展中,折射出学生的想象力和创新能力以及积极向上的生活态度,绘本启智润心的效果如星星之火,形成燎原之势。

四、展望

如何让儿童哲学绘本阅读这门课程的特色更加突出?随着队伍不断壮大,我们团队汇集了不同学科、各有专长的各年龄段的教师,学校图书馆、教室图书角也增添了不少绘本书籍。绘本阅读的群体力量效应得以呈现。因此,我们将群策群力,努力让绘本阅读这门课程的特色更加突出。下一阶段我们将把成果汇编成校内拓展课读本,以便在传承中进一步优化现有资源。

总之,相比于苍白的说教,借助儿童哲学绘本阅读,只要用对了方法,短短几个月的时间,甚至一瞬间,德育的功效也会呈现。给学生绘本这样一个支点,他们将会撬起整个世界。我们相信绘本会给学生丰盈的内心,助他们拥有多彩的童年,丰富生命的底色。塑造求真、向善、尚美的灵魂,培养体健的生命是所有教师的使命,为了做得更好,我们愿不断探索以绘本育人的策略。

设计多感官阅读实践活动
优化小学英语故事教学
——以 4BM4U1 *The Piper of Hamelin* 为例

上海市浦东新区金陆小学　张逸菁

【摘要】 故事教学能有效提升学生的语言能力、思维能力和文化意识。本文结合小学英语故事教学案例,探讨如何结合教材的单元主题去挖掘故事的育人价值,以及如何在故事教学中设计多感官阅读实践活动,帮助学生锻炼阅读中的思维能力,提高英语学科核心素养。

【关键词】 小学英语　阅读教学　故事教学

《义务教育英语课程标准(2022年版)》[1]指出,英语教学不仅要重视"学什么",更要关注学生是否"喜欢学"以及是否知道"如何学",教师要根据学生的认知特点,设计多感官参与的语言实践活动,让学生在丰富有趣的情境中,围绕主题意义,通过感知、模仿、观察、思考、交流和展示等活动,感受学习英语的乐趣。阅读教学可以引导学生采用多种学习方式,发挥自己的优势和特长,发现自己的兴趣和潜能,增强学习效能感。本文结合小学英语故事教学案例,从基于主题去挖掘故事的育人价值和设计阅读活动两个方面,谈一谈故事教学实践中的体会和思考。

一、基于主题,融合教材,深挖故事的育人价值

北京师范大学外国语言文学学院教授王蔷在《小学生英语分级阅读教学:意义、内涵与途径》[2]一书提出,儿童在学习母语的过程中,故事起到了很重要的作用,他们通过听、读、看故事获取语言知识,借助故事情景内化语言知识,并基

---

[1] 中华人民共和国教育部.义务教育英语课程标准(2022年版)[M].北京师范大学出版社集团,2022.

[2] 王蔷,等.小学生英语分级阅读教学:意义、内涵与途径[M].北京:外语教学与研究出版社,2017.

于演、讲、写故事输出语言知识,巩固语言知识,这一规律也适用于外语学习。故事阅读的重要性不言而喻,在牛津英语上海版教材中,有 Read a story 阅读板块,每个故事都能够吸引学生的兴趣,作为教师应该深挖故事内涵,将育人渗透在故事中,而不仅仅是讲授语言知识。在 4BM4U1 *The Piper of Hamelin* 中,原版故事 *The Pied Piper of Hamelin* 讲述了一个拥有神秘法术的吹笛人帮助哈默林人解决了鼠患的问题,然而市长没有遵守最初的诺言,最后哈默林市受到惩罚,失去了他们孩子的故事。这篇童话向我们传递了一个很重要的道理:无论什么时候,我们都应该遵守诺言。又如在 *The lion and the mouse* 中,这个故事本身就是一则伊索寓言,学生通过学习感受到了 Don't judge a person by his appearance(不要以貌取人)以及 Don't judge a friend only by his appearance(朋友贵在真心)。

在故事教学中,我们不能局限于教材中故事板块的学习,而应基于主题语境,关联不同类型的其他语篇,融合教材内涵,积极做好阅读的拓展与延伸。我们可以进行基于故事的词汇和句型教学,在生动有趣的情境中,学习单元的核心词汇与句型,先明确单元主题和语言知识,再选择合适的绘本故事。比如在 *The four seasons* 主题中,我选择了绘本故事 *I am a Bunny*(如图 1 所示),从小兔子的视角观察四季变化:它在春天追蝴蝶,夏天听蛙叫,秋天捡落叶,冬天玩雪球。在此过程中,同学们感受不同的季节特征,体会四季的美好。生动有趣的故事情节,鲜艳明亮的插图,都能吸引孩子的注意力。至于故事的表演更符合小学生活泼好动的年龄特征,而倍受欢迎。把枯燥的语言知识变成简单有趣的英语故事,从而吸引小学生的注意力,激发学生的学习兴趣,提高整个英语课堂的教学效果。

在 *In the park* 主题中,我选择的绘本是 *The Rainbow flower*(一朵彩虹色的花)。如图 2 所示,它将自己的花瓣都用来帮助有困难的小动物了,把黄色的花瓣变成风筝送给小老鼠,绿色的花瓣变成气球送给小鸟,橙色的花瓣变成小船送给蚂蚁。最后,自己却被覆盖在白雪下面。可是,它的希望和梦想还在继续,当春天来到时,新的花朵又在阳光下绽放开来。这个故事,同学们感受到自然世界的色彩美,彩虹色的花更是让我和小朋友都非常感动,这个故事几乎包含了你所能想象的一切:生命、阳光、爱、梦幻……

图 1 《I am a Bunny》

图 2 《The Rainbow flower》

在故事的选择上,要注重学生健康人格的培养,故事包含了一些简单的社会现象和文化背景等,能够更加直观地将一些价值观呈现出来。教师在教学时要认识到故事的这一层价值,强调一些优秀的品质,例如勇敢、善良、勤奋等。

二、设计学习理解类活动,感知并理解故事所表达的意义

新的课程标准指出,关于学习理解类活动,教师要把握感知与注意、获取与梳理、概括与整合等基于语篇的学习活动的要求。教师通过感知与注意活动创设主题情境,激活学生已有知识经验,铺垫必要的语言和文化背景知识,明确要解决的问题,使学生在已有知识经验和学习主题之间建立关联,发现认知差距,形成学习期待。在此基础上,教师以解决问题为目的,引导学生通过获取与梳理、概括与整合等活动,学习和运用语言知识、语言技能,从语篇中获得与主题相关的文化知识,建立信息间的关联,形成新的知识结构,感知并理解语言所表达的意义。

(一)感知与注意

教师通过感知与注意活动创设主题情境,激活学生已有的知识经验,铺垫必要的语言和文化背景知识,明确要解决的问题,使学生在已有知识经验和学习主题之间建立关联,发现认知差距,形成学习期待。

在 *The Piper of Hamelin* 故事中,利用学生在本单元已学歌曲 *The music man* 进行改编,引导学生学习理解 A piper can play a pipe 这一新的知识。同学们在唱一唱的过程中,进入故事,体验魔法笛声的故事情境。

(二)获取与梳理

在感知与注意的基础上,教师以解决问题为目的,引导学生通过获取与梳理、概括与整合等活动,学习和运用语言知识、语言技能,从语篇中获得与主题相关的文化知识,建立信息间的关联,形成新的知识结构,感知并理解语言所表达的意义。

首先阅读封面,获取信息,增强阅读能力,通过引导学生观察封面、人物、情景、标题等,建构文本概念,写下关于这个故事的基本信息,让同学们养成仔细阅读故事封面的习惯。然后在每段故事中,分段复述故事,能及时巩固梳理故事内容,也能降低最后讲故事的难度。最后利用 Story map 能让学生抓取细节和关键信息,理解故事发展的顺序,能帮助学生更好地理解故事。Story map 也为学生建立口语输出的支架,促进他们语言的表达。在 The Piper of Hamelin 故事中的 Story map 则通过 problem、solution、result 三个方面去理解故事,从美丽的 Hamelin 城市中出现了一个大问题——The city is full of mice,引起学生注意,然后吹笛人帮助解决了这个问题,但是城市中的人们不肯把金子给吹笛人,引出第二个问题,城市中的小孩跟着吹笛人走了,于是人们将金子给了吹笛人,最后小孩子们都回来了,故事情节跌宕起伏。第一段由师生一起找到问题,解决问题并且得到结果,第二段则是由学生自主完成故事地图,学生自主思考,从故事中找到答案,并完成故事地图。又如 The lion and the mouse 故事中的 Story map,从故事开头部分、中间部分和结尾部分进行讨论。为了让故事有悬念,让学生更有兴趣,教师在 Story map 的出示顺序上做了调整,先出现结尾部分,狮子和老鼠成了好朋友,这是怎么回事呢?凶猛的狮子怎么和胆怯的老鼠成了好朋友,发生了什么?这里就给学生制造了悬念,引发学生阅读故事中间部分的兴趣(见表1)。

表 1 获取与梳理类活动

	活动 1 封面阅读	活动 2 Story map
The lion and the mouse		
The Piper of Hamelin		

(三)概括与整合

对故事的概括与整合可以让读者在最短的时间内了解故事大概,学生也能锻炼自己讲故事的能力。阅读故事后,对故事的整合与概括可以分为两种方法:

一种是通过思维导图对故事详细地复述，把故事中的关键信息都表达出来；还有一种是通过回答问题，对故事内容进行总结。

在故事 Jim and Matt 中，我通过这两种方法对故事进行概括和整合。第一，利用 Story map（如图 3 所示），详细复述故事的关键信息，如人物、背景、原因和结果，对故事进行梳理整合。第二，利用故事后的问题，比如 Where do Jim and Matt live? 等，将故事用几句话进行概述和总结。我们可以通过图 4 所示的几个问题将故事总结为：Jim and Matt live in a small hole in the wall. Jim does some exercise every day. Matt is fat, because he never does any exercise. He always eats too much. A cat comes, Jim runs away. But Matt cannot run fast.

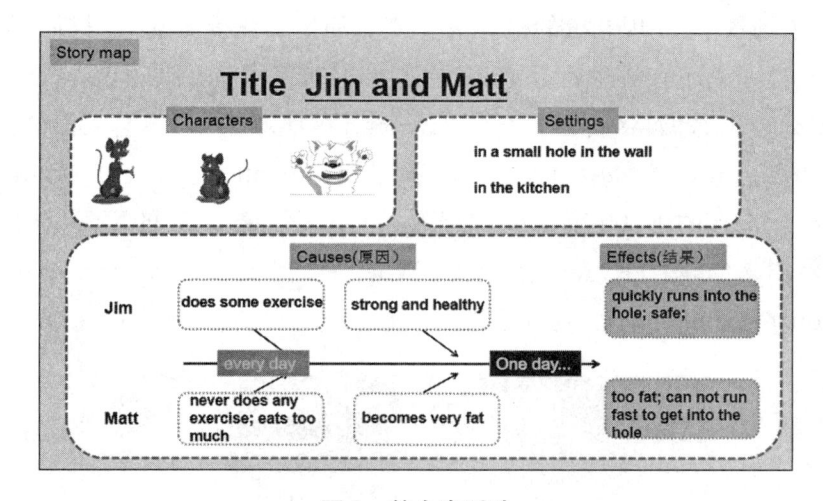

图 3　整合类活动

Answer the questions
1　Where do Jim and Matt live?
2　What does Jim do every day?
3　Is Matt fat or thin? Why?
4　What happens to Matt in the end?

图 4　概括类活动

三、开展应用实践类活动，促进知识向能力的进阶

关于应用实践类活动，教师要把握描述与阐释、分析与判断、内化与运用等

深入语篇的学习活动的要求。在学习理解类活动的基础上,引导学生基于所形成的结构化知识开展描述、阐释、分析、应用等多种有意义的语言实践活动,内化语言知识和文化知识,加深对文化意涵的理解,巩固结构化知识,促进知识向能力的转化。从学习理解类活动到应用实践类活动的进阶,既可以一次完成,也可以多次循环完成。

（一）描述与阐释

在阅读过程中,为了让同学们充分理解某一个概念,就需要去对这一概念进行描述与阐述。在 *The Piper of Hamelin* 中,为了理解 The city is full of mice 这一概念,也就是城市中到处都是老鼠,我通过在 kitchen、bedroom、garden、living room 四个场景中,展现老鼠的破坏力。人们的生活深受其扰,这样同学们在充分感受并说一说还有哪里都是老鼠,它们如何破坏着人们的生活,看到这些老鼠,会怎么说怎么做,将自己置身于 Hamelin 这座城市中,体会人们的担心、害怕。又如在 *Jim and Matt* 中,为了理解 Matt eats all day and all night 这一概念,也就是 Matt 的不良生活习惯,整天就在吃东西。于是我将 Matt 昨天一天的食物展示出来（如图 5 所示）,通过提问 What did Matt have yesterday morning/afternoon/evening/night? 让同学理解 Matt eats all day and all night。

Matt's meals yesterday	
morning	a lot of chocolates a lot of sweets a lot of ham
afternoon	a lot of beef a lot of cola a lot of cakes
evening	a lot of sweets a lot of chicken a lot of milk
night	a lot of ice cream some cola some meat

图 5　描述与阐述类活动

（二）分析与判断

在阅读故事前,很多时候都是教师对学生进行提问,学生自己提问的机会比较少。学生自己提出问题,更能引发思考,产生阅读兴趣,所以我们可以多把提问的机会留给学生,在 The Piper of Hamelin 故事中,学生观察图片,了解城市中满是老鼠,接着会发生什么呢?让学生提问,教师只要稍加引导,给学生提供一些常用的疑问词 Who、What、Where、How 等。同学们的问题各式各样,有的问怎么赶走老鼠,有的问为什么有这么多老鼠,等等。通过提问,同学们迫不及待地想去阅读这个故事了,然后他们快速浏览故事,了解故事梗概。

在阅读故事中,有些精彩的地方需要定格下来,让同学们去分析判断,比如 The lion and the mouse 中,将老鼠见到狮子这个关键的画面定格住,这是小老鼠的高光时刻,在这里提出思考,如果你是这只小老鼠,在看到自己害怕的狮子时,是会选择救狮子还是逃跑,并说一说自己这么选择的理由(如图6所示),引导学生对故事进行发散性思考,预测故事情节,就算在预习后知道故事情节的发展,同学们也能说出自己的想法:有的说帮助狮子,因为狮子太可怜,或者是老鼠想和狮子成为好朋友;有的选择逃跑,因为狮子会把老鼠吃掉;等等。这个过程中,教师让学生用英语思考问题,也启发学生与自己对话,与故事中的人物对话。

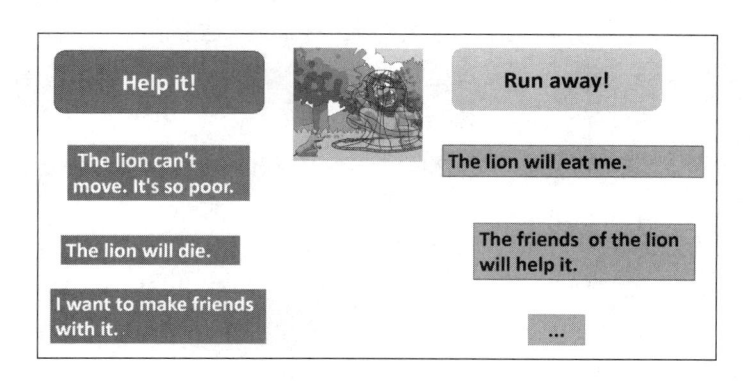

图6 分析与判断类活动

在阅读故事后,分析预测结局也能锻炼学生的思维能力。Hamelin 这座城市中的人没有信守诺言,在吹笛人把老鼠都赶出城市后,他们没有将金子付给吹笛人,如果你是那位吹笛人,你会怎么做呢?这时候就需要同学们推理想象。这种开放性的问题打开了同学们的思路,对故事进行预测,最终再回归书本找到了故事的结局。

(三)内化与运用

内化语言知识和文化知识,加深对文化意涵的理解,巩固结构化知识,促进知识向能力的转化。运用方面可以通过读者小剧场，让学生演一演，讲一讲故事，学以致用。内化方面需要联系生活实际，在阅读完 The Piper of Hamelin 故事后，明白无论什么时候，我们都应该遵守诺言。又如在阅读完 The lion and the mouse 故事后，思考如何与人交朋友。在阅读完 Jim and Matt 故事后，尝试说一说健康的重要性。从故事回归到生活，了解故事含义，渗透育人意义。

通过在英语故事教学中，设计多感官阅读实践活动，有利于学生英语学科核心素养的发展，让学生在活动中加深对故事主题意义的理解，习得语言知识，运用语言技能，领悟文化内涵，提高分析问题和解决问题的能力。学生的兴趣得以激发，能深度融入课堂活动中。同时，这也是在优化英语故事教学，帮助教师更有效地、更有层次地进行课堂教学，有效地引导学生从知识向能力发展，从能力向素养发展。"悦"读，是希望孩子们能够真正热爱阅读，英语故事是有温度的，我们读着有温度的故事，传递着正能量，渗透着正确的思想品质。故事教学还有许多值得探索的地方，比如学生如何进行自主学习、合作学习、探究学习等。就像故事的未完待续一样，留白给读者去想象、去思考、去挑战。

渗透生命特质的小学活力课堂建设的实践研究

上海市浦东新区沪新小学　吕唐华

国务院发布的《国家中长期教育改革和发展规划纲要（2010—2020年）》中明确指出，要"培养学生学会生存生活"，要"重视安全教育、生命教育、国防教育、可持续发展教育"。2015年，教育部印发的《关于全面深化课程改革落实立德树人根本任务的意见》也明确了落实立德树人的根本任务，要将身心健康放在课程目标的首位，为学生打下走向社会的基础。

一、创建小学活力课堂的意义

（一）小学活力课堂的基本认识

《义务教育课程方案和课程标准（2022年版）》把情感态度和价值观作为学生发展最重要的目标列在首位，新课程呼唤充满生命活力的课堂，要求把培养学生的独立人格和独特个性当作优先追求的目标；新课程标准，主张合作互动、平等交流、自主探究的教学方式，要求课堂教学逐步走向民主，注重为学生创设一种和谐的气氛和宽松的环境。

"活力课堂"的理念，源自华东师范大学叶澜教授的科研成果《让课堂焕发出生命活力》。她认为，我们追求的课堂应该是焕发生命力量的、促进学生主体全面发展的、在互动生成中高效而愉悦的具有生命活力的课堂。一般而言，活力课堂要实现三个关注，即对学生生命的关注、对教师生命的关注和对课堂生命的关注。

（二）建设"活力课堂"是学校教育教学发展的迫切需要

在新课程理念的指导下，面对学校新一轮发展，我校在《2021—2025年学校四年发展规划》中明确提出了"用生命教材和课程构建生命课堂，以生命思想与教学形式激发生命活力，造就情智共生的生命个体"的发展目标。作为浦东新区新优质实验项目"基于生命体验的校本课程建设的实践与研究"的子项目，"小学'活力课堂'建设的实践研究"自立项以来，得到了学校的高度重视与支持。我们通过课程建设打造生命活力课堂,全面渗透生命教育,引导学生形成正确的生命观,感悟生命的价值,懂得珍爱自己与他人的生命,寻找自己存在的价值与定位,提升生命质量,培养人文精神。

二、打造渗透生命特质的活力课堂的实施途径和策略

沪新小学在落实学校新一轮发展规划的进程中,把打造活力课堂的校本化实施作为突破点进行探索和实践,进行了为期两年的实践研究。

（一）研读文献资料,制订实践方案

项目组成员查阅文献资料,学习生命教育、心理学、社会学等相关理论；讨论制订方案,明确研究目标、内容、方法、步骤。

我们的活力课堂的目标如表1所示。

表1　活力课堂的目标

一级目标	二 级 目 标
学会尊重	学会尊重学生,尊重学生的人格,尊重学生的意见,尊重学生独特的感悟。
学会交流	师生之间必须保持在尊重、信任、平等的基础上进行双向交流,这样的交流才会真诚。注意交流方式的多样化,如对话、问答、说说、议论、唱唱、画画、跳跳等都是交流的有效方式。
学会欣赏	在别人交流时,学会倾听、认真观看；别人表现出色时,学会投以赞赏的目光、学会点头示意、学会给以鼓励和赞赏的掌声。
学会合作	师生间、同学间相互支持、相互帮助、相互启智开思,使课堂更具活力。

（二）夯实理论学习,奠定实践基础

我们通过个人自学、集体培训、专家讲座等多种形式,组织全校教师认真学习活力课堂有关理论,向全校教师大力宣传建设活力课堂的背景、意义,让教师了解活力课堂建设的各阶段要求与安排,在全校掀起关注课堂改革,构建活力课堂的热潮。中心组成员结合自己的教育教学实践历程,进行课题研究和探索,撰写案例,合作诊断,提高效率。

（三）依托校本研修,提炼生命活力课堂的实践策略

我们通过丰富的主题校本研修活动尝试构建具有学校特点的、可供示范借

鉴的活力课堂操作模式，追求课堂生命活力。学校以教研组为平台，开展以活力课堂构建为主题的研究活动，尝试备课式、课例式、反思式、沙龙式、培训式、总结式、论坛式等多种校本教研的形式，以"同课异构""异课同构"等为主题进行合作探究，以课例研究为载体，教研与科研相结合，积极开展课堂教学案例的学习与交流。教师们通过实践研究，提高了课堂教学的实效，在一定程度上促进学生学习方式的转变，让课堂成为"交流的课堂、开放的课堂、合作的课堂、情感的课堂、愉悦的课堂"。在实践中，切实落实生命活力课堂建设的四个"要点"。

1. 营造宽松和谐的教学氛围

教师要充分尊重学生，把学生当作活生生的生命看待，而不是当作"知识的容器"，要从心底里去尊重他们，用爱唤起每一个学生的自信心，建立民主、平等的师生关系；其次要鼓励学生解放思想，大胆质疑，营造师生间平等交流与对话的氛围。

2. 追求自然快乐的教学过程

教师应充分了解学生的能力水平、知识结构、生活方式、情感体验，并在此基础上设计教学过程和环节。课堂教学不能片面追求好成绩，而应致力于让学生在课堂中享受学习的乐趣，顺乎学生自然成长的需求，而非"拔苗助长"。"自然与快乐"是课堂不竭的生命力。

如，在一年级新生的队列学习中，教师以争做小小解放军为情境，让学生体验解放军叔叔令行禁止、从严要求的纪律风范，激发学生快快排队的意识；在"各种姿势的走"的教学中，创设"过独木桥"活动，培养学生提高警惕、注意安全的意识；在"快速跑"教学中，模拟消防员救火、群众逃离火场的情境，培养学生自我保护、互帮互助的意识……这样的体育课既寓教于乐，又在学生心中产生深刻的印象，为学生营造轻松、快乐、健康的学习氛围，激发了新生对体育活动的学习兴趣。

3. 精选综合递进的教学内容

具有生命活力的课堂应是开放的课堂，"问渠哪得清如许，为有源头活水来"。作为教师，必须以开放的心态，引进源头活水来滋润我们的课堂。

充分利用教学资源，开展多渠道的学习，拓展学生的学习空间和时间，增加学生在生活中学习的机会，将我们的课堂融入真实的生活。要处理好教材，根据不同学生的个性需求，组织分层教学内容。教学内容的选择、教学情境的创设要考虑到学生的认知水平和个性差异，有针对性地设计不同层次的学习任务，由简到繁，由易到难，层层递进。教师可以给所有学生同样的材料，但设计不同层次的任务，并给予不同程度的帮助；也可以把难易程度不同的材料给予不同学生，共同执行一个大任务。执行过程中，组织学生以小组为单位，优差结合，团队成员各尽其职，发挥各自的优势和特长，合作完成任务。

4. 实施开放多元的教学评价

"具有生命活力的课堂"应承认与尊重学生的个体差异，以一视同仁的心态对待所有的学生，给每个学生以称赞和鼓励。还可以采用自评、互评、组评等多种评价方式，让学生主动参与评价，使评价变成学生自我反思、自我教育、自我发展的过程。

活力课堂除了尊重学生的个体差异，还要重视并鼓励教师教学的个性化。一堂好课的标准不是唯一的，应尊重、鼓励教师按自己的意愿创造课堂，创造生活，体现生命的真正价值。

（四）同伴互帮互助，尝试生命教育活力课堂的教学模式

1. 自主教学模式

在教学组织形式上坚持"学生自定步调，教师异步指导"，学生按照自己的速度自主学习，在单位时间内必须掌握教师统一规定的基本知识和技能，在此前提下，学生可以按照自己的速度进行自学。教师则走下讲台巡视整个课堂，以集体指导、分类（分组）指导或个别指导三种方式指导学生。

如：在语文课《烟台的海》的教学中，教师让学生享有阅读的自主权和选择权，经历一个自我探索、自我发现、自我习得、自我发展的过程。如内容的自我选择、伙伴的自由选择、情感的自我选择。这种自主选择正是学生自主意识、自主行为、自主能力的具体体现。与此同时，学生以小组合作探究的方式进行学习，通过四人小组共同努力，探究某个季节烟台的海的特点。这一过程不仅发挥了学生的主体作用，给学生提供了广阔的自由空间，同时让学生在合作中取长补短，互相启发，促进学生全面深入地探究问题，理解课文内容。

2. 目标教学模式

目标教学包括两种教学程序：一是单元教学程序，其基本环节包括"单元诊断→单元定标→单元新授→单元测验→单元矫正"五个环节；二是课堂教学程序，每一节课都有"定标→施标→查标→补（改）标"的过程。

3. 问题教学模式

以问题为载体,贯穿教学过程,使学生在设问和释问的过程中萌生自主学习的动机和欲望,进而培养探究能力。问题教学的基本环节是,体验问题情境→产生问题意识→明确提出问题→分析问题条件→提出解决方案;教师教学的基本环节是,分解教学目标→创设问题情境→指导分析方法→帮助解决问题。

如:在自然课《奇妙的壳》的教学中,教师就遵循问题教学模式,采用了"创设情境—提出问题—做出假设—实验验证—得出结论"的教学过程。教师设计了三次活动,通过活动一"蛋壳形的建筑",引导学生观察、比较、发现一些建筑在外观上的相似处,思考这种蛋壳形建筑结构模仿的对象是什么,并欣赏和了解一些具有蛋壳形结构的著名建筑;通过活动二"蛋壳的承压本领",让学生探究半个蛋壳的承压本领以及探究蛋壳不同方向的承压本领,从而了解蛋壳结构分量轻、承压大的特点。通过探究,学生能认识到大自然中有许多值得学习和借鉴的地方,产生喜爱和保护自然界生物的情感。

4. 创新教学模式

突出学生主体地位,以发展学生创造性思维为核心,促进学生思维能力的提高。该模式主要采用探究学习方式,其操作流程为:创设情境,诱发思维→自主探索,尝试解疑→交流质疑,促进思维→变式引申,主体创新→反思小结,深化思维。

如:在版画创作教学中,教师着重启发学生的想象力,引导学生寻找材料与物象之间的联系,而不是手把手地告诉他们这儿该用什么材料,那儿该用什么材料。遇到难处由学生自己好好想办法,或者几个人一起来解决。学生对使用各种材料进行综合制版的方法感到非常有趣,学习的积极性、主动性很高,有的学生的思维相当活跃,他们常常会有一些独特的创意让人欣喜。

(五)制定评价标准,开展教学评比,汇集科研成果

在宣传发动、集思广益的基础上,学校制定了活力课堂教学评价标准,以便于教师掌握和操作,使活力课堂真正落实在课堂教学中。我们以此为标准组织教师开展以活力课堂构建为主题的教学评比活动。通过标准的制定,引导教师在教学设计、课堂教学、课后辅导、考核评价的各个环节体现对学生个体的尊重,让课堂真正激发出学生的学习活力。

汇总整理实验过程材料,分析研究成果及存在的问题,总结项目实施过程中

的经验与教训,形成研究成果。组织全体教师参与以"活力课堂"为主题的校级教科研论文、案例、课堂教学改进案例评比活动,形成我校活力课堂建设的优秀教学论文(案例)集。

三、生命活力课堂建设的初步成效

(一)活力课堂丰富了学生的生命涵养

我们着力让教育回归本真,回归生命营地,将生命教育渗透于学生整个生活,以此引发出学生良好的生命状态,展现出应有的生命活力。

通过调查问卷和统计,我们发现学生的生命涵养有了明显提高。在学生对"生命与关怀"的问卷中,学生对生命的理解、生命的热爱、同伴互助、关爱他人的感知度明显提高,"能充分体会"的比例从2019年的29%提高到2021年的83%。校园内,同学们对自我生命爱护、同学生命关怀、社会关怀他人的场景时时可见。学生通过"生命与关怀"单元的学习,通过建设生命活力课堂,对他人关怀的感知度逐渐增强,对亲情、友情的体会越来越深,知道了要学会感恩,珍爱生命。

另外,通过活力课堂的创建,学生的心理健康(情绪)的表现也令人欣慰。从课堂观察中发现,我们的学生在课上表现出积极的表达欲望、向上的心理状态以及饱满的学习情绪。从问卷中发现,学生把握生命成长中烦恼和困惑的能力逐渐增强,越来越善于调节生命成长中形成的压力,变得更自信、更快乐。在校内、在家里、在社会上,总是觉得充满快乐和希望的学生数占比为88.6%,经常闷闷不乐的比例从2019年的36%下降到5.2%。

(二)活力课堂浸润了学生的生命情怀

为了检测我校教师实施活力课堂的成效,教导处专门设计了一份学生调查问卷、一份教师课堂观察记录表,并在2021年6月发放、回收。做这两项调查基于对学生生命质量的关注,主要是希望了解教师活力课堂构建预期目标的达成度,以及学生在课堂上真正需要什么,在学习行为上已经有了哪些方面的改变。共250名学生参与了问卷调查,51名教师观察了255堂课,23个班级所有学科全覆盖。

通过这次问卷与课堂观察,我们了解到,通过生命活力课堂的实施,学生的能力得到了明显提高和发展,特别是在学会尊重、学会交流、学会欣赏、学会合作等方面发展明显。我们欣慰地看到,渗透生命教育的活力课堂浸润了学生的生命情怀。如"你喜欢和老师、同学一起讨论、解决问题吗?"很喜欢的同学占92.9%;较喜欢的占6.8%,不喜欢的占0.3%;又如,"你和你的学习伙伴们合作愉快吗?"很愉快的占99.2%,比较愉快的占0.8%。

(三)活力课堂展现了学生的生命风采

活力课堂的建设与实施,让学生在实践中学习,通过体验、合作、探究等学习方式激发了他们的学习兴趣。在和谐的师生互动、生生互动氛围中,学生们在体验成败中成长,课堂充满了求知的活力。这种具有生命气息的活力,让学生充满自信,他们在校园各项主题活动中彰显个性、展现风采。

学校每年有语文、数学、英语、语言文字、体育周等学科周活动系列;有读书节、科技节、艺术节等特色主题节系列;"沪小绿娃当自强——成长圆梦计划"通过少先队特有的组织形式和集体生活的活动方式,帮助学生建立"生命与自我""生命与他人""生命与社会""生命与自然"的关系,感受生活的快乐与美好,体验生命的乐趣与价值,逐步形成健康的人格,促进学生生命自主、和谐发展。而英语戏剧社、开心机器人、青青校园等社团活动满足了学生个性化学习的需求,培养了他们的创新精神、实践能力、艺术修养等,提升了学生的综合素养。

四、后续思考

在启动"活力课堂的建设与实施"的研究以来,全校师生积极实践,深入探索,取得了实验预期的成果,但后续值得我们思考和实践的课题还有很多。

(一)进一步梳理与整合课程资源,提高教学有效性

1. 梳理基础性课程的教学内容,挖掘学科渗透生命活力的要点:《道德与法治》,唤醒生命之意识;《自然》,欣赏生命之美好;《语文》,提升生命之价值;《体育与健身》,展现生命之力量;其他基础学科,体悟生命之可贵,打造渗透生命特质的活力课堂。

2. 重视家、校、社互动,积极拓宽渠道,开发社会资源,利用共建单位、社会自然人文景观、各大教育活动基地等场所,扩大学生学习与探究的内容与空间,丰富学习内容与学习手段,满足学生成长需求,增强他们的实践能力,助力学生自主健康成长。

(二)进一步研究与实践评价指标,激发学习自主性

我们将进一步引导教师深入学习《义务教育课程方案和课程标准(2022年

版）》，根据新课标的要求来进一步转变自己的教学方式。教师要关注学生的知识经验与个体差异，鼓励学生积极实践，培养他们发现问题、分析问题与解决问题的能力，让学生在实践中获取新知、强化技能、积累经验，真正做到让学生动起来，让课堂活起来。修订《"活力课堂"教师观察表》，细化评价量规，用更详细的语言来记录学生在活力课堂中的表现，并通过阶段性数据对比来体现学生的变化，利用教学追踪、个案研究等方式来反映建设活力课堂的成效。